WIZARD

スーパーストック発掘法

Insider BUY Superstocks

3万時間のトレード術を3時間で知る

ジェシー・スタイン［著］
長尾慎太郎［監修］
山下恵美子［訳］

Pan Rolling

Insider Buy Superstocks :
The Super Laws of How I Turned $46K into $6.8 Million (14,972%) in 28 Months

Japanese translation rights arranged with Jesse C. Stine through Japan UNI Agency, Inc., Tokyo

特記以外のチャートの出所は「Stockcharts.com」です。

監修者まえがき

本書は、2003年10月から2006年１月までの２年余りの間に４万5000ドルの資金を684万5000ドルへと増やした個人投資家、ジェシー・スタインの著した“Insider Buy Superstocks : The Super Laws of How I Turned $46K into $6.8 Million（14,972%）in 28 Months”の邦訳である。加えて本書は、ニコラス・ダーバスの『**私は株で200万ドル儲けた**』（パンローリング）の現代版ともいえるナラティブな相場書であり、読者は読み進むに従い、著者の相場人生を追体験することになる。特記すべきは、ページの多くがスタインの犯した失敗に割かれていることである。ほかのトレード本とは違って本書は、数多く失敗することによって成功に至った相場師の記録である。奇異に感じられるかもしれないが、これは弁証法的には「量質転化」、「対立物の相互浸透」を経て「否定の否定」が起きたと考えれば不思議ではないし、投資技術において「創発」が起こったのだと理解することもできる。いずれにせよ、著者の経験に照らせば、現在たくさんの失敗を重ねている投資家ほど、むしろ未来の成功により近いという逆説的で痛快な命題が成立することになる。

さて、一般に投資家がマーケットで利益を上げ得る方法は三種に大別される。その第一は、制度的ロジックによるアノマリーを利用するものである。定量分析によるシステムトレードなどがこれにあたる。また第二は、売買主体としての人間の持つ文脈由来の限定合理性のバイアスを利用するものである。安全分析に基づいたバリュー投資などがこれにあたる。そして第三の方法は、マジョリティーの逆を衝いてアウトライヤー（外れ値）の出現に賭けるという方法である。本書のような超グロース投資手法や分散トレンドフォロー手法などがこれにあたる。これは前二者の方法と異なり、拠って立つところが論理的でもなければ斉一性原理に従うわけでもない。なにしろ存在そのものが元々アウトライヤーなのだから。それゆえ、ほとんどの人はその構成要素を理解できないし実行しようとも思わない。

しかし、大多数の人がその価値を省みないおかげで、この第三のアプローチを取る投資家は破格の恩恵にあずかることができる。確実性を重視してリスクを最小化したい多数派の投資家には縁のないものだが、リターンを最大化するためには確からしさを捨ててもよいと考える投資家なら、著者と同じように短期間に驚異的なパフォーマンスを上げられる可能性がある。そのためには計算された無謀さ（これをメンタルマネジメントと呼んでもよい）が必要だが、具体的な方法はすべて本書に書いてある。ここで私たちにとっての朗報は、この投資手法は地道な研究や、高度な知的能力、長い期間にわたる忍耐といったものを必要としないことである。重要なのは、成功の保証を要求しない思い切りの良さと僅かの勇気だけだ。これを実践することができた投資家は、その代償として、成功の暁には名誉と称賛に加え、莫大な資産を得ることだろう。

翻訳にあたっては以下の方々に心から感謝の意を表したい。翻訳者の山下恵美子氏は大変読みやすい翻訳を、そして阿部達郎氏は丁寧な編集・校正を行っていただいた。また本書が発行される機会を得たのはパンローリング社社長の後藤康徳氏のおかげである。

2014年９月

長尾慎太郎

目次

CONTENTS

目次

謝辞

ニコール、母さん、父さん、ビル、レンカ、ドナ、テッド、トニー、イナンナ、ジェン、そして2008年。本書が「誕生」したのはあなた方のおかげだ。インスピレーションを与えてくれた人もいたし、本書の製作作業を手伝ってくれた人もいた。あなた方の多大なサポートに感謝する。あなた方の貢献は一生忘れない。本当にありがとう。

ツイッター上の仲間へ

ツイッター上の仲間たちに感謝する。ツイッターにはこれまでまったく関心はなかったが、2012年11月下旬、ついにアカウントを作ることを決意した。どうなるのかはまったく分からなかったが、ツイッターは本書を宣伝するメディアとして有効に活用できるのではないかと思ったのだ。本書の書評用のコピーを10人ほどの支持者に送ったのだが、彼らの好反応には驚いた。本書が口コミによって広まると、ほかの人からもコピーを送ってくれないかとダイレクトメッセージをもらうようになった。最初は読んでくれる人にはだれにでもコピーを送った。トレーダーや投資家など、本書のテーマに協賛してくれた多くの人々から貴重なコメントが寄せられた。

いろいろな人に本のコピーを送ることで、同じ考えを持った世界中の人々とつながりを持つことができた。彼らからは貴重なフィードバックや、ここを直したらよいのではないかといった提案や賛同を得ることができた。本書の最終バージョンは世界中の人々とのコラボレーションそのものである。この間に私が出会ったすべての人に感謝する。本書が出版にこぎつけたのはあなた方のおかげだ。

編集者から

ジェシー・スタインが本書の編集を依頼してきたとき、私は二つ返事で承諾した。私の投資哲学をこれほどうまく表している本はこれまでになかったからだ。私の投資哲学とは、ポートフォリオが６カ月で3000％のリターンを得るためには、その過程で50％（あるいはそれ以上）下落する、というものである。一言で言えば、比較的少額から大金を儲けることは可能だが、その途中で大きなドローダウンを被ることがあるということである。

私は本書の原稿を３つの視点で読んだ。

- トレードの本を書く著者およびこの分野の本を何冊か編集したことがある編集者として。
- 成功や失敗を経験してきたトレーダーとして。
- 読者対象の１人として。つまり、本書の編集に携わらなくても本書を買ったであろう人の１人として。

このアプローチはリスクを伴う。でも、どういった投機にでもリスクは付き物だ。私は以前に自分の書いた本の１冊に次のような言葉を最後に付け添えた。

警告！
この戦略はあなたの財産に深刻な打撃を与えるかもしれません……。でも、逆にあなたを大金持ちにしてくれるかもしれません。

本書を読むことをぜひともお勧めする。私のように大いにエンジョイしてもらいたい。

トニー・ロートン（trading.lotontech.com）

序文

本書は、これまでの投資の伝統を打ち破ることで考えられないようなリターンを手にした私の実話を書いたものだ。私のポートフォリオは、ドットコムバブル崩壊後に世界で最高のリターンを上げた個人ポートフォリオの１つだ。私のトレードスタイル「スーパーストック」はだれにでも向くわけではない。計算されたリスクを受け入れるだけでなく、ときおり発生する大きな失敗にも耐えられるような人向きだ。このケーススタディーは、大きな夢を持ち、市場に対して情熱を持っている人のためのもので、臆病な人や気弱な人のためのものではない。

世界中のあちこちの国を旅行しながら、これまでの経験を１冊の本にまとめてみようと思うに至った。これまで長年にわたって集めてきたすぐに使える知識を余すことなく含め、改良に改良を重ねて出来上がったものが本書である。市場の歴史のなかに登場するビッグウィナー（儲かる株）の性質についてありとあらゆることを研究した結果が本書である。

本書は、25億ドルもの株式を売買し、３万時間市場と格闘した結果の集大成と言ってもよい。私の成功からできるだけ多くのことを学んでほしい。私の失敗からもより一層多くを学んでほしい。

本書では、ポートフォリオマネジメント、分散化、債券、通貨、抽象的な理論は扱っていない。ここで書かれている個人的な経験はすべてウソ偽りのないもので、実例もすべて私のトレード経験から得たものだ。

私の手法はシンプルだ。奇をてらうようなものは何もない。ファンダメンタルとテクニカルが両方とも非常に良くて、株価が安い銘柄を探すだけである。ほかの本とは違って、本書は「怠惰な人間が簡単に大金持ちになれる絶対確実」な方法を書いたものではない。「絶対確実」

な方法があれば、だれもが億万長者になっているはずだ。私の手法はシンプルではあるが、初心者にとってこの手法が「第二の天性」になるためには、まずは本書に書かれている基本的な投資の法則を習得する必要がある。

したがって、本書は「週末の読書」というよりは、随時参照する「教科書」的なものとして使ってもらいたい。市場は計略ゲームだ。だから、まずはこのゲームの基本的な法則を理解・習得しなければならない。この競技場で頭角を現すには、まずはゲームの基本を理解することが不可欠だ。

人生に保証なんてない。しかし、正しいツールを使い、正しいことに注目し、優れた洞察力を持てば、個人投資家として何百万ドルも儲けることは決して夢ではない。

本書を読むに当たっての注意事項

●本書では「投資家」と「トレーダー」はほぼ同義で使っている。私は基本的には長期投資家だが、私のハイブリッドなアプローチでは、週足チャートでのローリスクな買いポイントで投資し、リスク・リワード・レシオが有利でなくなったらポジションを手仕舞うことが必要だ（28カ月にわたってポートフォリオが上昇している間、私が最も長く保有していた期間は８カ月だった）。

●読者対象としては、トレードや投資の経験が若干ある人を想定している。テクニカル分析（出来高、ブレイクアウト、移動平均線など）の基本を理解し、テクニカル分析についてもっと知りたいと思い、本書13章の「参考文献」のセクションを参照するような人を対象としている。

●本書の前半は物語調なのでスラスラと読めるが、後半は「スーパーストックのスーパー法則」について述べているため、教科書のように読んでもらいたい。後半は前半よりも難しいので、心して読んでもらいたい。

●スーパーストックのスーパー法則の「要約」としては、第11章の「スーパーストックの不精な人向けガイド」を参照してもらいたい。細かく見ていく前に大局をつかむのに役立つはずだ。

●ベア相場では多くの株は下落する。スーパーストックも例外ではない。

●「スーパーストック（Superstock）」は「スーパー・ストック（Super stock）」と２語にすべきであることは分かっている。でも、「スーパーストック」は「スーパーマン」と同様、スーパーヒューマン（超人的）であり、スーパーナチュラル（超自然的）であり、スーパーチャージド（非常に強力）である。だから１語として扱った。

●チャートのほとんどは http://stockcharts.com/ の厚意によって無料提供されたものだ。チャートの株価がほかのチャートベンダーや実際の株価と異なる場合もあるが、こうした違いはチャートパターンやテクニカルな状態には何らの影響も及ぼさない。

●最も重要なのは、あなたが意欲的で、自分はできるのだということを心から信じることである。

はじめに

INTRODUCTION

「無知な人がトレーダーになるよりは、トレードのやり方が分かってからトレーダーになるほうがはるかに簡単だ」――ジェシー・リバモア（伝説的投資家）

やあ、私の名前はジェシー・スタイン。あまたある本のなかから本書を選んでくれて本当にありがとう。あなたのことは直接的には知らないけど、私の言うことに興味を持ってくれるあなたのような読者とつながりができることはとても素晴らしいことだと思っている。

私が出くわす多くの人とは違って、あなたは金融市場に対する情熱を私と分かち合い、夢を実現するために必要なことは何だってやろうという気持ちも、私と同じくらいあればよいと思っている。トレードを３年半にわたって「引退」したあと、市場に再び戻り、戦略について初めて語ったのが本書である。本書を読んだあと、「普通の投資」ではもうダメなことを知ることになるだろう。

始める前に言っておきたいことがある。毎朝目覚めると、金融市場について燃えるような情熱がほとばしるが、私はプロの書き手ではない。私が本書を書いた目的は、お金を儲けるための秘密をあなたと共有することであって、ピュリツァー賞を取ることではない。私の経験を素直に、正確に、正直に伝えられるようにベストを尽くすつもりだ。

本書では、私の勝利も私の桁外れの敗北も、すべて正確に正直に書いている。投資の本はゴーストライターが書いているものが多いが、本書は山ほどあるそういった投資本のなかで例外的存在になればよいと思っている。

なぜ私なのか

みんなは、こいつ（私のこと）はほかのやつとどこが違うのか、と思っていることだろう。私は「生活の糧」となるただ１つのアプローチに専念する人間だ。そして私の結果は、この分野のビッグネームよりも私のほうがうまくいっていることを示している。何年も同じ外科手術を行う外科医のように、市場の将来のビッグウィナーを見つけるのはだんだん簡単になってきているように思う。経済専門チャンネルなどのマスメディアに登場する「口だけは立派な」インチキセールスマンとは違って、他人と違う方法で投資することでいかにして市場を打ち負かしたかを正直に話すつもりだ。

投資は私にとって情熱を傾けられる唯一のもので、私が人よりも長けた唯一のものなので、私は持てるエネルギーをすべてこれに注ぎ込む。私は価格と資金の流れが増えていく異常な状況を見つけだし、流動性を予測するのが得意だ。また、市場の隅々を調べ、情報の極端な不均衡を見つけだして利用する。これは爆発的なリターンにつながることが多い。これらは非常にまれな状況で、四半期に数回しか現れない。

本書の付録Ａ「世界のメジャーな変曲点の見つけ方」を読むと分かるように、私は市場の重要な分岐点においては、マスメディアによってあおられる世論に惑わされることはない。こうした変曲点では、あなたが売れば私は買い、あなたが買えば私は売る。大金を稼ぐには一般大衆に向かうことが重要だ。私の背筋を寒くする唯一のものは「コンセンサス」という言葉だ。特に金融メディアに広がる伝染性の集団思考に関係があるときはなおさらだ。

私は前代未聞の３桁、４桁、５桁のリターンを短期間のうちに上げた実績を持つ。長期間にわたって「社会的に受け入れられる」スムーズなリターンの推移を実現するためには、ポートフォリオのリターンは劇的に低くなることを私は学んだ。他人がバントを学んでいる一方で、私は明確に定義されたリスクに裏打ちされたホームランだけを追求してきた。

意気揚々と投資する私の「トレーディングカウボーイ」としての目標は、スムーズなリターンを得ることではない。私がメンターに教えられたことは、「トレードゾーン」にいるとき、大きな自信を持つのはよいが、うぬぼれてはいけない、ということである。

良かれ悪しかれ、敵に勝つには、自分勝手で貪欲で、テストステロンにあふれ、リスクをとる剣闘士にならなければならないことを私は学んだ。仲間の投資家はみんな敵だ。彼らの唯一の目的は、あなたを溝に投げ入れ、顔を蹴飛ばし、一文無しにして意気消沈させることである。でもこの本の外に出ると、つまりトレードというリングの外に出ると、私はカメラが回っているときに示す性格とはまったく違う人間だ。

「運」について言えば、何千時間にもわたるリサーチを重ね、あなたの手法に磨きをかけることができたとき、自ら幸運を呼び寄せることができるだろう。面白いことに、私が懸命に働けば働くほど、運が向いてきた。幸運とは、歴史を通じて何度も繰り返すブロックバスター・パターンを見つけることであり、ケリー基準（詳しくはこのあと話す）に従って、すべての変数が有利になったときに大きく賭けることである。

リスクについてはどうだろう。PER（株価収益率）が１桁で、急成長している会社は本質的にリスクは低い。これは「満塁ホームラン」を狙うようなものだ。リスクが高いのは、一定の時間枠のなかで上昇する確率と下落する確率がそれぞれ15％あるマイクロソフト（MSFT）のような大型株に投資することである。本書では計算されたリスクと（自分に有利に）大きく歪んだリスク・リワード・シナリオに焦点を当てる。私は「ファット・ピッチ（ストライクゾーンに入ってくる球）」

というものを強く信じているので、宝くじはこれまで一度も買ったことがない。

私はだれもが10フィートの竿ででも触らないような株を買うことにスリルを感じる。みんなが私のことを、何かが間違っているんじゃないか、と心配するとき、私は自分が正しい可能性に賭ける。群れに反して動くことほど私が好きなことはない。富が創造されるのはまさにこの瞬間なのだ。付録を見ると分かるように、だれもが集団思考でマヒしている間に、私は市場の歴史上で最大の変曲点を見つけた。

株の動きが良くないときは、長期にわたって現金で持ち、市場からは遠ざかることにしている。しかし、機が熟すと、獲物に忍び寄るトラのように株に忍び寄る。私が市場に参入するときは、数週間から数カ月保有する「ポジショントレーダー」だ。上昇しているかぎり持ち続ける。私はトレードを始めたとき、ビッグウィナーは１年以上保有することを旨とした。しかし、大きな利益をもたらす株式と長期キャピタルゲインは火と氷の関係にあることを身をもって知った。したがって、テクニカルな状況とセンチメントが極値に達したときは、即座に売る。

私の会計士が長期キャピタルゲインを得ることでハッピーになることなど考える必要はまったくない。私が市場で貴重な資産をリスクにさらす理由は１つしかない。不合理な市場の動きを利用して、素晴らしいリターンを上げるためだ。

米国には１万5000銘柄、世界には６万3000銘柄あるなかで、私の唯一の目的は、割安を示すリスク・リワード特性を持ち、急成長し、テクニカルが健全で、感動的なテーマを持ち、「IT（イット）ファクター」を持つ、将来的にビッグウィナーになるような１つか２つの銘柄を見つけることである。そして、それが最近のインサイダーの買いによって裏付けられていることが理想的だ。こういった特殊な状態の株にはパワフルなストーリーがある。ゲームの流れを変えるこのような株式によって生成される感情の波に乗っている間に、巨額のお金が儲かるのだ。私はこれまで長年にわたってこうした「最高のけだものたち」を見つけることに成功してきた。私は今や私が「スーパーストック」と呼ぶものの達人だ。

トレードを始めてからの数年は口座のドローダウン（損失）は61％、64％、65％、100％、100％、106％と次々と増えていった。信じられるだろうか。でも実際そうだったんだ。ドローダウンを喫するたびに、オフィスの小さな仕事スペースに戻って安全と安定を求めるよりも、復讐心に燃えて市場に戻った。

長年にわたって、それぞれに時間的には隔たりがあったが、大きなドローダウンを喫したあと、ポートフォリオは４週間で111％、４週間で117％、８週間で156％、12週間で264％、16週間で273％、10週間で371％、17週間で1010％、29週間で1026％、46週間で1244％（29週間と46週間は同じ時期）と徐々に成長していった。

数年ごとに、大学時代のささやかな貯金を短期間で100万ドルにした人の話が伝わってくる。1990年代終わりのインターネットバブルでもないかぎり、投資キャリアのなかでたった１回だけこうしたタイプのリターンが得られる確率は500万分の１か、あるいは1000万分の１だろうか。こうしたリターンを何回も得られる確率はというと、気が遠くなるほど低くなる。あえて言うならば、短期間で私のようなリターンが得られたのはほんの一握りの人たちだけである。自分の原理に従うことで、私はほんのわずかな人しか得られなかったものを何回も得る立場に置くことができた。

記録を塗り替えるリターンを上げれば将来的なリターンもそうなるかと言うとけっしてそうではないが、私の用いるメソッド――ハードワークと規律とによって習得できるシンプルなメソッド――は信用のおけるものであることを確信するにいたった。

投資家として投資理論を議論して桁外れのリターンを夢見ることと、

そういった桁外れのリターンを実際に手にするのとはまったく違う。この事実だけでも、本書とほかの９万8342冊の投資本とは袂を分かつ。

本書で私が言うことすべてがあなたの状況に合うとは限らない。大金持ちになることを保証するといったことを言って見掛けだけ取り繕おうとも思わない。28カ月で１万4972％のリターンをだれもが達成することは不可能に近いだろう。私は株式投資を延べ何十億ドル分も行い、その過程で何百万ドルも損をして学習してきた。私が目指すことは、私が多くの成功と失敗を経験しながら生みだしたルールから多くを学んでもらうことだ。あなたに役立つ情報をたくさん提供し、時間をかけて主要な市場平均を大きくアウトパフォームする手助けをすることが私の目指すところである。

あなたのリターンを向上させるためには、あなたの活動の焦点と努力を投資の成功に寄与しないものから、寄与するものへとシフトさせなければならない。あなたの投資活動における習慣を１つひとつ問うてみよう。正直言って、その大部分はクズのようなものだ。大きなリターンを手にするには、人と違うことをやらなければならないことに気づいてほしい。あなたの夢を実現させるためには今すぐアクションを起こすことが必要だ。そうした「百万長者の心構え」をあなたが持てるように、本書は及ばずながら手助けしたいと思っている。

投資の成功を通してあなたがよりハッピーになれば、それ以上私の望むことはない。これまで私は何回も逆境に打ち勝ってきた。私の犯したリスクを犯すことなくあなたが逆境に打ち勝つように手助けすることが私の使命と思っている。

私のこのユニークな旅に参加してくれることを心より歓迎するとともに、感謝する。本書はあなたのこれまでの投資についての知識を根本からひっくり返すものになるだろう。さあ、荷物をまとめて、ワイルドな旅に出ようではないか。

私が本書を書いた理由——なぜ今なのか

「あなたはもう子供ではないことを知る瞬間がある。それは時間には限りがあることを認識したときだ」——サルマン・ラシュディ

人によく聞かれることがある。「あなたはトレードがそんなに上手いのに、なぜ本を書いたりするのか」という質問だ。私が本書を書こうと思い立ったのは2006年のことだった。でも、そのときはまだ時期ではなかった。本書を書くためのインスピレーションはなく、市場について勉強しなければならないことがたくさんあったからだ。市場を離れている間、本書を書かないことに対して罪の意識を感じ、どうにも落ち着かなかった。インスピレーションの波が訪れたのは2011年にインドネシアで自分の考えや行動を深くかえりみているときだった。このとき、人生の第２章を始めるのにちょうど良い時期だと思った。本書は私の長年の夢だった。夢を追い続けなければ大きな代償を支払うことになることはあなたもご存知のはずだ。

本書を書こうと決心してからの数日間、トレードの古いノートを探しだし、私のトレードの全歴史を最初から最後まで調べ尽くした。この調査を終えて初めて、自分が成功したことを認識した。それまでは、私がトレードをどうやって始めたのか、どれくらい稼いだのかを意識することはなかった。調査をしているとき、インターネットバブル後の時代にこれほどのポートフォリオリターンを上げられた人間は自分以外にはいないことを知って驚いた。これを知って、私は本書をぜひ書かなければという気持ちになったのだ。

調査の結果、私のトレードのすべてがうまくいったと分かっただろうか。答えは断固としてノーだ。予想どおり、私のトレードの大部分はうまくいかなかった。幸いにも、損失を減らすと、わずかな勝ちトレードが口座を支えてくれた。

似たような投資本を読んでいると、投資で成功するのがいとも簡単なように書かれていることに違和感を感じた。私の経験から言えば、投資で成功するのは簡単どころではない。人生においてほかの価値あるものと同様に、トレードで成功するにはハードワークと決意とたくさんの試行錯誤が必要だ。ベストセラーになっている本やよく読まれるニュースレターのほとんどは、月並みな実績しか持たない口先だけの市場アドバイザーによって書かれている。彼らのアドバイスに従うことは、ディック・チェイニーから健康なライフスタイルについてのアドバイスをもらうのに等しい。

テレビに出ていたり、本や雑誌に出ている人は素晴らしい投資実績を持っていると人々が思うのは当然だろう。でも、実際には彼らは素晴らしい投資実績など持っていない。理論は知っているが、成功の実績のないプロの書き手によって書かれた本に、なぜ人々は貴重なお金を使うのだろうか。ベストセラーの投資本の１つは、26歳の文学の学位を持つプロの書き手で、投資での成功経験のない人によって書かれていた。でも、こういった本は素晴らしく見え、よく売れるのが現実だ。心理を操る（マーケティング）のがわれわれの文化だ。コカ・コーラ、ナイキ、マクドナルド……。金融の世界もこれとまったく同じである。この真実を伝えるためにも本書を書かなければならないと思った。

最良のトレーダーは起きている間中モニターの前に座っている人だと思いがちだ。実は彼らはつまらない人たちだ。大部分の時間、世間から隠れて穴の中でトレードしている人々がいることを、私は世に伝えたかった。

投資本の著者は自分たちの失敗を隠している、というアマゾンのブックレビューによく出てくる人々の不満も一理あると思った。著者たちは失敗を都合良く隠して、勝利についてのみあれこれと書き立てる。だれにでも失敗はあるものだ。人生は失敗から学ぶことを読者のみなさんなら知っているはずだ。それをなぜ隠そうとするのだろうか。

本書を書くに当たって、金銭的な動機がなかったと言えばウソになる。私のボラティリティの高いトレードを考えると、精神的にも経済的にも安定できる収入源がほかにあるのは心強いものだ。これを認識するまでには時間がかかったが、経済的な安定性の欠如は私の人生の側面に打撃を与えたことは確かだ。

「だれかを幸せにできないのなら、あなたは時間を無駄にしているも同然だ」――ウィル・スミス（俳優）

本書を書こうと思ったのには、ほかにも理由がある。今年の初めのある日曜日の午後、アルゼンチンのメンドーサにあるサン＝マルティン将軍公園で物思いにふけり、本書を書く理由をメモに書き留めた。

長年一人っきりでトレードしてきて、私のキャリアは意義を欠いていることに気づいた。エネルギーを他人と共有することもなく、内にこもる生活。自分一人で自分のためだけに働いてきた結果、疲れ果て、揚げ句の果て、ミニリタイアすることになった。一人っきりでトレードするのは無価値であり、これでは自分の周りの世界を豊かにすることなんてできない。市場を支配することを自分勝手に無我夢中に追究する日々は、毎日が淡々と過ぎるだけで、時間はその重要性を失い始めた。

大人になって、財産を残すという新たな衝動を感じるようになった。私のトレードの旅を書き綴るだけでなく、他人にそのプロセスを教える永遠に続く何かを残したいと思った。書くことは私の人生に創造性をもたらす。人生を消耗し、人生から常に取ることばかりに疲れてきた私は、この知識と情熱を他人と共有することでささやかながら世の中にお返しをしたいと思うようになった。

他人に教えることで、投資についてより多くを学ぶことができる。

まさにウィン・ウィンの関係だ。自分の情熱を他人と分かち合うことで、他人に力を与え、彼らが金銭的な夢を追い求めることを鼓舞することができるのではないかと思った。本書を書くことで、同じストーリーを共有し、同じ興味を持つ人々と出会いたかった。

一言で言えば、本書を書いた理由は、人生の第二幕を始めようという大きなシグナルが発せられたからである。

でも、なぜ今なのか。人々は私が本書をなぜ今出版するのかと思っていることだろう。本は社会的なムードが高まり、市場が熱狂しているときに出版すべきだと人々は言う。でも、私はそうは思わない。読者にとってそういったときに本を出版するのは最悪のときだと思っている。こういった種類の本を読む最良のときは、全体的に悲観的な考えが流れているときだ。私の望みは、読者が本書で学んだことを利用して、社会的なムードが変化したとき（その前ではないにしても）に市場を打ち負かすことである。

今、失業率は高まり、政府は１兆ドルの救済措置を取り、「ウォール街を占拠せよ」運動が起こっている。財政の崖、何兆ドルもの米国の債務バブル、2012年の文明終末の予言、中国経済の崩壊、ギリシャ、スペイン、アイルランド、ポルトガル、イタリア……の崩壊、EUの終焉、ユーロ通貨の終焉、エコノミストは景気後退が近づいていることを予測し、ゴールドマンサックスは2012年にはS&P500が25％下落することを予測している。この惑星を奈落の底に落とし入れようとしている国が中東におよそ10カ国あることは話しただろうか？　メディアにとってこれほど高い「懸念の壁」はない。

ご存じのように、歴史上最大の市場の上昇は私たちが予期しないときに起きた。懸念の壁（否定的な集団思考）が流行していても、歴史上最大の市場の上昇は起きるのだ。つまり、市場が上昇するには、できるだけ多くの人をサイドラインに下がらせておくような大きな懸念の壁が必要ということなのである。

私は30年余りの債券のブル相場は終わったと見ている。これとグローバルな無限の「量的緩和」とによって、この先長年にわたって偉大な投資機会に静かに燃料が注がれる可能性が高い。私のことをクレイジーだと思ってくれても構わない。でも、冬から春になるとき、読者が予想外の成功を手にする準備をする手助けをするのは当然だろう。冬は必ず終わり、春がやってくるのだから。

未来への旅

私の先入観に満ちた考えによると、本書がほかの本と違うのは、本書では私のトレード経験からの実例を示している点だ。トレードを仕掛ける前の投資家の思考プロセスを示している本は少ない。あなたが買わなくて成功した株を、あとになって分析するのは簡単だ。投資の90％は感情のコントロールである。あなたが買わなかった株を分析するとき、感情が方程式に入ってくることはない。

本書では、ポジションを取る前にテクニカルおよびファンダメンタルズの両面から私が見たことについて話している。このなかには株式や市場が大きな動きをする前に私が見たことを示す「ｅメールアラート」や投稿も含まれている。

本書の前半は長年にわたる私の投資の旅について述べている。話のなかには非常に個人的なことも含まれている。あなたが興味を示してくれれば幸いだ。本書の後半は、どうすれば成功する投資家になれるかについての話だ。メディア、自律的思考、センチメント、心理、フローの状態に達する方法などが詳細にわたって議論されている。

本書のかなりの部分を感情についての話に費やしているが、それはあなたが好むと好まざるとにかかわらず、感情こそが市場を動かす原動力だからだ。これらの部分は退屈に思えるものがあるかもしれないが、これは市場をマスターするのに不可欠だ。また、自信を植え付け、

「闘争本能」を養うことの重要性についても述べている。こうした性格は重要だ。臆病だと市場で押しつぶされてしまうだけである。結局、本書で書いているすべてのことは、スーパーストックについてあなたが知りたいことに帰結しているのである。

付録は、私が市場の大きな変曲点の前に見たことを議論する古いアラートを集めたものだ。さらに、最近の「年次予測」(2010年――「何もするな」、2011年――「完璧な価格付け」、2012年――「顔が青ざめる市場」、2013年――「200％～500％のアノマリー」）も含めている。これを読めば私が長期的な市場の展望をどのように形成したかが分かるはずだ。私のアラートを楽しく読んで、ためになると思ったら、私のフレンド＆ファミリー・アラート・リストに加えるので、ぜひ連絡してもらいたい。後世に残すためにこれらのアラートはpdfフォーマットにまとめるつもりだ。

本書にはたくさんのチャートが含まれている。これらは時間をかけて学習し、あなたの頭で考えて、理解してもらいたい。チャートにはあらゆるものが含まれる。チャートと一体になれなければ、市場で大きな成功を手にするのは難しいだろう。本書のチャートの大部分は28カ月にわたるポートフォリオの成長のなかで実際に保有したものを示している。なかには、2006年～2008年にかけて保有した私の好みの銘柄もある。いくつかのチャートはこの１年かそこらのものだ。

先に進む前に質問させてほしい。富を最大化するため、あなたは価格に投資しているだろうか。それとも、気持ちの良くなるストーリーに投資しているのだろうか。

本書を読み終えるときの自分の反応に驚くはずだ。

本書の大部分は、あなたにとって心地良くないことをやらなければならないことについて書いている。ほとんどの投資家は平凡な結果しか得られない。なぜなら、安全ゾーンを出たがらないからだ。他人がやらないことをやる一方で、現状に疑問を持つことが重要だ。私の哲学には感情的に従うことが困難なものもあるかもしれない。

本書はほかの本と違って「システム」について書かれたものではない。時間の試練に耐える堅実なリサーチについて書かれたものである。本書の概念を理解し、あなたの理解力を劇的に高めるためには、（たとえそうでなくても）自分をプロのトレーダーやプロの投資マネジャーと思って読むのがよい。これまで多くの「コミットメント研究」が行われてきたが、これは長期的に深く関与する人は学習ペースが加速することを示したものだ。特定のことを生涯にわたってやろうと思っている人は、長期的にかかわろうと思っていない人に比べると、同じ時間で２～３倍の学習効果がある。

あまりに楽天的、あるいは熱狂的なところがあったかもしれないが、それはお詫びする。でもそれは、あなたが長期的な成功を手に入れられるように、自信を植え付けてもらいたい一心だったことを分かってもらいたい。悲観的な億万長者を見たことがあるだろうか。

私がトレードを始めたいきさつについて少しだけ述べておきたい。私が金融市場と恋におちたのは17年前のことだ。最初はけっして簡単ではなかった。私は用心深い性格だ。だから、これから述べることはだれにも秘密にしてきた。でもそれはこれまでのこと。今あなたにすべてを語ろう。

第1章
私のストーリー

My Story

「戦争を学ぶことと、戦士として生きることは別物だ」――アルカディアのテラモン（紀元前５世紀の傭兵）

人生というものは望むものは何でも手に入れられるものだと信じてきた。「25セント硬貨が欲しいと思えば、25セント硬貨を手に入れることができるし、信じられないような成功が欲しいと思えば、信じられないような成功が手に入る」。ジム・キャリーの有名なエピソードに倣って、私は1997年に100万ドルの小切手を自分あてに書いた。2007年の32歳の誕生日に小切手を現金化するのが私の夢だった。推定５万ドルの給料と毎年20％の投資利益からせっせと貯金すれば、32歳までに100万ドルを貯めるという私の夢は達成できると思っていた。

当時、これはとっぴな考えでとても実現できるとは思えなかったが、物事はビッグに考えることが重要だ。数週間後、その小切手を古い銀行書類と一緒にしまい込み、15年間忘れたままになっていた。本書を書くに当たって古いトレードの書類を探していたときに、この小切手が偶然見つかった。今にして思えば、それは小さすぎる夢だった。

若いとき

大人になっても金融の道に進むとはまったく思っていなかった。正直言って、この分野のことは何１つ知らなかった。ただ１つはっきりしていたのは、法律の道には進みたくないということだった。私の親戚には弁護士をやっていたり法律事務所で働いている人が７人いたのだが、法律用語の飛び交う退屈なディナーの会話には全然ついていけなかった。やりたくないことははっきりしていたが、何をやりたいのかは分からなかった。

ジョージア州アトランタのエモリー大学では経済学を専攻した。父からのアドバイスもあってこう決めたのだが、数年間あれこれと悩んだ末、追究すべき道を決めた。大学２年のときに経済学の基礎を学んでいるとき、株式市場への興味が膨らんできた。私が株式市場に興味を持ったのは、株式に投資することで莫大な富を手に入れることができるのではないかと思ったからだ。

このクラスを取るための必須条件はウォール・ストリート・ジャーナルを読むことだったので、私は毎朝ウォール・ストリート・ジャーナルを読み始めた。私の興味を引いたのは「Money and Investing」で、なかでも毎日の「biggest gainers（大きく儲かった株）」というリストには魅力を感じた。市場というものは、お金を預けても長い年月をかけて少しずつしか増えないものだと思ってきた。ところが、「ホット」な株式に投資した人たちは１日で50％や100％やそれ以上儲けているではないか。これを知ったときにはショックだった。もしかすると、大きな動きをする前にこうした銘柄を見つけることができれば、株式市場で莫大な富を手にいれることができるのではないか。素晴らしいことじゃないか。

それからというもの、ウォール・ストリート・ジャーナルを片手に「つもり売買」を始めた。インターネットはまだ普及していなかったので、私は大きな動きが予想される銘柄を新聞で選んでいた。私はピーター・リンチのモデルに従って、コカ・コーラ、デルタエアライン、ナイキ、自動車メーカー、ファストフードフランチャイズといった私のよく知っている銘柄を選んだ。ボストンチキンやポロトロピカルが大好きで、１週間に何回も買っていたため、これらの銘柄には絶対にホームラン銘柄になってもらいたかった。

時間がたつにつれて、私のつもり売買の結果は月並みなものになっていった。市場全体でさえ打ち負かせないのではないかと思えてきた。それから数年たって、市場で大きな成功を手に入れるには、「よく知っている」銘柄に投資するのではなく、「よく知らない」銘柄に投資することであることが分かってきた。これについてはあとでじっくり議論する。

つもり売買をしているとき、メリルリンチのインターンをしている学生を紹介された。「失明者を治す」薬を開発中のバイオテク企業についての情報を教えてくれた。もう何年も前のことなのでその会社の名前は思い出せないが、私の新しい友人が言うには、その会社の薬は数週間以内にFDA（米食品医薬品局）に認可される予定なので、この会社は10億ドルの企業になるだろうということだった。

このニュースが発表されれば、この会社の株価は0.20ドルから10ドルあるいは15ドルに跳ね上がるだろうと彼は予測していた。人生でこれほど興奮したことはない。私は新しい友人に礼を言って、すぐさま近くのブローカーに行き2000ドルで口座を開設した。75ドルの手数料を差し引いて、その会社の株を買えるだけ買った。この株が私をお金持ちにしてくれるのは時間の問題だと思っていた。

そのあとの数週間にわたって、このバイオテク会社の株価は徐々に下がってきた。私はすぐさまこのメリルリンチのインターンに電話して、何か情報はないかと聞いた。「万事うまくいっています」と彼は自信をもって言った。「すべてうまくいっているので、株は保有し続けてください」とブローカーが言うような口ぶりで彼は強調した。

それから何週間、何カ月とたつごとに、私のペニー株は下がり続けた。株価はじりじりと下がり続けていった。そこにビッグニュースが舞い込んだ。その薬をFDAは「認可しなかった」というニュースだった。これでは株価が上がるはずがない。そのニュースが発表されたあと、その会社の株は崖から突き落とされるように、一晩で紙くずになった。私が初めてつかんだ耳寄り情報のおかげで、私は全財産を失った。私は敗北を認め、口座を閉鎖して、大学に戻った。

それから2年後、大学を卒業してバンクーバーに移り、小さなテクノロジー会社のインターンになった。私の仕事はその企業をバンクーバー証券取引所の上場銘柄からナスダック上場に移管させることだった。数週間インターンとして働くうちに、私はその会社のテクノロジーに夢中になった。その会社は世界中の公益事業会社のために天然ガスと水の流れを監視するデバイスを開発していた。良いCEO（最高経営責任者）は言い方を知っているものだ。私のボスは、この会社はもうじきすごいことになる、この会社の0.30ドルの株式は長期投資に打ってつけだと言った。

私の同僚もこの会社の将来を有望だと思っていたらしい。私は彼の言葉を鵜呑みにして、同僚たちに倣って株を買うことにした。その夜、疑い深い父を説得して、その会社の株式の購入資金として3000ドル用意してくれるように頼んだ。ペニー株は敗者のゲームであることを私に教えるのに、3000ドルは安いものだと父は思っていたらしい。カナダのブローカーで口座を開設して数日で、私はその会社の1万株の株主になった。

しかし、その会社の株価は下がる一方だった。株価が下がるのは私の会社での働きが悪いせいか。そのうちにその会社のCEOは事業を拡大することよりも資金調達のほうに力を入れていることが分かってきた。それでも彼は時折、この会社の株は長期投資に向いているからと言って私を安心させた。この身分の低いインターンは彼のセールストークを信じ続けた。

次の数カ月にわたって株価が下がり続けるのを見て、私は「買って祈る」メンタリティーになりつつあるのを感じた。株式のナスダックへの移行は一向に進んでいなかった。ナスダックがバンクーバー上場のペニー株銘柄を欲しがるはずはなかった。

次の数カ月はほかのベンチャーへの就職活動で忙しく、その株のことは忘れていた。１年かそこらたって、その株式はバンクーバー証券取引所から上場廃止になり、無価値と化したことを知った。幸いだったのは、法外な売却手数料を取られなくて済んだことくらいだった。こうしてまた全財産を失った。でもこの一件で、ペニー株に投資するのはカモになるようなものだということを学んだ。今のスコアは、ミスター・マーケット２勝、ジェシー・スタイン０勝で、ミスター・マーケットの勝ち。

1998年、アトランタに戻って学生向けランドリーサービスを始めた。株式市場が世界的に急上昇する数カ月前だった。株式への高揚感が高まり、CNBCが「必見」テレビへと変貌するなか、ゲームに戻らなくてはという思いに駆られた。仕事で貯めた１万ドルで、オンラインブローカーのアメリトレードに口座を開設した。

自分の知っているものに投資しろ、というピーター・リンチのアドバイスに再び従った。当時、私はアメリカオンラインを毎日使っていただけでなく、ほぼ毎週「無料のスターターキット」の１つをメールで受け取っていた。同じころ、CNBCのスクリーンに１日中流されるAOLのティッカーシンボルにぞっこんほれ込んでいた。私は思い切って財産の一部をAOLにつぎ込んだ。若干の儲けが出たあと、やるべきことは国を席巻している現象に乗ることだと思った。ほかの大勢と同じように正真正銘の「デイトレーダー」になることが自分のやるべきことだと思った。

2005年の南フロリダの不動産業者のように、今やアトランタのだれもが「デイトレーダー」と化していた。マーク・ボートンを覚えているだろうか。それはともかくとして、次の数カ月はランドリーサービスはお休みして、月曜日から金曜日まで１日中コンピューターの前に座って市場の日中の動きを追った。

利益を増大させるためには、「証拠金」や「レバレッジ」のボタンを押してブローカーからお金を借りることができることを知った。信用取引を行うことが大金を稼ぐ確かな方法のように思えた。結局、AOL、AMZN、EBAY、CMGI、MSFTをはじめとするドットコム企業にレバレッジをかけた。毎日の動きに心は躍った。得られる利益は私をとりこにし、これまで経験したことがないほどの高揚感に浸った。だれも私と同じことをすればいいのに。こんなに簡単なんだから。でもそれは1998年秋、アジア金融危機が世界を襲ってから一変した。

6週間でドットコムバブル株のほとんどが50％から70％下落するなか、ナスダックは37％下落した。私は穴から這い出ようと復讐心に燃えてレバレッジを増やし続けたが、数週間もするうちに再び全財産を失った。フルタイムのデイトレーダーという夢は一瞬のうちに消えた。また、何もかも失ってしまった。勝利のないまま、スコアは3対0になった。もう二度とトレードなんて、投資なんてするものかと心に誓った。市場は一般投資家が負けるように悪ふざけをやっているとしか思えなかった。私は再びランドリーサービスに戻った。

次の3年間は市場のことを考えることは一切なかった。市場の歴史最大の上昇は逃したが、トレードを恋しく思ったことはない。そして私は商売をたたんで、ビジネスの修士号を修得するために大学に戻った。生計のために係員付き駐車サービス会社のマネジャーとして働いた。20代なかばで大学に戻り、そこそこのお金を稼ぎ、夜は同僚の学生や仕事仲間と繰り出すという毎日。人生最高のときだった。

人生というものはサイクルで動くものらしく、良い時期はそう長くは続かない。2001年12月12日、人生が突然一変する事態に陥った。

2001年12月12日

その日の朝、何と言えばよいのか分からないが、急性錯乱状態で目が覚めた。「頭にもやがかかった」ような状態だった。突然、情報処理ができなくなってしまったのだ。私の認知能力は一晩のうちに失われてしまった。それからの数日間、私の心身には次々といろいろなことが起こった。

最初は右側の大腿部がけいれんし始め、それは数週間続いた。その次は、背中の下のほうが強く震え始めた。ちょうど電子ハンドマッサージャーからくる、あんな振るえだ。さらに悪いことに、体のバランスが取れなくなり、毎日のランニングができなくなってしまった。日々の生活にも支障を来すようになった。お金を数えたり、鍵穴に鍵をさすといった簡単なことも難しくなっていった。以前は簡単にできていたこんな作業が何回も、ひどいときは何十回もやらなければならなくなった。

言葉を発するのさえ困難になり、話している途中で何度も中断し、話がとぎれとぎれになることもしょっちゅうだった。シャワーを浴びたあとは異常に疲れ、ベッドに倒れこみ、15分ほどしなければ立ち上がれなかった。私のシステムが1つずつ停止し、私の人生は目の前で瓦礫のように崩れていった。スピードをあげて走ってくる貨物列車に不意打ちを食らったように感じた。

最も不安だったのは、自分の周りで何が起こっているのか理解することができないことだった。教授の言っていることをほとんど理解できないまま、無力感を感じながら教室に座っていた。簡単なテレビのショーさえ意味が分からなかった。ある晩「フレンド」を見ていたのだが、内容がさっぱり分からなかった。その瞬間、涙があふれてきてとまらなかった。

何とか理解しようと努めていたとき、前の夏、数カ月間、左目の視力に問題があったことを思い出した。視力の問題が今の状態と関係があるのだろうか。風邪とインフルエンザにかかった以外、これまで病気らしい病気にかかったことはない。私はまだ26歳なのに、どうしてこんなことが起こるのだろう。ショックだった。早期の脳卒中としか思えなかった。

それからは緊急治療室とドクターのオフィスを行き来する毎日だった。ドクターはありとあらゆる検査を行った。恐れたのは、多発性硬化症が原因ではないかということだった。多発性硬化症は数週間検査を行っても最終的な結論は出ない。私は突然死ぬかもしれないという恐怖にいつも襲われていた。恐怖というものをあなどってはいけない。

2002年２月の第２週のある晩の午後８時30分ごろ、ジョージ・ウィンストンを聞いていたときのことだ。２カ月前にこの恐ろしい症状に襲われて以来初めて、音楽を理解し、聞き、感じる能力が突然よみがえったのだ。長い間、頭のもやもやにさいなまれて、隔離された囚人だった私の認知能力がほんのわずかでも戻ってきたことに歓喜した。その瞬間から、数日たつにつれて私の症状は治まり、２週間もすると以前の自分にほぼ80％戻っていた。

それからの１年間かそこらは、１つか２つの症状が同時に短時間だけ現れたが、身体を衰弱させるほどのものではなかった。10年たった今、私はすこぶる健康だ。第５章の「良いトレーダーになるために」を見ると分かるように、身体を健康に保つために私はあらゆる努力を行っている。

インスピレーションは絶望から生まれる

苦あれば楽あり、ということわざがあるが、健康問題の最中は、何百時間も使って多発性硬化症について調べられるかぎりのことを調べた。健康問題のあった２カ月間は、多発性硬化症の薬とセラピーのエキスパートになったほどだ。すぐに分かったことは、市販されているわずかばかりの薬は多発性硬化症患者には何の効果もないということだった。この間、何か効果のありそうなセラピーはないかと多発性硬化症の掲示板を渉猟する毎日だった。薬のいくつかは症状を若干抑えるのに効果はありそうだったが、発作の回数を減らしたり、脳障害の重症度を緩和するのには効果はなかった。市販の薬はほとんど効かないのに、患者たちはそれらに何十億ドルものお金を使う。この病気は身体をすこぶる消耗させるので、この病気にかかった人は症状を少しでも緩和させるために、いくらお金がかかっても薬を買うのだ。

この恐ろしい病に苦しむ人々が実際には効かない薬に何十億ドルも使うのなら、実際に効く薬の潜在的市場はどれくらいのものになるだろうか。そんな薬を開発した人は宝くじに当たったも同然で、一晩で全市場を支配することができるだろう。薬代をいくらにでも吊り上げることができるのだから。

私の調査によれば、チャットルームに何回も登場する薬が１つあった。この薬は初期の臨床試験では多発性硬化症の脳障害の90％を取り除くと考えられていた。この薬は症状の大幅な緩和と発作の回数の大幅な減少につながるのは明らかだった。こんな奇跡の薬があれば多発性硬化症患者にとっての真の聖杯になるに違いない。この奇跡の薬の名前はアンテグレンで、この薬の臨床試験を行ったのはアイルランドのエランという会社だ。

症状が治まった数カ月後、この薬とこの会社についての調査を始めた。私の関心を引いたのは、エランの株価が前の数カ月で63ドルから１ドルに下落していたことだった。株価の大暴落は、この会社の薬がほかの薬に負けたことと、「簿外取引」に関連する不正会計によるものだった。

少し本題からはそれるが、しばらくお付き合いを。８週間の心身の障害を経験したあと、私には未来のチャートパターンが見えるようになった。これまで株価チャートやテクニカル分析には特に気をとめることはなかったが、突然、私の心がチャートパターンに引き寄せられるようになったのだ。そのとき以来、チャートパターンがいつも頭から離れなくなった。

エラン（ELN）のチャートパターンの場合、強力な「ベース」（保ち合い期間）を形成したあと、大きく上昇するというパターンが見えた。それからの10年、私は新しいチャートパターンを見るときはこの「第六感」に頼ってきた。この潜在意識下の能力のおかげで、テクニカルインディケーターを分析しすぎることはなくなった。テクニカルインディケーターの分析ほど私を混乱させるものはない。そのうちにこの能力は私独特のものではないことが分かってきた。これは多くのトレーダーが試行錯誤しながら技に磨きをかけるうちに、長年にわたって自然に身につくものなのだ。

本題に戻ろう。公表されているデータが示すように、エランのアンテグレンの効果が20％だとすると、この薬は市場で優位に立ち、年間売り上げは50億ドルは下らないはずだ。多発性硬化症の症状は過酷なので、この薬が市場に出回るのを妨げる深刻な副作用は実質的にはないはずだ。

一方、この薬が成功するかどうかについてはアナリストの世界では強い疑念があった。この薬がFDAに承認されれば大金になるが、そもそもこの薬が世に出るのかどうか彼らは疑問に思っていたのだ。アナリストの多くはこの薬の成功率は50％未満と見積もった。私は彼らの評価には同意できなかった。多発性硬化症に似た症状を経験した者として、彼らが多発性硬化症コミュニティーからこの薬を取り上げることはできないと強く思った。

私は時価総額５億ドル（ペニー株よりもはるかに大きな時価総額）の1.25ドルの株に魅力を感じていた。私は最終的にはこの薬の年間売上高は50億ドルになると見ていた。私の計算でいけば、この薬の売上総利益は90％上昇して、年間利益は40億ドルを超える。現在開発中の大ヒットになると思われるほかの薬を除けば、エランの時価総額は最終的には800億ドルに達するはずだ。つまり、今の時価総額５億ドルの160倍である。

こんな予測はバカげているように思うかもしれないが、数カ月前は株価は今の30倍だったのだ。その水準に戻るかもしれないじゃないか、と私は思ったのだ。CEOは公開市場で何十万ドル分もの株を買ったことをアイルランドで申告していた。

私は、下落する確率がわずか1倍で、上昇する確率が80倍から160倍と信じている株を見つめていた。リスク・リワード・レシオが私に有利な方向に著しくゆがんでいるなんてものじゃない。市場を離れて4年。2002年10月には私は2万2000ドルの貯金のすべてをつぎ込んで（そう、私はろくでなしだ）、1.25ドルのエラン株を買った。

それからの3カ月、株価は1.25ドルから4.45ドルへと上昇した。初期投資の2万2000ドルは8万ドルに膨れ上がった。27歳にして市場で初めて味わった成功だった。しかし、私の計算によれば、株価の上昇はまだ始まったばかりだった。これからもっと上がるはずだった。

こんなことマーケットの神様だって予想できやしないだろう。2カ月後、エランはアンテグレンの認可申請を取り下げることを発表した。株価はみるみる60％も下落した。私は恐ろしさのあまり立ち尽くすしかなかった。まったく信じられないことだ。今やスコアは4対0だ。

レバレッジをかけていなかったので、およそ3万5000ドル分の株式は残った（少しは儲かったのだ）。それで、自分の理論に従ってそのままにしておくことにした。発表の日に安値を付けて以来、次の10週間、株価が下がる日はほとんどなかった。エランの株価は2.25ドルから9ドルまで上昇した。ブローカーをTDウォーターハウスに変えて、あれこれとトレードして、信用取引もやっていると、3万5000ドルは10週間で16万5000ドルになった。エランのおかげで、私の知るかぎり私の年齢層のなかではだれよりも純資産が増えた。28歳の誕生日を目の前にして、新たな資産の増大を友人たちと祝わずにいられなかった。

2003年6月26日の28歳の誕生日の朝、誕生日にやるべきエキサイティングなことは何かないかとコンピューターのスイッチを入れた。金融サイトを見ると、エランの大きなヘッドラインに目が行った。エランはアンテグレンの臨床試験に参加した患者のごく少数に致命的な脳の感染症が見つかったと発表していた。このニュースがエランの株価にとっても、私にとっても良くないことは明らかだった。今やエランの命運はこの薬にかかっていたため、その日、株価は大暴落した。

レバレッジをかけていたため、誕生日に口座はほぼ壊滅した。数週間前に高値を付けてから、私の口座はいきなり16万5000ドルから３万6000ドルに目減りした。また振り出しに戻ってしまった。こんなことが再び起こるなんて信じられなかった。しかも、私の誕生日に。ショックだった。完全に打ちのめされた。その日の朝、エランの株を全部売った。それまでに儲けたお金は１ペニーも残らなかった。今やスコアは５対０（**注**　結局エランはバイオジェンとアンテグレンを共同開発して販売することになった。この薬は今ではタイサブリとして知られている。タイサブリは今市販されており、アナリストは2016年までには年間売上高は30億ドルになるだろうと予測している。私が５ドルでエランの株式を売ったあと、エランの株価は次の12カ月で30ドルになった)。

学習の加速期

つい最近のつまずきのあとしばらく放心状態に陥ったが、適切な調査を行えば、市場で短時間で大金を稼ぐことは可能だということを直接的に体験して分かった。私がエランに偶然出くわしたのは、私の健康上の問題と関係があることは明らかだった。同じやり方で大儲けできる株を探すのは難しいことを私は悟った。

バイオテク株で３回大失敗したあと、もっとリスクの低いセクターに目を向け始めた。上昇する前に大儲けできる銘柄を見つける確かな方法はあるのかないのか。この火急の問題に夜も眠ることができないほど悩んだ。１回小さな成功を収めたことで私のなかの情熱に火がついた。これは死ぬまで燃え続けるに違いない。

エランの一件から回復すると、次に大儲けできそうな株を見つける「秘訣」を発見することが私の唯一のミッションになった。私はついに人生における天職を見つけた。その日以来、できるかぎりベストな投資家になろうと決心した。ほかのだれよりも優れた投資家になりたかった。情報を手に入れるためにトレードや投資に関するあらゆるものを読んだ。昼間は図書館で過ごし、夜は投資に関する情報を探すために金融サイトを渉猟した。

ニコラス・ダーバスの**『私は株で200万ドル儲けた』**（パンローリング）、エドウィン・ルフェーブルの『欲望と幻想の市場 ―― 伝説の投機王リバモア』（東洋経済新報社）、ジャック・シュワッガーの**『マーケットの魔術師』**シリーズ（パンローリング）、バートン・マルキールの『ウォール街のランダム・ウォーカー』（日本経済新聞出版社）、ピーター・リンチの『ピーター・リンチの株式投資の法則 ―― 全米No.1ファンド・マネジャーの投資哲学』（ダイヤモンド）、ウィリアム・オニールの**『オニールの相場師養成講座 ―― 成功投資家を最も多く生んできた方法』**（パンローリング）といった投資の古典を読みあさった。最もためになったのはオニールの『オニールの相場師養成講座』だった。彼の手法は極めてシンプルで、彼の本は大きな動きがある前に大儲けできそうな株を見つけるのに打ってつけのように思えた。

何年か前、「セメスター・アット・シー」（キャンパスは船の上、アメリカを始め世界各国からの学生が１学期間寝食を共にし、寄港地ではその国の文化を体験学習する）で南アフリカのケープタウンを訪問したとき、アンソニー・ロビンスの『一瞬で自分を変える法』（三笠書房）という本に出合った。この本のメーンテーマは、人間の優れた行動をモデリングするマジックだ。人生のあらゆる局面において究極の成功を手に入れるには、他人の優れた行動をモデリングすることが必要だと彼は説いていた。そのためには、あなたの分野の最も成功した人々を見つけて、それをあなたの成功の設計図として使うことが重要だ。私はロビンスのアドバイスに従って、市場で最良のトレーダーを探すことにした。特に私が求めていたのは、ウィリアム・オニールの原理を習得したトレーダーだった。

私はインターネットを徹底的に調べて、市場で最良のトレーダーを見つけようと試みた。最初はあまりうまくいかなかったが、最終的にはトレードのメンターを見つけることができた。彼らについては本書の第５章の「メンター」の項で詳しく話す。今にして思えば、このときの集中的な独学が私の人生を変えたと思っている。

新しく発見した知識を頼りに、最良のトレーダーを探すための基準リストを過去の偉大な勝利者の質に基づいて作成した。次に、このチェックリストを、「投資可能な」パワフルなチャートパターンに結びつけた。テクニカル基準とファンダメンタル基準の両方を満たす銘柄にのみ集中するのだと自分に言い聞かせた。次の数カ月間、私の厳格な基準のすべてとはいかなくても多くを満たす２～３の銘柄に集中的に投資した。

私の人生を変えた「階段」

2003年９月下旬、新たなチャートを見ていると、見たことのないチャートパターンに気づいた。その銘柄は１年前には20ドルを超えていたのに、0.25ドルに下落していた。0.25ドル辺りで底を付けたあと、数カ月間横ばい（「ベース」）が続いた。その横ばい状態からブレイクアウトすると、株価は一気に0.75ドルまで上昇し、数週間その水準で推移した。そのあと1.50ドルまで上昇して、またその水準で推移した。その後、2.50ドル、４ドルで同じパターンを繰り返した。その銘柄はいわゆる完璧な「階段」パターンを描いていた（この例は第12章で見ることができる）。こんなにパワフルなチャートパターンはこれまで見たことがなかった。その会社はTRMコーポレーション（TRMM）だった。

TRMコーポレーションのファンダメンタルズを詳しく調べてみると、驚くべきことを発見した。まず私の目を引いたのは、この会社は１年前の同じ四半期には損失を出していたが、最も直近の四半期では１株利益が0.16ドルになっていたことだ。SEC（証券取引委員会）に提出された何百ページにも及ぶ10q（四半期報告書）と10k（年次報告書）を調べてみると、この会社が継続的に利益を出していることは明らかだった。

TRMコーポレーションは次の２～３四半期のどこかから１株利益は0.30ドルに上昇すると私は予想した。最も驚いたのは、会社の重役たちがみんな公開市場で上がり続ける株価でその会社の株を買っていたことである。インサイダーによる買いは数日ごとに行われているようだった。こんなことは今まで見たことがなかった。

将来的な１株利益の上昇に裏付けされて完璧なチャートパターンを描く４ドルの株は、次の２～３四半期には24ドルから36ドルになると思わせるに十分だった。

調査を終えた私は、次の２週間にわたってこの銘柄を何回かにわたって大量に買った。極端に好ましいリスク・リワード特性を見て、何の恐れを抱くこともなく、ためらうことなく買った。オレゴン州ポートランドを拠点とするこのATMマシンとコピー機の会社の株は大ヒットになること間違いないと期待した。株価が５ドルの大台を超えると、私は確信を強め、レバレッジをかけて買い増しした。

次の２回の決算報告では私の最初の理論は正しいことが証明された。次の２四半期には、EPS（１株利益）は0.20ドル、0.31ドルと上昇した。株価が上昇すると、押すたびにレバレッジをかけて買い増しした。横ばいだった株価はベースからおよそ45度の角度のチャネルで上昇していった。数カ月後、チャネルをブレイクし、放物線状（角度はさらに急峻になって、ほぼ垂直状態）に上昇し、株価は27ドルを超えた。

7カ月ちょっとで、最初4万6000ドルだった口座は80万ドルにまで膨れ上がった。私の独学と研究の成果だった。

ご察しのとおり、株価が放物線状に上昇すると、株主たちは狂喜した。株価は私の目標価格に達していたが、ここまで上昇すると会社の未来は明るい、と思うのが普通だ。ヤフーの掲示板では、株価は次の数カ月で60ドルにまで上昇するというのがみんなの一致した意見だった。株主たちは陶酔感に酔いしれた。毎日がパーティーだった。

価格目標、陶酔感、放物線状のチャートパターンについては、今では以前よりもはるかによく分かっている。株価が放物線状に上昇したあと何が起こるかもよく知っている。しかし、当時はこれらのことに関してはほとんど知らず、破顔して興奮の波に揺られていた。

株価が27ドルを上回ったあと、数日間、家族に会うためにラスベガスへと飛んだ。TRMコーポレーションが世紀の大躍進を遂げたあと、私の気分は最高だった。ラスベガスへの里帰りは絶好のタイミングだった。

そう思っていた。

2004年5月17日、ラスベガスに戻って2日目、朝目を覚ますとTRMコーポレーションは大きく売られている最中だった。垂直状に降下したあと、チャートは解体される古いラスベガスのホテルと似た形で崩壊していった。ホテルの部屋でショックを受けた私は、ポジションの大部分を安い価格で手仕舞うことを余儀なくされた。大きなレバレッジをかけていたため、私の80万ドルの口座は1日で15万ドルにまで目減りした。キャリア最大の大失敗を喫したあと、余暇の残りは最悪だった。

まだ数えているのなら、スコアは今や6対0だ。キャリアを重ねていくたびに、ポートフォリオの波はどんどん劇的になっていった。1回失敗するごとに、ポートフォリオの価値はどんどん下がっていった。

大失敗はしたものの、どういったタイプの株式が大きなリターンを提供してくれるかが分かってきた。もっと重要なのは、今や私は自分と自分の投資能力に自信を持つことができるようになったということだった。これまでと同じように、自分に向かい合い、自分を取り戻すために数週間市場から遠ざかった。でも、私は必ずリベンジする。

歴史は作られる

2004年5月の暗黒から立ち上がった私は、依然として将来大儲けできそうな銘柄を探す原理に執拗に従い続けた。次の2年間、朝起きた瞬間からコンピューターに向かう日が続いた。週に90時間、コンピューターの前に座り続けて、全市場で大儲けできそうな銘柄を探した。TRMコーポレーションの大失敗から20カ月、いよいよ私は乗り出した。

努力が報われるまでの日々はけっして簡単なものではなかった。途中何回も深刻な口座のドローダウンに耐えなければならなかった。紆余曲折はあったものの、私のポートフォリオは15万2000ドル（6月4日）から26万7000ドル（10月4日）、58万6000ドル（12月4日）、123万ドル（2005年2月5日）、213万ドル（5月5日）、446万ドル（7月5日）、580万ドル（9月5日）、そして2006年1月には680万ドルへと上昇していった。この間、ほかの収入源はなかった。ポートフォリオがどんどん上昇していくのを見るのは実にエキサイティングなものだ。

口座が100万ドルの大台に乗ったとき、売りたい衝動に駆られたり、自己満足してしまうことに堪えるのが最も難しかった。踏ん張るのは本当に大変なことだった。「利を伸ばす」という言葉の意味が今ではよく分かる。これは容易なことではない。そのためには大きな自信が必要だった。

この時期からのビッグウィナー（大儲けした銘柄）については第12章で詳しく話す。

お金

2006年にフロリダのパームビーチにある新しい会計士事務所に初めて足を踏み入れた日のことはよく覚えている。２～３分雑談をしたあと、彼は今大きな純資産を持つ個人客で忙しいため、H&Rブロックのような費用のあまりかからない国の税務サービスでアシスタントを探したらどうかと言った。そのあと、過去数年分の報告書を彼に見せた。数ページめくったあとの彼の反応は忘れない。彼は顔を上げて、「何かの冗談ですか？」と叫んだ。彼は立ち上がると部屋のドアを閉めた。「こんなものは見たことがない！」と彼は興奮して言った。彼が私をクライアントにしたのは言うまでもない。

私にとってお金は時間、自由、充実した経験を意味した。市場を打ち負かすことが私の最大の動機だったが、大金が手に入ればそれはそれでよいことだ。30歳で数百万ドルの流動資産を持ち、実質的に間接費はかからない。私の熱心な努力に対して褒美をあげる時期だと思った。

口座残高のコンマの数は、私が夢見ていたことを実行に移す機会を与えてくれた。今や私は何でもできた。子供のころから欲しかった車を買ったり、パイロットになるための訓練を受けたり、夢のマンションを手に入れたり、世界中を旅したり、グルメディナーを主催したり、慈善寄付をしたり、啓発的なスピーチをしたり……。次の２年間、未来のビッグウィナー探しを楽しんだが、何よりも、私は自分の勝利と究極の充足した生活を楽しんだ。

実のところ、お金を手にいれても「ショッピング」についての私の考え方は変わらなかった。今でもショッピングモールは１年か２年に

１回しか行かない旅行のようなものだ。それでも十分事足りるのだ。ショッピングモールに行くことほど嫌な時間の使い方はない。1990年代に買ったオールドネイビーの服を今も着ているが、それで十分満足だ。

賭け

2008年に早回ししよう。そう、あの2008年だ。その当時、彼女と別れて傷心状態の私は、世界市場が崩壊するのをサイドラインから見ていた。2008年の市場の崩壊の規模を考えると、やっていけるトレーダーは少なかったと思うが、能力のある数少ないトレーダーはペニーを拾い上げて富を築いていたのではないかと思う。私は再び大きく上昇したときに備えて、有利なリスク・リワードのセットアップを探しながら、毎日実績のあるインディケーターをいくつか監視していた。数週間後、テクニカルとセンチメントの数字は市場は史上最大の売られ過ぎ状態であることを示していた。

私が監視していたすべてのインディケーターは一見すると、市場に戻っても安全なことを示していた。売られ過ぎ状態になると平均回帰のバウンス・バック・ラリー（いったん押したあと上昇すること）によって市場は数日内には15～20％上昇するというのが一般的だ。計算されたリスクテイカーとして、私は市場に戻ったとき、私の実証された「稼ぎ頭」であるスーパーストック戦略はひとまず脇に置いた。使ったのは反発のタイミングを計るという大胆な戦略だった。グローバル市場の下落の大きさを考えて、私は慎重を期した。

レバレッジを最大化するために、コールオプションとトリプルロングのETF（上場投信）をレバレッジをかけて買った。複利効果を考えると、市場が20％上昇すれば、私のポートフォリオは２～３倍になる。歴史は繰り返すものだ。仕掛けてから数日以内に大きく上昇するはずだと私は信じて疑わなかった。これは私のキャリアのなかで決定的なトレードになると私は確信していた。9桁の純資産に押し上げてくれるトレードになると。私は全財産を投資した。私の確信には確固たる自信があった。

そのあとの日々には絶対に戻りたくない。一世一代のトレードを追い求めて、私は自分のトレードルールをすべて無視した。2008年を経験した人ならだれでも分かっていると思うが、私は間違っていた。完全な間違いだった。コールオプションと使ったレバレッジが大きかったため、投資額のおよそ75％を失った。わずか数日で、700万ドルもの損失だ。懸命に働いて稼いだ700万ドルが瞬く間に消えた。私は致命的な間違いをいくつも犯していた。レバレッジのかけすぎ、オプションの使用、落ちるナイフをつかんだこと、一般市場をトレードしたこと、損切り注文を置かなかったこと……、言い出せばきりがない。

これまでの私の戦略はインサイダーの買いによって活気づいた、まだ発見されていないスーパーストックを見つけだすことだった。人間関係の悪化が判断ミスにつながったのだろうか。貪欲になりすぎただけなのだろうか。こんなことはだれにも分からない。分かっているのは、自分のルールを破ったのだから、どんな罰を受けても仕方ないということだけだった。

人生の旅

最近の大失敗の後遺症のなか、ティム・フェリスの『「週4時間」だけ働く。』（青志社）に触発されて、「ミニリタイア」するのもよいかもしれないと思った。今度のお休みは、得るものが大きくて元気を与えてくれた過去のお休みよりも長くなりそうだった。

当時、「大恐慌2.0」の第1フェーズに入ると世界は崩壊する、と一般に信じられていた。長期のお休みに入るのなら、今ほどタイミングのよいときはなかった。

何のプランもないまま、私はトレード活動を休止し、持ち物をすべてアトランタの３メートル×３メートルの収納庫に運んだ。

拘束から開放されたあと、私は後ろは振り返らずに人生の旅に出ることにした。33歳。私を引き止めるものは何もない。そして私は正式に「ミニリタイヤ」した。

シャツ５枚、ズボン２本、靴２足、短パン２枚、ボクサーパンツ７枚、iPod、ノートパソコン、そしてたくさんの本を小さなバックパックに詰め込んで、目的のない旅に出た。それからの３年半、ラオス、コロンビア、ペルー、エクアドル、チリ、アルゼンチン、ウルグアイ、オーストラリア、タイ、マカオ、マレーシア、シンガポール、香港、インドネシア、中国を旅して回った。中国は33自治区のうち23自治区を回った。カナダにも足を伸ばし、２回のキャンプ旅行でアメリカの30州を回ったあと、戻ってきた。

この旅は自己発見の旅だった。時計なんて投げ捨てて、テレビは一切見ず、人間の行動に関する本を片っ端から読み、仏教を学び、２回のハーフマラソンに参加した。ラオスでは「猫のウンチのコーヒー」を飲み、ジャングルやビーチで眠り、世界一のコンピューターハッカーの何人かに会い、４台の頼みにならないノートパソコンを使い尽くした。中国の成都の世界最大のトレードショーではカザフスタンのグルメチョコを売ったりもした。

旅の途中、エクアドルではナイフを突きつけられて、タイではバスに乗っているときに850ドルの盗難に遭い、インドネシアをバイクで駆け巡った。数カ月間シャワーなしってときもあった。コロンビア南部の小さな掘っ立て小屋では腐敗警官に暴力を振るわれた。タイでは「ハッピーシェイク」を試飲し、犬が殺されて肉になるのを見たし、2500メートルから3600メートル級の山に何回か登り、中国では悪党のバス運転手に置き去りにされ、持ち物すべてを奪われた。長時間、にわとりやおんどり、豚のなかで暮らしたこともあった。

旅の間はほとんどを田舎の小さな村で過ごしたが、開発途上国で出会ったほとんどの人は、アメリカの私たちよりも満足感に満ち溢れ、幸せそうだった。「シンプルなライフスタイル＋借金ゼロ＋独立したコミュニティー＋太陽の光＋仲の良い家族＋毎日自然と触れ合う＝いつも笑顔」という公式が成り立つことを発見した。

アメリカに戻れないかもしれないことに気づいたのは、アメリカへ戻る４日前のことだった。パスポートを見ると、ビザのスペースが１インチもないことに気づいたのだ。それからの３日間は、ブエノスアイレスのアメリカ大使館とそのスタッフを熟知するほどになった。究極の官僚制度を説明するのにこれほど手っ取り早い方法はない。パスポートにページを加えるという簡単なプロセスに数日もかかったのだ。最終的には万事うまくいき、アメリカに戻ることができた。

私の「リタイヤ」の最後の年だけで、12万5000キロも飛行機に乗り、２万5000キロも車を走らせ、200時間近く電車に乗り、300時間バスに乗り、バイクには無数時間乗った。リタイヤの間はトレードはやらなかったが、市場は綿密にチェックしていた。市場の最新情報を友人や家族にメールで送ったり、株式フォーラムへの投稿はしょっちゅうだった。市場から心理的にも肉体的にも離れていたが、投資への感覚や情熱は失ってはいなかったようだ。

この間、ときどき特殊な状態の株式についてのメールを数十通配信した以外は、ほとんどはセクターを予測するアラートや一般市場の変曲点に関するものだった。休んでいる間はトレードに引き込まれたくなかったので、できるだけスーパーストックは探さないよう心がけ、グローバルマーケット、セクターなどに集中した。

お金にはならなかったが、マーケットコメントを書いて送ることを楽しんだ。これによって市場にかかわり、トレード仲間のネットワークともつながっていられた。こういった最新情報を書くことにトレード以上の満足感があったのには驚きだ。私のコメントが欲しい人は、遠慮なく連絡してほしい。

家族や友人、それに市場や国からも離れることは、私の人生において本当に重要なのは何なのかを見直すのに不可欠だったような気がする。この旅はじっくりと考え、成長する一生に一度の経験だった。私は今、自分の人生において最も重要なことに集中している。それは、感謝、友情、家族、幸福、健康だ。

トレード以外の生活が本当に貴重であることを悟った私は、常にクリエイティブであること、学習をやめないこと、安心ゾーンの外に出ること、もっと規律を身につけること、考え方を向上させること、常に活動的であることを意識的に心がけている。しかし、おそらく最も重要なのは、この世界にはずっと時間があるわけではないことを悟ったことだ。だから今は、普通のやり方とは違った独自の道を歩んでゆこうと思っている。ミニリタイヤから復帰した今、私はこれまでとは違った視点で世界を見ることができるようになった。これまでより10倍元気になり、やる気も満々だ。

ドローダウンについて

「エキスパートとは、ごく限られた分野で、ありとあらゆる間違いをすべて経験した人物である」――ニールス・ボーア（物理学者）

これまで書いてきた私のトレードの経歴のなかでは、「損失」や「ドローダウン」という言葉にはあまり気づかなかったかもしれない。私のキャリアのなかで経験した口座の大きなドローダウンや、そのあとの劇的な回復はハラハラするものだった。

ドローダウンを喫するたびにどん底から這い上がり、何とか道を切り開こうとした。問題なのは、何回打ち砕かれたかではなく、何回再び立ち上がったかなのである。本当にトレードのことが好きでなければ、こうしたドローダウンを喫したあとはトレードなんてやめてしまって、何かほかのことをやっていただろう。苦しい試練から学んだことがあるとすれば、過去の失敗を責めるのは人生で唯一の罪だということである。

私は損失をトレード教育のコストの一部と考えた。いろいろな経験をすることで、私は技を磨いてきた。こんな経験をするのは私一人じゃないことを知って少し安心した。事実、私が学んだ偉大な投資家は何回も全財産を失っているのだ。

ヘッジファンドの億万長者であるジョン・ポールソンは50％を超えるドローダウンを克服した。有名なペニー株トレーダーのチモシー・サイクスは2007年に彼のヘッジファンドが破産したとき財産のほとんどを失った。エネルギーヘッジファンドの大物であるT・ブーン・ピケンズは次のように言っている――「３回か４回破産したが、幸運にも私はMBA（経営学修士）ではないから、破産したことに気づかなかったよ」。世界記録保持者のダン・ザンガーもまた、「３回か４回」口座資産のすべてを失い、インターネットバブルで記録的なパフォーマンスを打ち立てた後、数カ月で50％以上も失った。伝説の投資家のジェシー・リバモアは、トレードで得た全財産を少なくとも５回は失っている。

有名な「タートルズ」の一員だったカーティス・フェイスは、「残念ながら、100％以上のリターンは私たちと同じレベルのドローダウンを経験しなければ得られるものではない。確か私の最悪のドローダウンは70％台だったと思う。こんな大きなドローダウンに耐えられる人はそうそういるものではない。ほとんどの人は心理的に大打撃を受けるものだ」と言っている。

口座の極端に大きなドローダウンは大成功するための布石と考えるのがよい。成功したトレーダーのほとんどはあらゆる困難にもかかわらず、けっして屈することはなかった。彼らは忍耐力があるから偉大なのである。人生にはいろいろな側面があるが、大きな成功を手に入れるためにはあらゆることをやらなければならないと全身全霊で決意するのは、どん底に突き落とされたときだけである。私も私生活のなかで、体重が増えて、生ゴミになったように感じて初めてライフスタイルを変えようと決心した。どん底に落ちることなく内なる情熱を駆り立てるのは難しいのである。

正式な教育を受ければ生計を立てられるようになるが、あなたに大金を与えてくれるのは独学だ、という言葉がある。大きなドローダウンは世界の最も優れたトレーダーたちに自分で学ぶことの重要さを教えたことは確かである。

ほかの人と同じように、私のトレード手法が進化し、立ち直りが早くなったのは、ポートフォリオがどん底に落ち込んだときだった。極端な心理状態と極端な経済状況に耐えることができなかったならば、大きなリターンを得ることはなかっただろう。まったく損をしないなんてことはあり得ないことを私は学んだ。

必要な学習経験？　重要なのは、経験から学ぶことだけではない。もっと重要なのは、反撃する勇気とやる気を持つことだと思う。

では私と同じような経験をするのを勧めるかと言えば、絶対に勧めない。それは絶対にない。記録を塗り替えることを目指す人々は、しっぺ返しを食らうような水準のレバレッジとリスクをとる。私は次なる大きなスーパーストックの高値と安値は追い続けるが、今は常にリスクを減らし、良いリスク・リワード・レシオで利益を最大化するアプローチを使っている。とはいえ、リスクを緩和しながらも、大儲けになるような株はけっしてあきらめたりはしない。

私があなたに望むのは、リスクを限定しながら潜在的利益を最大化することである。私の失敗からの教訓を生かし、本書ではこのあとルールを基にしたアプローチについて概説する。このアプローチは、私と同じバカな過ちを犯さないようにするために役立つだろう。

第2章
あなたが平凡と決別するのは今日

Today is the Day to Divorce Yourself from Mediocrity

「負けるわけにはいかない、という引き締まった気持ちで市場に臨むほうがうまくいく。私だったら、何百万ドルもの大金で始める人よりも、何千ドルで始める人のほうに賭ける」――ジャック・シュワッガー

私のストーリーで話したように、ほとんど経験のない普通の人でも大金を稼げる数少ない分野の1つが株式市場への投資だ。私はトレーダーになるための伝統的な資格のようなものはいくつか持っている――経済学の学士号、ビジネスの修士号、いくつかの事業経験、シリーズ7（米国証券外務員資格試験）受験の準備。しかし、トレードで成功を収めるのにこんな資格は要らないし、むしろ有害だと強く感じている。

15年ほど前、ウォール街の次期ゴードン・ゲッコーを目指して、ウォール街のありとあらゆる大手投資銀行に応募した。しかし、どの銀行からも採用してもらえなかった。ゴールドマンサックス、モルガンスタンレー、メリルリンチなどいろいろ行ったが、どの銀行もダメだった。今にして思えば、採用されなくて幸いだったと思っている。自分の幸運さを忘れないために不採用通知は今でも大事に取ってある。

ウォール街の伝統的なルールと集団思考に染まっていれば、これまで築いてきた独自の考え方を得ることはできなかっただろう。ウォール街の古典的な訓練を受けた人を数人知っているが、正直言って、自分で考え、ビッグトレンドを見つけ、大金を稼ぐ彼らの能力は遺憾ながら優れているとは言えない。

開始資金として数千ドルが必要なことを除けば、思いっきり投資し

たい人にとって参入障害はほとんどない。学位も必要ないし、見栄えが良い必要もない。経験さえ必要ではない（でも、成功するためには経験は必要）。ノートパソコンと少しの貯金と時間さえあれば、世界中のコーヒーショップがオフィスになる。トレーダーのあなたには完全なる自由がある。肩越しに見るようなボスもいないし、締め切りもない。時間は無限にあるし、グローバルな量的緩和によってお金も無限に供給される。

こんなに素晴らしいことだらけなのに、このビジネスで確固たる成功を成し遂げたトレーダーはほとんどいない。無限の自由には究極の規律が必要（これは私にとっては永遠の探求になるだろう）だが、それを備えたトレーダーはほとんどいない。さらに、ほとんどのトレーダーは恐怖と後知恵に振り回されている。そのため、一世一代の大きなチャンスに巡り合ったときにそれを逃してしまう可能性が高い。大儲けできそうな株を見つけても、買う勇気と一定期間それを保有する自信がなければ何の意味もない。

ビッグになるか、家に帰るか

「投機では、損をするリスクは大きな利益を手に入れる可能性と相殺される。でなければ、投機する気持ちも起こらないだろう。投機はギャンブルと混同されることが多いが、最も大きな違いは、投機は計算されたリスクをとり、単なる偶然に依存しないことであるのに対し、ギャンブルはランダムな結果、つまり偶然に依存することである」
――インベストペディア

現在アメリカで取引されている１万5000の上場企業のうち、大きな取引所で取引されているのはおよそ半数だ。私たちの目的は、数千の企業から私たちの人生を永遠に変えてくれるような１つか２つのジェット機並みのスーパーストックを見つける方法を学ぶことである。私たちが見つけようとしているのは、世界レベルのファンダメンタルズに裏付けられ、テクニカル的にも優れた割安株である。こうした株を、潜在的利益が潜在的損失を上回った時点でレバレッジをかけて買うのである。

これから、売買をするときの判断基準とシグナルを明らかにしていく。信じてもらいたいのだが、あなたのポートフォリオを次の次元へと押し上げるために必要なこうした株は、あなたの投資キャリアを通じて２～３あればよい。１つだけ大儲けする株があれば、ほかの損失は十分に穴埋めできるのである。

「でも、そういった珍しい株を見つけるのは難しいのでは」とあなたは思うに違いない。時間はかかるかもしれないが、普通の人でもウォール街の人々が見つける前にこうした隠れた宝石を見つけるのはそれほど難しくはない。しかし、正直に言えば、見つけるのは氷山の一角にすぎない。

最適な買いポイントと売りポイントを見つけることよりも、心理的な準備のほうがはるかに難しい。簡単なら、だれもが大金持ちになれるはずだ。

株式市場は金融で才能のある人間にとっては素晴らしいカジノのようなものだ。これには同意してもらえると思う。カジノと株式市場の違いは、株式市場では長い時間をかければ大儲けすることがカジノよりもはるかに簡単なことだ。カジノとは違って、銘柄選びを慎重に行えば、有利な状況が生まれる。したがって成功する確率は高まる。

こうした株を発見するプロセスはとてもエキサイティングだが、長い間仕掛けられないこともあるため、成功するには退屈も我慢しなければならない。

計算されたリスク

「リスクとは自分が何をやっているかよく分からないときに顕在化するものだ」――ウォーレン・バフェット

「一般大衆は、市場の意思決定をするときに統計的思考を使わずに、衝動的な感覚によって投資する傾向がある。つまり、感情的なバイアスに支配されてしまうということである。そしてしまいには、利益に対してはリスクをとりたがらず、損失に対してはリスクをとってしまうのだ。それで行き詰まるのだ」――マイケル・コベル（『トレンドフォロー入門』［パンローリング］などの著者）

最も成功する長期の株式投資家は、計算された大きなリスクをとる高度な技術を習得した人々だ。限定され理解できるリスクで大きなリワードが得られるチャンスを見つけたとき、彼らはすぐに断固とした行動を取る。こうした状態を私は「ファット・ピッチ」（ストライクゾーンに入ってくる球）と呼んでいる。

成功する投資家は高い自尊心と大きな自信をうまく使う。なぜなら、彼らはビッグトレードを得るためには失敗も覚悟のうえだからだ。私の編集者が言うように、「怖がっていては勝てない」のである。成功するためには、計算されたリスクを追究して、それを何回もとる必要があることを彼らは理解しているのだ。この世には３つのタイプの投資家がいる――「何かを起こそうとする人」「何かが起こるのを見ている人」「何が起こったのか分からない人」。あなたはどのタイプだろうか。

必要なリスクをとることは簡単なように聞こえるが、私たちの社会はあらゆる手段でリスクを抑えるべきという概念に支配されている。保証されたリターン、生まれた町に住む、安定した会社で働く、長期契約（住宅ローン、結婚、雇用、携帯電話、インターネットなど）、あらゆるものに保険をかける……。文化的に催眠状態にかけられているため、大きな利益が得られるときに必要なリスクを受け入れるのは感情的に受け入れがたいのだ。

私もかつては、10対１の確率で上昇すると思われる「リスクの高い」株の引き金を引けないリスク回避的な投資家だった。彼らはこうしたトレードで資産の１％のリスクもとれないのだ。S&P500の構成銘柄でなければ、あるいは有能なテレビのインチキセールスマンが推奨してくれなければ、彼らはけっして買おうとしない。

もちろん、だれもと同じでよいのなら、つまり、平凡な生活と平凡なリターンを望むのであれば、どんなことをしてもリスクは避けるべきである。リスクを避けたいのなら、次にバーに行ったとき（あなたが独身なら）、美しい男や女と会話することも考えてはいけない。だれかの死に際に、人生最大の後悔は何かと尋ねたら、計算されたリスクすらとらなかったことだと答えること間違いなしだ。私にとって、リスクをとらない人生は生きる価値のないものだ。生きている感じがしなければ、生きていても意味はない。

ここで１つ質問だが、あなたは過去の投資リターンに満足しているだろうか。満足しているのなら、よくやったと褒め称えよう。でも、満足していないのなら、考え方を変えて、背水の陣を敷き、大衆から抜け出し、あなたのストーリーを書き直し、人と少し違うことをやって成功したいと思わないだろうか。不可能と思っていた大きな成功を手に入れるために。

「今から20年後、あなたはやったことよりも、やらなかったことに失望しているだろう」――マーク・トゥエイン

あなたってクレイジー？

「預言者とは、透視能力を持つ人ではなく、他人に見えていることが見えない人のことをいう」――ナシム・タレブ

人生において価値あるものは、われわれの安心ゾーンから数メートル出たところにあるものだ。トレードで勝者になるにはその方法を学ばなければならず、それはけっしてわれわれの安心ゾーンのなかにはない。

もう少し質問させてもらってもよいだろうか。あなたは今の投資条件を打破するやる気、決意、情熱、時間は持っているだろうか。学ぶことに貪欲だろうか。自分はできるという強い信念を持っているだろうか。計算されたリスクに耐える強い忍耐力を持っているだろうか。避けられないアップダウンに耐えるだけの精神力は持っているだろうか。疑う余地のないものを見つける広い心を養うことはできるだろうか。投資のあらゆる局面において規律を実行する気持ちはあるだろうか。でも最も重要なことは、月並みな投資と決別するために大きく飛躍する気持ちはあるかどうかである。

これらは重要な質問ばかりだ。もしこれらのうちの1つでもノーがあれば、あなたの貯金は投資のプロにお任せして、人生においてもっと重要なことに目を向けることだ。それでももちろん構わない。投資が楽しくないのなら、早く損切りして、こんな本はすぐにたたんでしまおう。情熱を傾けられないものに時間を割いているほど人生は長くはない。

自分に正直になり、自らに「なぜ？」と問わなければならない。なぜあなたは市場を打ち負かしたいのか。あなたにとって将来の財産だけが大事なら、最終的には失望するだろう。私の経験から言えば、富を手に入れたとき、最初は何もかもがバラ色に見えるが、「うわべが変わっても、本質は変わらない」ということわざがある。こういうのを「ヘドニック・トレッドミル」という。「もの」を増やして生活を改善しようとすればするほど、そのものに慣れてしまい、生活は以前と変わらない。

お金が増えれば自分自身を高める機会を与えてくれる。あなたの生活は劇的に変わるだろう。しかし、富を手に入れた90%の人が、生活はそれまでと変わらないという事実がある。

人生における使命やビジョンが、お金が与えてくれる快楽以上のものならば、大きなリターンを達成することは簡単だ。

大きなリターンを手に入れるために自分の安心ゾーンから抜け出して必要なことをするためには、希少な部類の人間にならなければならない。こんな人々をクレイジーと呼ぶ人もいる。それは正しいかもしれない。何年も前のアップルのテレビコマーシャルのせりふを覚えているだろうか――「クレイジーな人、はみだし者、反逆者、トラブルメーカー……に乾杯！　世界を変えたのは彼らだ。人類を前進させたのは彼らだ。彼らのことをクレイジーと呼ぶ人がいるかもしれないが、彼らは天才だ。世界を変えることができると思っているクレイジーな人々こそが世界を変えるのだ」。

あなたがこの本を読んだからといって世界を変えることはできないだろう。しかし、計算されたリスクをとり、既成概念にとらわれずに物事を考え、新しい視点で物事を見、そう、ちょっとばかりクレイジーになることで、あなたはあなたの世界を変えることができるのだ。

1%

「他人の意見は雑音だ。そんな雑音を自分の内なる声にしてはならない。最も重要なのは、自分の心と直感に従う勇気を持つことだ」
――スティーブ・ジョブズ

ご存知だと思うが、市場はゼロサムゲームである。だれかが利益を得れば、だれかが損をする。時間がたつにつれて、お金は大衆から少数の人へと流れる。ほとんどの投資家が市場をアンダーパフォームするわけは、ほかのトレーダーの99%がすでに学んだ概念やテクニックを学習するのに時間を費やすからだ。彼らは同じ本を読み、同じサイトをサーフィンし、同じ人間をテレビで見る。

私がこれまでの人生で学んだ最も重要な教訓の１つは、だれもが知っていることに価値はない、ということである。一般大衆が分かっていないのは、富は質の高い周辺情報の発見によってなされ、広く普及しよく知られた主流情報に依存することで失われるということである。市場から富を得た１%の人は、人とは違うことをやっている人である。彼らは違いを生む、ゲームを変えるような１つか２つの変数に注目するのである。

投資家の大部分は多大な時間を使って、彼らの投資理論を裏付ける情報を見つけだそうとありとあらゆる情報源をあさる。彼らは彼らの理論を間接的に裏付けるあらゆるものを探し回る。アナリストリポートやゼロヘッジ、ブルームバーグ、シーキングアルファ、バロンズ、フィナンシャル・タイムズ、ヤフーファイナンスなどなど数えればきりがない。

さらに悪いことに、彼らは同じ考えを持った人たちと発見したことを共有し、確信を強めるために肯定的なフィードバックを得ようとする。これは人間の典型的な行動だ。彼らはこの追求のために多大な時間と労力を割くため、感情的コストにより彼らの選んだ株と結婚する以外に道はなくなる。そのエネルギーがすべてリサーチにつぎ込まれてしまえば、もう「死が二人を分かつまで」続けるしかない。

このあと、あなたはポジションを取る前に知っておくべき変数はほんのわずかしかないことを知ることになるだろう。ほかのリサーチは初心者に任せておけばよい。

このバカげた追求は人的資源の完全なる無駄である。この追求のために、時間、才能、知性が大量に失われているのである。

正しくあることとリッチになること

99％の人がリッチになることよりも正しくあることで精神的な満足感を得られる、と聞くと驚くはずだ。トレーダーの99％は永遠に自尊心から解き放たれることはない。彼らにとって、利益が0.5％のトレードで正しくあることから得られる精神的な満足感は、数カ月かけて徐々に展開していく利益が300％のモンスタートレードから得られる満足感をはるかに上回る。オンラインの掲示板やチャットルームでは毎日こんな話が飛び交っている。間抜けなジョーは、XYZ社は200％上昇すると豪語する。1時間後、ジョーはXYZ社を１％の利益で売ったことをボードでわめき散らす。2カ月後、XYZ社は200％上昇する。ジョーは信じられないといった様子でサイドラインから見ているしかない。

トレードした日の終わりに、ジョーがグループのみんなに彼の予想は大部分が正しかったことを示すことができれば、彼の自尊心は救われる。彼は予想は正しかったと感じている。そしてグループのみんなにとって彼は男のなかの男なのである。4カ月間、何もしないでただスーパーストックを保有していれば、彼の努力を人に示すことはできなかっただろう。大部分の投資家は安全なグループの温床にいることが重要だと感じている。そのためなら投資リターンが低くても構わないのである。あなたには自尊心のために正しくあろうとするようなトレーダーにはなってほしくない。

独自の考え方を養う

「自分が多数の側にいることに気づいたら、立ち止まってじっくり考えよ」――マーク・トウェイン

「大衆は導かれ、指示を与えられ、何をすべきか言ってもらうことを望んでいる。彼らは安心したいのだ。彼らは常に集団で行動する。なぜなら人といることで安心感を得たいからだ。彼らは１人立ちするのが怖いのだ」――ジェシー・リバモア

私が何年もかけて学んだことは、将来の大きなトレンドを見つける最良の方法は、集団思考の堕落した影響から離れて、完全に１人でトレードを行うことで、独自の考え方を養うことだということである。最初の「訓練期間」が終わったあと、グループに戻るたびに私のリターンは大きく下落した。グループで協力し合うことはあっても、「ニュース」や「高頻度トレード」や「集団思考」は排除しなければならない。

市場を１人っきりで立ち回るのはほとんどの人にとってたやすいことではない。なぜなら、人間の本質は、思考プロセスを簡素化したり省いたりするために群れのなかでの安心感を求めるからだ。私たちは他人の意見に同意したり、常に彼らとつながっていたいという衝動によってコントロールされている。同じ考えをもったコミュニティーの一員と感じられるように、「意見の一致」を求めているのだ。たとえ間違った側にいても、他人と一緒に落ちるのなら気が楽だ。友人、ブローカー、メディアといった群れに従っている間は、あなたはまったく思考していない。何とおめでたいことか。

本書を通じて言いたいことは、１人立ちせよ、ということである。他人の意見に振り回されることなく、投資判断を自分で行えということである。世界の最も優れたトレーダーたちは最初から独立した精神の持ち主だった。人から孤立し、孤独を愛し、他人の意見は無視する人たちだった。過熱した大衆を避け、フェイスブックを新規株式上場日に売った数少ない勇敢な人々。それが彼らだった。いろいろな情報が飛び交うなか、あなたには真実を見る目を養ってほしい。進んで１人立ちする数少ない１人になってほしい。私たちが「スマートマネー」と呼ぶような人になってほしい。

１人になってアイデアを養う

孤独のなかで生みだされたアイデアは、ブレインストーミングのなかで生みだされたアイデアよりもはるかに優れていることは科学的に実証されている。

ジョーナ・レーラーがニューヨーカー誌に書いた記事「集団思考――ブレインストーミングの神話」によれば、「オズボーン（アレックス・オズボーン、『創造力を生かす』［創元社］の著者）のブレインストーミングテクニックの実証テストは1958年にエール大学で初めて行われた。48人の学部生（男性）を12のグループに分け、創造的なパズルをやらせた。グループはオズボーンのガイドラインに従ってやるように言われた。統制グループとして、独りで働いている別の48人の学生にも同じパズルをやらせた。結果はオズボーンの理論を否定するものだった。統制グループの学生はブレインストーミンググループのおよそ２倍の回答を示したのだ。審査員は、統制グループの回答のほうが『もっともらしく』かつ『効果的』であることを認めた。ブレインストーミングはグループの潜在能力を解き放つのではなく、むしろ個人の創造力をそいでしまうことが分かった」。レーラーはさらに続ける。「何十年にもわたる研究が一貫して示しているように、ブレインストーミンググループは、独りで働いているグループよりもアイデアの着想力が弱い」

独自の考え方を養うことはほとんどの人にとって不可能に近い。なぜなら、彼らは心理的に１人になることを避けようとするからだ。彼らは現実に向き合うことを恐れ、１人になって遭遇することを恐れているため、思考を妨げるような物のなかで暮らすことを選択するのだ。ツイッターやフェイスブック、スマートフォン、リアリティーテレビ番組の爆発的な普及がこのことをよく物語っている。心がこうした外部の影響によって支配されるにつれ、強迫思考が方向性をもった思考に取って代わり、その結果、心は迷い、不安や消極性やうつ状態を生みだすのである。こうした破壊的感情が成功するトレードを生みだすことはない。１人になって静寂のなかにいると、真実の声が聞こえ、偉大な可能性を見いだすことができるのである。

第3章
世界で最も良く効く薬

The Most Potent Drug the World Has Ever Seen

「金融における信頼性はその注目度に反比例する」――マイケル・スコット

「難しいことかもしれないが、連邦政府とマスメディアに彼らのやりたいようにやらせてみるとよい。つまり、知識に飢えた大衆に消費される情報を与えることで存在価値を正当化するのに莫大な時間とエネルギーを注がせるということである。しかし、賢くありたいのなら、自分自身の無知を悟り、群れを遠くから観察するとよい。きっと面白いに違いない」――ケント・ツーン

これからの節ではわめき散らすかもしれないがご勘弁を。これからの節で述べることは、私が心から情熱を傾けているテーマなのだ。だから、我慢してお付き合い願いたい。

初期のころの私は、実は筋金入りのニュースマニアだった。CNBCは毎日1日中見ていた。いくら見ても十分ということはなかった。自分自身で考えなくてもよいという麻酔にかかっていたのだ。こんなことをしていては私のトレードにも幸福にも悪影響を及ぼすと感じた私は、数年前意識的にニュースから遠ざかった。これに関しては百パーセント完璧というわけではない。2009年の反発と2011年の「財政の崖」のとき、私は否定的に考えた。どちらも私の経済状況には影響は及ぼさなかったが、人生観にマイナス効果を及ぼした。

最近は処理された出来合いのニュースには嫌気を感じるが、適切な人のインタビューを見るのは大好きだ。どういった専門分野でも最良の人物から学ぶ機会をけっして見逃すことはない。ちょっと言うのが気恥ずかしいのだが、私の「ニュース」の最大の情報源はESPNだ。

自分の意思決定に従い、自分を集団思考と操作から遮断するために、私はCNBCやブルームバーグといった経済娯楽番組は一切見ない。外に出かけて、こういった番組がモニターに映し出されているときは無視することにしている。私の友人はCNBCのことを「1時間でお金を

失う」ショーと言うのだが、言い得て妙だと思う。

Forbes.com、Zero Hedge.com、Minyanville.com、TheStreet.comといった主流の「金融ニュースサイト」ももう見ない。だれもと同じように「メディアハイ」にはなりたいが、こういったサイトは絶対に見ないと固く決意した。１％の人に従い、こうしたマスメディアが処理した「ファストフード」を徹底的に避けることの重要性はいくら言っても言いすぎということはない。

マスメディアは99％の一般投資家をわざと混乱させるように構成されている。一般大衆の貯蓄をメディアを操作している「スマートマネー」に静かに流し込むためだ。そもそもメディアを操作しているのがスマートマネーなのだ。

この地球上で「ニュース」ほど効果があり、病みつきになる麻薬はない。ニュースはお金儲けとはまったく関係がない。「ニュース」はパワフルなお金儲けの妨害物にすぎない。一般投資家はニュースに依存するように育成されてきたため、一週間も見ないとリハビリが必要なメタン中毒者のようになる。「バカな箱（テレビ）」をつけた途端に、私たちの心は閉ざされ、批判的思考能力は止まり、プロパガンダに徐々に侵されていくのである。

この地球上のだれひとりとして、主流メディアで読んだことや見たことに従ってお金を一貫して稼げた人はいない。あなたの投資の前提に有利な記事を１つも見つけられなければ、あなたのトレードは必ず勝ちトレードになる。あなたの投資アイデアを無名のブログで見つけたときには、それは勝つアイデアになる可能性が高い。あなたのアイデアが主流メディアに登場し始めたら、それは売り時だ。そしてあなたのアイデアが本に登場し始めたら、それは空売りするときだ。

あなたの近くの本屋に行って、過去数年に書かれた「将来予測」と題した金融本を手にとってみよう。出版日と「金融予測」に注目してほしい。数年後にはその予測はけっして実現しないことを保証する。

例えば、デビッド・エリアスの『ダウ４万ドル（DOW 40,000）』やハリー・デントの『最悪期まであと２年！　次なる大恐慌――人口トレンドが教える消費崩壊のシナリオ』（ダイヤモンド社）を見てみるとよい。『大恐慌』が出版されたのがいつだかご存知だろうか。2009年１月だ。史上最大の市場の大底の数週間前である。

こういった本は勉強のために読むのは構わないし、娯楽として読むのも構わないが、けっしてお金儲けのために読んではならない。

最近のスキャンダル、最近の政治論争、最近の金融危機、最近の信用格下げや株価の下落に関する情報を仕入れれば仕入れるほど、あなたの投資パフォーマンスは長期的に悪化していくことは確かだ。悲しいことに、脅し戦略が視聴者を増やし、新聞を売るのである。

マスメディアはあの手この手であなたを悲観論者に仕立て上げようとする。悲観論者で億万長者になった人がいるだろうか。

メディアのノイズがトレード量を増やす

大きな富は座っている間に……つまり、我慢強く待つことで蓄積される。CNBCもブルームバーグもヤフーファイナンスもCNNマネーもウォール・ストリート・ジャーナルもマーケットウオッチもツイッターもみんなあなたに、トレードせよ、もっとトレードせよと叫ぶ。人生において99％の時間帯で正しいことをするのは難しいことだ。最も難しいのは、ノイズを排除し、先入観を持たずにリサーチを行い、自分自身で判断し、自分自身で結論を出すことである。ノイズは無視せよ。

市場で最も儲かるのは、だれもが話さないような株だ。マスメディアはこうした株を初期段階で推奨してくることはない。ジャーナリストはプロのマネーメーカーではないことを忘れないでほしい。彼らは生活のために書いているだけなのだ。その株が買いかどうかについて、週に数本の記事を書かなければならないのである。

メディアは私たちを誤った方向に導く

メディアはすでに起こったことに注目する傾向が非常に高い。金融メディアの成員が将来何が起こるかを予測する能力を少しでも持っていれば、彼らはまったく違った道に進んでいただろう。ある銘柄やセクターが長期的に大きく反転しそうだと私が言えば、メディアは私の偏見のないリサーチを否定する記事をこぞって書くだろう。金融メディアは群集心理を作りだす達人なのだ。ご存知のとおり、群集心理は市場の重要な転換期をいつも間違って予測する。

メディアは暗い過去に注目し、富は明るい未来を見ることで作られる

メディアが私たちを誤った方向に導く例を見てみよう。

●2003年の春、金融メディアは鉄鋼産業が近い将来崩壊するという記事を次々と書いた。メディアはこの業界の大部分が破産申告することを示すデータを発表した。メディアがこの業界は死ぬ運命にあるという予測を信じ込む一方で、大手鉄鋼メーカーのチャートはベースからの美しい上昇パターンを描いていた。チャートはメディアが発表するあらゆることを否定する動きを見せていた。もちろんメディアは業界の将来を予測するのにチャートのような難解なものなど見ない。メディアの注目が最高潮に達した時点から、業界最大手のUSスティールは次の４年半で2000％も上昇した。同じ時期、アルセロール・ミッタルは3500％という驚愕の伸びを見せた（**図3.1**）。
●2008年７月、メディアによる「航空業界の破産」記事が最高潮に達

図3.1

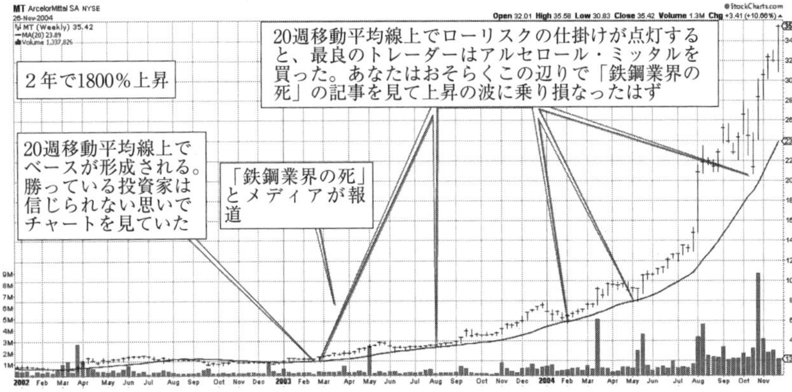
MT ArcelorMittal SA NYSE
26-Nov-2004
©StockCharts.com
2年で1800％上昇
20週移動平均線上でローリスクの仕掛けが点灯すると、最良のトレーダーはアルセロール・ミッタルを買った。あなたはおそらくこの辺りで「鉄鋼業界の死」の記事を見て上昇の波に乗り損なったはず
20週移動平均線上でベースが形成される。勝っている投資家は信じられない思いでチャートを見ていた
「鉄鋼業界の死」とメディアが報道

図3.2

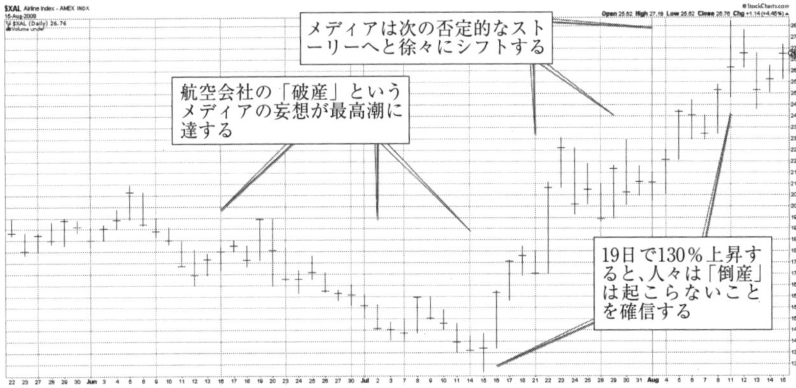
$XAL Airline Index - AMEX INDX
15-Aug-2008
©StockCharts.com
メディアは次の否定的なストーリーへと徐々にシフトする
航空会社の「破産」というメディアの妄想が最高潮に達する
19日で130％上昇すると、人々は「倒産」は起こらないことを確信する

する。記事は次々と大規模な破産が迫っていることを報じた。メディアの注目が最高潮に達した時点から、航空会社セクターは19日間で130％上昇した（**図3.2**）。

●2009年３月を覚えているだろうか。メディアは投資せよというファンダメンタルな理由をただの１つも発表しなかった。もっと正確に言えば、彼らは文明の終焉を予測していたのだ。しかし、それは千載一遇の絶好の投資機会だった。**図3.3**はその時期からのダウの日

図3.3

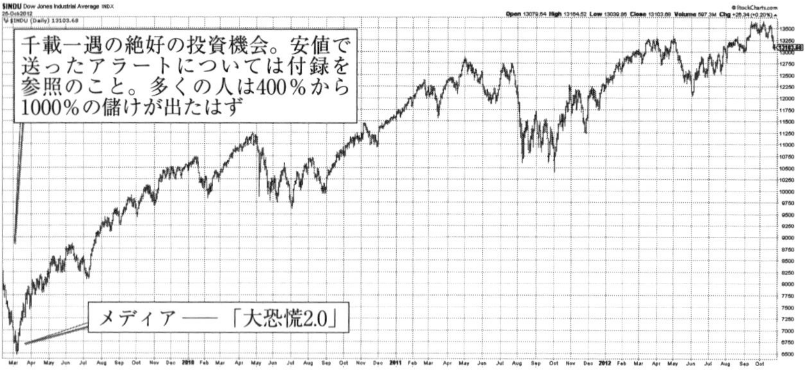
千載一遇の絶好の投資機会。安値で送ったアラートについては付録を参照のこと。多くの人は400％から1000％の儲けが出たはず
メディア――「大恐慌2.0」

図3.4

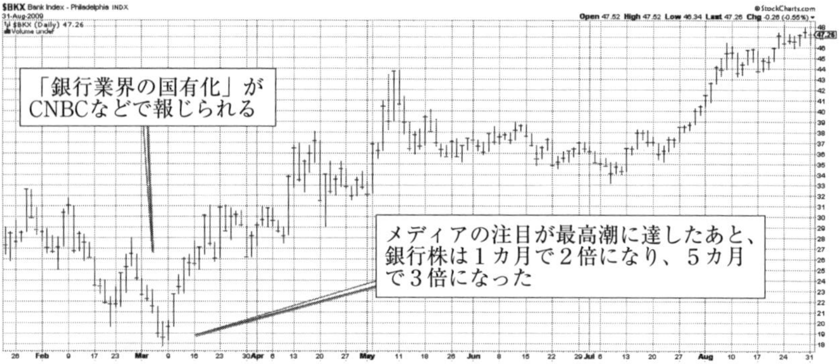
「銀行業界の国有化」がCNBCなどで報じられる
メディアの注目が最高潮に達したあと、銀行株は１カ月で２倍になり、５カ月で３倍になった

足チャートを示したものだ。

●再び2009年３月、メディアは「銀行の国有化」を騒ぎ立てた。この時点で、銀行はバランスシート上の資産価値を再評価することが容認されることが、私には次第に分かってきた。シティーグループなどは低水準のベースからの反転パターンを描いていた。それ以降、銀行セクターは６カ月で３倍になった。**図3.4**はその時期からのフィラデルフィア銀行株指数（BKX）の日足チャートを示したものだ。

図3.5

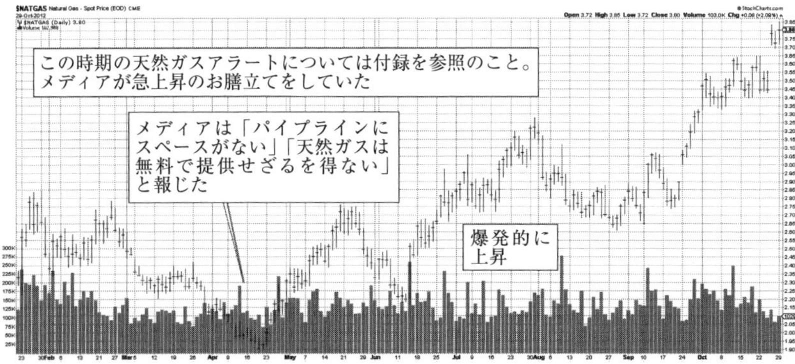
$NATGAS Natural Gas - Spot Price (EOD) CME
この時期の天然ガスアラートについては付録を参照のこと。
メディアが急上昇のお膳立てをしていた
メディアは「パイプラインにスペースがない」「天然ガスは無料で提供せざるを得ない」と報じた
爆発的に上昇

●2012年４月、メディアは「天然ガスがあり余っている」ことを集中的に報じた。余剰天然ガスをさばくのには何年もかかることを示唆した。将来的な生産に対するパイプラインのスペースを確保するためには、業界は天然ガスを無料で提供するしかないとメディアは報じた。天然ガスの価格は何とゼロになるというわけである。それからの10週間で先物は1BTU当たり1.90ドルから３ドルへと60％上昇した（私の４月からの天然ガス分析については付録を参照）。**図3.5**はその時期からの天然ガスの日足チャートを示したものだ。

●2012年６月３日、欧州破綻のニュースが最高潮に達し、CNBCでは日曜夜の緊急特別番組「大混乱のマーケット」が組まれた。S&P先物は下げ続けた。しかし、その夜安値を更新してから、スペイン、イタリア、ギリシャは５週間で20％以上上昇した（**図3.6**）。

●2012年８月、メディアは「ギリシャは死んだ」と報じ、ギリシャに投資する理由はないと言った。８月15日、ギリシャの市場は621で終えると、私は「債券バブル後に500％上昇するグローバル市場はどこ？」と題するアラートを発信した（付録を参照）。メディアがどう書こうと、さまざまなテクニカルおよびファンダメンタルファ

図3.6

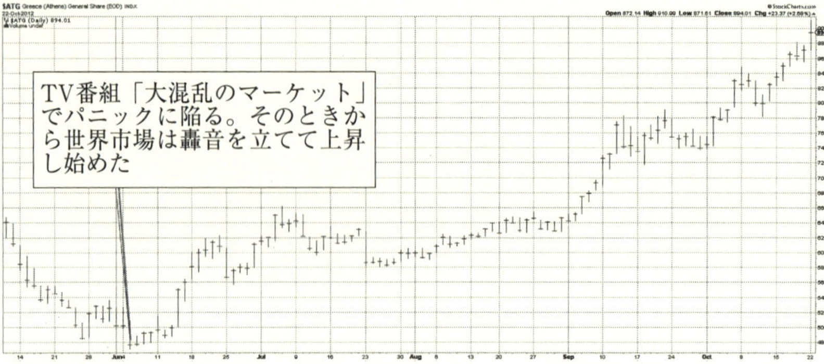
TV番組「大混乱のマーケット」でパニックに陥る。そのときから世界市場は轟音を立てて上昇し始めた

図3.7

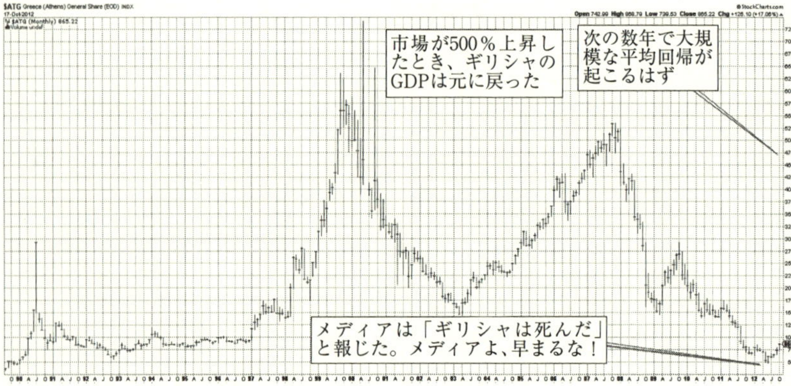
市場が500％上昇したとき、ギリシャのGDPは元に戻った
次の数年で大規模な平均回帰が起こるはず
メディアは「ギリシャは死んだ」と報じた。メディアよ、早まるな！

クターを考えると、500％上昇する市場はギリシャしかないだろう。**図3.7**はギリシャの月足チャートを示したものだ。

●最後に大事なことを言うが、メディアが2008年から夢中になっていたのは、実は一流国としての米国の崩壊だった。米国が「失速」したことはいまや周知の事実だ。米国はもはや一流国ではない。この５年、メディアが集中的に報じてきたのは、失業、かさむ借金、FRB（連邦準備制度理事会）のお金の印刷、救済措置、伸びない

GDP（国内総生産）、政治的分裂、S&Pの格下げ、アウトソーシングなどだった。

メディアのこの集団思考は世界中の人々の心に浸透していた。海外メディアによって、米国は今や三流国に成り下がった、と他国民は信じるようになった。この５年間世界中を旅しているとき、米国は今どれほど悪いのだ、と聞いてくる人がどれだけいたことか。

重要なのは、冷静になって、物事は以前とまったく変わっていないことを認識することだ。事実、2008年以降、米国の株式市場はほかのグローバル市場をアウトパフォームしてきた。壮大なスケールでネガティブな集団思考がグローバルに広まっていることを考えると、米国はこれまでのように強くあり続けるのではないかと思っている。「道に迷った」のはおそらくは米国以外の国ではないだろうか。

メディアがあなたに何を信じさせようと、業界（例えば、新聞業界）はなくならないかぎり、破綻することはない。一般に、小さなプレーヤーのいくつかが廃業に追い込まれると淘汰が起こる。淘汰のあと、過剰供給状態が是正されるため、業界全体は息を吹き返すことが多い。これまでの歴史を振り返ると、メディアが破綻を叫んでいる目の前で、セクターは大きな復活を遂げてきた。これからもこれはきっと繰り返されることだろう。

メディアの熱狂とキャッチフレーズ

●これとは反対に2011年の春、メディアのコモディティーセクターに対する共通用語は、「石炭のスーパーサイクル」だった。メディアは、エマージング市場からの増え続ける需要によって将来的に需給関係に不均衡が生じると信じて疑わなかった。石炭価格はこれから先ずっと上昇し続けるだろうとメディアは報じた。これは主要石炭株が

図3.8

$DJUSCL Dow Jones US Coal Index INDX
24-Aug-2012
$DJUSCL (Weekly) 151.72
「石炭のスーパーサイクル」報道が最高潮に達する
石炭セクターがこれほど崩壊すると、メディアは何を言えばよいのか分からない。安値を付けたとき、石炭は暴騰するなどとはメディアはけっして言わない

この12カ月ですでに500％から1000％上昇したあとであることを忘れてはならない。**図3.8**では放物線状に上昇したあと、大きな修正局面へと向かっている。しかし、メディアはテクニカルな警告サインが出ているにもかかわらず、上昇すると言い続けた。メディアの「スーパーサイクル」説の絶頂期から、ダウの石炭指数は500から127に下落した。

●2007年、中国市場は今後数年間は２桁の成長を続けるだろうと書かない記事はなかった。至るところで中国に対する陶酔感が流れていた。しかし、私に言わせれば、中国市場はすでに放物線状態に達し、良い投資対象ではなかった。2007年秋、メディアがバラ色の成長予測を報じるなか、上海指数は12カ月後には6000から1700へと大暴落した（**図3.9**）。

メディアのキャッチフレーズにも同じことが言える。2007年の終わりから2008年にかけて、どこを見てもBRIC一色だった。まるでメディアはBRICでタージマハールをもうひとつ建てようとでもしているかのようだった。ブラジル、ロシア、インド、中国が世界を席巻して

図3.9

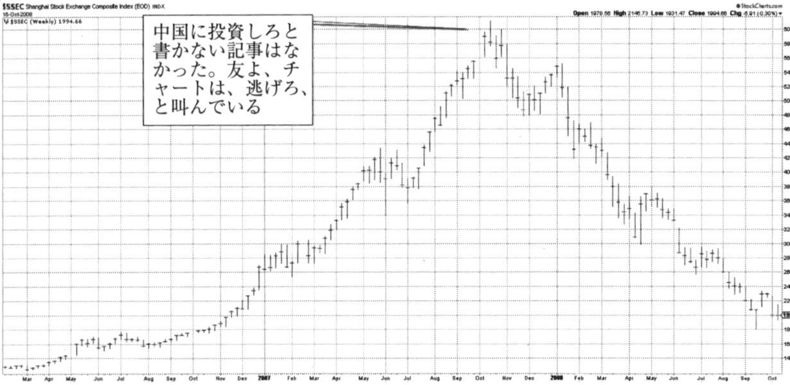
$SSEC Shanghai Stock Exchange Composite Index (EOD) INDX
15-Oct-2008
$SSEC (Weekly) 1994.66
©StockCharts.com
Open 1978.56 High 2146.73 Low 1931.47 Close 1994.66 Chg -5.91 (-0.30%)
中国に投資しろと書かない記事はなかった。友よ、チャートは、逃げろ、と叫んでいる

いた。メディアはこれらの国に投資すべきだと叫び続けた。メディアの意見に従ったメディア中毒者は痛い目に遭った。今やこれらの国のことを口にする人はいない。あなたはこれらの国に長期的に投資すべきだと思うだろうか（**図3.10**）。

もちろん、思うはずがない。

私が言いたいことは、メディアが声高々に叫んでいるとき、チャートは彼らの言葉とは逆方向に大きく動くということである。抜け目のない投資家が大きなトレンドの反転を示すチャートセットアップを見て、その瞬間をとらえようとしたとき、問題は発生する。大きな機会が目の前にあるにもかかわらず、投資家たちはメディアの集団思考の犠牲者となる。プロとして訓練された書き手たちによって確信は揺らぎ、ベテラン投資家さえもが一生に一度の大きな機会を逃すのである。

社会のムードをつかむにはヘッドラインを読み、それと逆方向にトレードせよ

金融新聞の記事は読まないことにしているが、状況によってはヘッ

図3.10

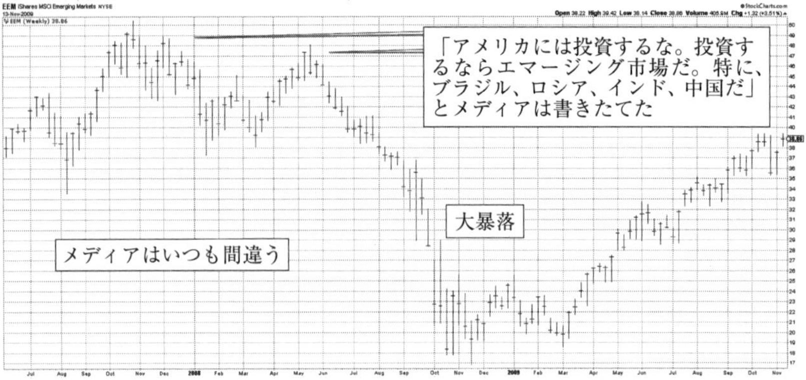
「アメリカには投資するな。投資するならエマージング市場だ。特に、ブラジル、ロシア、インド、中国だ」とメディアは書きたてた
大暴落
メディアはいつも間違う

ドラインには目を通す。大手の新聞のヘッドラインが同じ事を言っているときには注意が必要だ。私たちと同じように、メディアは大衆の行動と心理の伝染の影響を受けやすい。記事の影響を避けながら、ヘッドラインに注目するのは、変曲点における社会の雰囲気をつかむのに役立つからだ。社会の雰囲気をつかむことで、チャートに基づいて利益になりそうな逆張りポジションを建てることが可能になる。

金融メディアはあなたの利益のことなどまったく考えておらず、あなたを間違った側に導く計略を巡らせているだけだ。詳しくは第4章の「メディアの操作」の項で話すが、こうした「あなたを間違った側に導くキャンペーン」はヘッジファンド、投資銀行、巨額の富を持つ機関が資金供給している場合が多い。金融界の人々はいつもウソをつくが、チャートはウソをつかない。

市場を動かしているのはスマートマネーだ。スマートマネーはマスメディアには目もくれない。あなたは難しい選択を迫られる。金融メディアに楽しませてもらうか、彼らの狂気を無視するか。選ぶのはあなただ。

「ドラッジ・インディケーター」

メディアの集団思考はベスポーク・インベストメント・グループが開発した「ドラッジ・マーケット・インディケーター」によって説明がつく。

Fortune.com のダフ・マクドナルドによると、「ドラッジは、金融関係のリンクに定期的に投稿することはない。それがドラッジの面白いところだ。毎日の閲覧数が3000万回のドラッジは、間違いなくウェブで最も広く支持されたニュースソースだ。金融ニュースが発表され、悲観論あるいは楽観論（どちらでも構わない）が最後の人に行き渡ったとき、最も良いのは逆方向を見ることだ」。

ベスポークのポール・ヒッキーが言っているように、金融ページのヘッドラインが長期にわたってフロントページのヘッドラインを飾るようになったら、「おそらくは変曲点（底または天井）に近づきつつある」と考えて間違いないだろう。ベスポークは2003年中盤からドラッジに掲載された金融関連のヘッドラインを50日のローリング期間でまとめた。最も注目されたヘッドラインは2009年２月27日のヘッドラインだった。それから２週間もたたない３月９日、ベア相場が底を付けた。

2008年の夏、リーマンブラザーズが破綻する直前、50日以上にわたって金融ヘッドラインがゼロの日があったとヒッキーは指摘する。リーマンブラザーズが破綻することはだれにも分からなかったが、実際に破綻した。つまりドラッジは、逆に賭けろ、と言っていたのだ（**図3.11**）。

http://finance.fortune.cnn.com/2011/07/08/the-matt-drudge-market-indicator/

図3.11

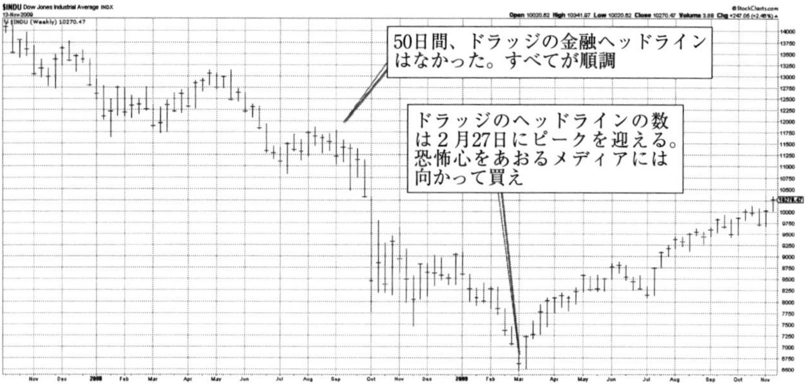
$INDU Dow Jones Industrial Average INDX
50日間、ドラッジの金融ヘッドラインはなかった。すべてが順調
ドラッジのヘッドラインの数は２月27日にピークを迎える。恐怖心をあおるメディアには向かって買え

第4章
ウォール街の最悪の秘密

Wall Street's Worst Kept Secret

「聞いたことは信じるな。見たものは半分信じよ」——ベンジャミン・フランクリン

秀でたトレーダーたちは自分たちにとってできるだけ有利な価格で仕掛けたり手仕舞ったりできるように市場を操作していることは、ビジネスの世界ではよく知られた事実だ。これはウォール街にとっては特に目新しいことではない。なぜなら、操作は世界中の市場にとって切っても切れない要素であり、これからもそうであり続けるだろうからだ。私たちはこの事実を受け入れ、自分たちに有利に使うしかない。そのうちに操作を見つけることはあなたの第二の天性になるだろう。

メディアの操作

金融機関が自分たちの利益のためにメディアと99%の投資家をどう操作しているかについていくつか例を示そう。次の会話はある有名なトレーダーのテレビインタビューから抜粋したものだ。彼の名前は伏せておこう。テレビインタビューからの抜粋なので、ちょっとぎこちないところは容赦してほしい。

先物を人工的に吊り上げたり吊り下げたりしていることについて

「これは楽しいゲームで、儲かるゲームだ」
「お金を儲けるのにこれほど手っ取り早い方法はない……それに満足感もある」

RIMMのような株をショートすることについて

「リサーチ・イン・モーションを打ち負かすのはとても重要なことなんだ……パサニ（CNBCのレポーター）や人々にRIMMは何かがおかしいと言わせたり、ウォール・ストリート・ジャーナルに電話して、RIMMのバカなレポーターどもに、パームは秘密をバラす殺し屋を雇ったって情報を与える。あなたがやるべきことはこれだけさ」

アップル株の操作について

「……ベライゾンとAT&Tが電話が嫌いになったって噂を広めることが重要なんだ。こんなの訳ないことさ。アップルはマックワールドの準備もできていないって噂を広めることも重要だ。アップルのことを書いている連中はこういう話を欲しがるから、こんなことは朝飯前さ。アップルの人間と話をしたから、これは確かだって言えばいいんだ。だからこれは本当に理想的な空売りだ。やり方は、受話器を取り上げて、６人のトレードデスクに電話して、『聞いてよ、ベライゾンの人間と今電話で話したところなんだ。そしたらこんなことを言ってたよ。LG、サムソン、モトローラには余地はあるけど、アップルには余地はないって。彼らは欲張りだから。やつら（アップル）には音楽でやったようなことは絶対にさせない、ってね』って言えばいいんだ。株価を下げるこんな効果的な方法はない」

この人物は次に株価を操作する方法について話した。プットオプションを買って、「来週だれもがびっくりするようなニュースが出るという印象を作り出す」のだという。そしたら、トレーダーたちはCNBCのボブ・パサニに電話してプットについて話をする。

彼は続けた。「こんなことは市場の裏で日常茶飯事のように行われていることで、見えないだけさ。ヘッジファンドモードになったときに重要なのは、わずかでも事実に基づくことはやらないことさ」

「……ガセネタをメディアにリークして、CNBCに流させる。これが重要なんだ。こうやって悪循環を生みだす。何て素晴らしいゲームなんだ」

この有名なトレーダーとは、TheStreet.com テレビのジム・クレイマーを置いてほかにはいないだろう。

http://www.youtube.com/watch?v=gMShFx5rThI

操作の王様――ビッグであくどいゴールドマン

これまでウォール街のあらゆるペテン師たちを見てきた。そのなかでマスメディアを最もうまく操作しているのはゴールドマンサックス（GS）だ。最初のころ私は、市場操作は犯罪だと文句を言っていたものだ。今ではこの事実を認め、自分に有利に利用するようになった。

ゴールドマンは、チャートが「買え」と叫んでいるときは評価を下げ、チャートが「売れ」と叫んでいるときは評価を上げる天才だ。彼らが「買い推奨」を出す目的は、彼らのトレード部門が売りポジションを建てているときにバカ者たち（一般投資家）に買わせることなのだ。

逆に、「売り推奨」を出す目的は、彼らが買いポジションを建て始めたときにバカ者たちに売らせることなのである。この行動は何十年も前から行われている。ゴールドマンの社員たちは私よりはるかに多くを稼ぐ。私よりもはるかに賢い。もし私が100万キロ先からこういった市場の転換点を見つけたとすると、転換点の発生と彼らの残忍な叫びが単なる偶然ということはない。

ゴールドマンの操作の実例

例えば、この数カ月の間、ゴールドマンはいつもどおりメディアに笑ってしまうような予測を提供してきた。

以下は「2012年の私の市場予測――爆発寸前の顔が青ざめるようなごた混ぜ状態の世界市場」と題した私の2012年1月2日の年間市場予測から、ゴールドマンに関する部分を抜粋したものだ。

> ゴールドマンサックス。彼らがなぜ投資家たちを意図的に間違った方向に導くことが法律的に許されるのか、私には永遠に理解できないだろう。でもこれが現実というものだ。2010年の終わり、指数は20％以上上昇し、年の終わりには14週RSI（相対力指数）が70を超えるという極端な買われ過ぎ状態になった。……これは市場の下落あるいは大暴落を引き起こす水準だ。これまで私は、持続不可能な買われ過ぎ水準になったら評価を上げ、持続不可能な売られ過ぎ水準になったら評価を下げるゴールドマン（ほかのブローカーも同じだが）のやり口を何回も見てきた。それはともかく、彼らの2011年の予測は何と銀行株によってS&Pが25％上昇するというものだった。この１年間の銀行株を見てみよう（銀行株は一時35％も下落し、その年はおよそ20％下げて終えた）。ゴールドマンの予測って一体何なんだ？
>
> 私たちの３カ月、６カ月、12カ月予測は1150、1200、1250。そし

てユーロが崩壊するというシナリオの下、S&P500は25％下落して900になる。

ゴールドマンが25％上昇すると予測したあと、2011年は大暴落した。

そして、ゴールドマンが３カ月、６カ月、12カ月の下落予測を出したあと、市場は数カ月にわたって上昇した。

この１年間にゴールドマンが発表した予測を時系列にまとめたものを見てみよう。

●2012年３月21日
ゴールドマンは「買いの絶好の機会」と言った――市場は次の10週間にわたって下落し続けた。

●2012年４月12日
ゴールドマンは天然ガスを格下げした――天然ガスは次の５週間にわたって40％上昇。

●2012年６月１日
「S&Pは1125にまで下落する」と言った――数カ月にわたって上昇。

●2012年６月１日
元ゴールドマンサックスのラウル・パルは「史上最大の銀行危機」「エンドゲーム」……「だれも、何も、安全なものはないと思え」と題してプレゼンテーションを行った。しかし、市場の数カ月にわたる上昇は続いていた（http://www.businessinsider.com/raoul-pal-the-end-game-2012-6#for-more-

on-why-the-economy-is-crumbling-31%23ixzz1wmnMj59I)。あなたがこれを読むときにはこの証拠が消されていたとしても私は驚かない。

●2012年６月21日
「S&P500の売り（非常に珍しい予測）を勧める」――数カ月にわたる上昇はまだ続いていた。

●2012年８月20日
ゴールドマンは12％下落すると言って、「財政の崖」が来る前に株を売ってしまうように警告した――このあとどうなったかは察しがつくはずだ。

ゴールドマンやほかのブローカーのこうした予測は計算され尽くされたものなのだ。彼らは一般投資家の利益などつゆほども考えていない。ゴールドマンがテクニカルインディケーターに反する推奨を出したとき、ゴールドマンの推奨は１～２週間でことごとく外れる。犯罪現場には証拠がたくさん残っているため、彼らの予測はすぐには外れず、外れるまでに少し時間がかかる。

市場を動かすのはスマートマネーだ。これまでの話でお分かりのように、スマートマネーはニュースをコントロールすることでゲームを支配するのである。自分たちに有利になるように「ニュース」を操作することを除いては、スマートマネーの１％はマスメディアに微塵の関心も抱かない。儲かる情報が内情に通じた者によって握られていることを彼らは知っているのである。儲かる情報はマスメディアにはけっして流れない。市場を動かす情報がメディアに漏れれば、その情報は一瞬のうちに紙くず同然になってしまうのである。

あなたは難しい選択を迫られる。一般大衆を崩壊させる金融メディアに踊らされるか、その狂気を無視するかのいずれかだ。どちらを選

図4.1

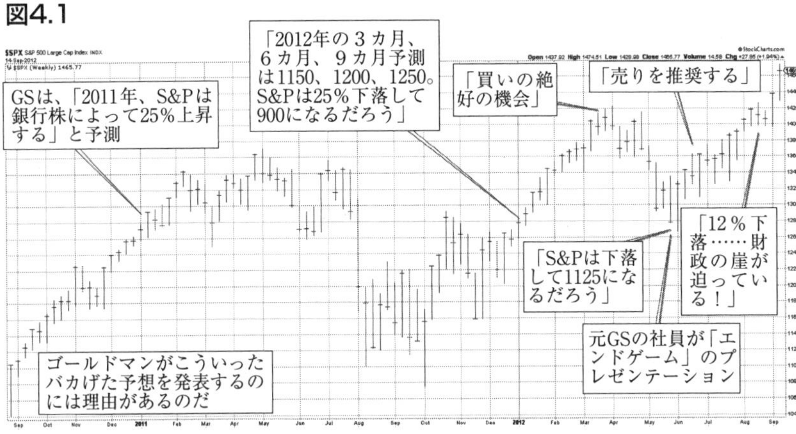
GSは、「2011年、S&Pは銀行株によって25%上昇する」と予測
「2012年の３カ月、６カ月、９カ月予測は1150、1200、1250。S&Pは25%下落して900になるだろう」
「買いの絶好の機会」
「売りを推奨する」
「S&Pは下落して1125になるだろう」
「12％下落……財政の崖が迫っている！」
元GSの社員が「エンドゲーム」のプレゼンテーション
ゴールドマンがこういったバカげた予想を発表するのには理由があるのだ

ぶかはあなた次第だ。あなたは冷静な判断に必要な規律を持っているだろうか。

第5章
良いトレーダーになるために

Becoming a Better Trader

この第5章では、良いトレーダーになるには何が必要かについて話していく。特に、自分のトレード心理を理解することは重要だ。私をトレードの「メンター（師）」と考えてほしい。それでは、メンターを持つことの重要性から話していきたいと思う。

メンター（師）

人の行動はよく付き合う人間の行動パターンに似てくる傾向がある。怠け者と付き合っていれば、あなたも怠け者になる。同様に、あなたの財産は大部分の時間をともにする人々と緊密な関係があることも証明されている。トレードや投資でも同じことが言える。

本書の最初に少しだけ触れたが、2003年、私は「リザード・キング」と「レブシャーク」率いる、今は解散したヤフーのトレードグループと知り合いになった。これはとても幸運だった。そのフォーラムの投稿の質の高さには感心した。そのフォーラムのなかには、トレード経験の豊富なベテラントレーダーが何十人かいたのではないだろうか。私は彼らからできるだけ多くを学ぼうと思った。彼らは6カ月後には解散したので、彼らから学ぶ期間は短かったが。

私がスーパーストックについて学んだのはこのフォーラムでだった。

このグループのメンバーのだれかが新しい銘柄を選ぶと、案の定リザード・キングがめちゃくちゃに非難する。最初、彼の傲慢な態度に驚いたが、しばらくすると、彼の厳しい態度は彼の正しさを証明する彼なりの方法であることが分かってきた。99.9％の株は時間のムダであり、注目に値しないというのが彼の言い分だった。秀でたトレーダーは自信満々で生意気で、また闘争本能を持っていることも彼の態度から分かってきた。

私はこれまでいくつかの「バーチャルなフォーラム」で何千人というトレーダーとトレードを行ってきたが、そのなかで最も優れたトレーダーはこのグループのトレーダーで、６人いた。リザード・キング、メグロドン、ベイブ、ドージョーウイズ、ジョン、デミの６人だ。私はとびきり最高のトレーダーから学びたかったので、グループの二流のトレーダーには目もくれなかった。彼らからは多くを学ばせてもらったので一生頭が上がらない。もしこうした優れたトレーダーグループに出会わなければ、私はまったく違った人生を送っていただろう。

優れたメンターや成功したトレーダーのコミュニティーの重要性は軽視することはできない。最高のトレーダーになりたければ、最高のトレーダーたちとトレードすることが重要だ。投資で成功したければ、自尊心など捨てて、あなたより優れた人々と一緒にやることが重要なのだ。

世界中には、そしてインターネット上には成功した投資家たちがたくさんいる。彼らを見つけて、彼らからできるだけ多くのことを学ぶことがあなたの仕事だ。ニュースレターを書いたり、記事を書いたり、CNBCに登場する人々が良いメンターになるわけではない。

トレード心理

「大衆心理を理解することは経済学を理解するよりも重要だ。市場を動かすのは人的ミスを犯し、優れた洞察力を持つ人間なのだから」——デニス・ガートマン

前にも言ったように、正しい考え方は投資で成功するために不可欠である。異議を唱える人は多いかもしれないが、物の見方は銘柄を選択する能力よりもはるかに重要だと私は固く信じている。市場を打ち負かすことができないと信じていても、打ち負かすことができると信じていても、あなたは正しい。トレードで成功するには物の考え方が最も重要だ。このテーマは非常に奥深いものだが、市場を打ち負かしたいと思っているのなら、心理学と人間の行動、特に市場に関する人間の行動について学ぶことをぜひともお勧めする。トレード心理について書かれた本のなかでベストなものは、おそらくはマーク・ダグラスの『**ゾーン——相場心理学入門**』（パンローリング）だろう。この本は非常に価値のある本だ。一読をお勧めする。

重要なのは自信を持つこと

「大胆さのなかには、さまざまな才能とパワーとマジックが秘められている」——ゲーテ

私たちは赤ん坊のように生まれながらにして怖いもの知らずだ。私たちは何でもやりたがる。最初の数年は、やることなすこと失敗続きだが、そんなことは気にしない。失敗は成功のもとであることを知っているからだ。

人格形成期のこの大胆不敵さに何が起こったのか。シャド・ヘルムステッター博士によると、「生まれてから最初の18年間、平均的でプラス思考の家庭に育ったとしても、私たちは14万8000回以上、あれはダメ、これはダメだと言われ続ける」。これは私たちの文化のなかに植えつけられたマイナス思考によるものだ。

何回も何回も、あれはダメ、これはダメと言われ続けると、私たちはそういうものだと思うようになる。そのうちに精神硬化症になり、考え方に柔軟性がなくなり、不可能だと言われたことを追求するのを無意識のうちにやめてしまう。ウォール街では、私たちは市場を打ち負かすのは不可能だと信じるように条件付けられてきた。効率的市場仮説が繰り返し頭をもたげ、市場では価格に影響を与えるような情報は瞬時に価格に反映されるため、私たちは市場をアウトパフォームすることは不可能だと信じるように条件付けされる。この仮説を打ち立てた人がだれであれ、秀でたトレーダーにインタビューしなかったのは確かだ。

市場での成功を生みだすものは確固たる自信である。逆説的かもしれないが、市場で成功するには確固たる自信が必要なのである。仲間のトレーダーが私の言うことを聞いてビッグトレードを物にしかかったが、考え方が間違っていたためにやり抜くことができなかったことは数え切れないくらいある。私自身も、捨てたばかりの株が何倍にもなるのを信じられない思いで見ていたことは何回もある。

株式市場はグローバルな心理の駆け引きであり、人間の感情が価格に反映される。自分の感情をよく知ることこそが勝つためには不可欠なのである。

あなたの株を心に思い描く

新しいポジションを取ったとき、私がまずやることは、株価が下がったときの私の反応を心に思い描くことだ。最初は最悪のシナリオを思い描く。例えば、株価が一晩で40％下落したらどうなるのか、といった具合だ。これによって私の潜在意識は各トレードの結果がいかに当てにならないかということを理解する。目を閉じて、チャートパターンがどうなるのか、そしてもしそのトレードが逆行したらどう感じるかを心に思い描こう。

株価が下がったら、増し玉するだろうか。心理的、あるいは物理的な損切りを使って手仕舞うだろうか。同様に、株価が明日２倍になったらあなたはどんな反応をするだろうか。どういった状態のときにどんな反応をするかを事前に決めておくことで、自信がつき、心理的な負担を軽くすることができるのである。どんな反応をするか事前に決めておかなければ、株価の毎日の上下動に一喜一憂して頭がおかしくなってしまうだろう。

大きなポジションを建てようとして株価は絶対に下がるという予測を立てることもよくあるし、ポジションをファンダメンタル的にあるいはテクニカル的に信じられなければ、逆行したらすぐに手仕舞うこともよくある。どういった状態のときにはどうするかというプランを事前に立てることは、トレードで成功するために非常に重要なことなのである。

未来指向の考え方を養う

来るべきボラティリティに対する準備がすんだら、次はあなたの考え方と自信を向上させることに目を向けるときだ。まずは未来指向の考え方を養うことが重要だ。数カ月であなたが自分のなりたい人間になれるように心を鍛えるだけでなく、同じ期間にあなたの株がどうなっているかを考えることができるように心を鍛えることが必要だ。

あなたは、あなたの５ドルの株がチャートとファンダメンタルによる裏付けによって、３カ月で10ドルになると固く信じているだろうか。

私は私のスーパーストックトレードはいずれも将来的に大きく上昇すると心から信じていた。もしこう信じなければ、動きの90%を見逃していただろう。

適切な調査を終え、あなたの株がスーパーストックの基準を満たしたら、あなたの株は天井知らずに上昇するというビジョンを心に思い描くことが重要だ。

その株がテクニカルおよびファンダメンタルの条件を満たせば、株価は間違いなくあなたの価格目標に到達するという強い確信が持てるはずだ。これによってあなたは心理的なエネルギーに満たされるとともに、ボラティリティが上昇しても大丈夫と信じる気持ちになれる。もしこういった確信が持てないのであれば、あなたの株は再評価する必要があるということになる。

これまで一緒にやってきたトレーダーのなかにはあらゆることに悲観的なトレーダーがたくさんいた。悲観的な考え方は年を取るにつれて強くなる。悲観的なトレーダーは欧州の崩壊といった記事に振り回され、「高頻度トレード」や「プランジ・プロテクション・チーム（大統領直属の極秘株価操作チーム）」がウォール街をダメにしているといったことにばかり注目する。

最良のトレーダーでもこういった否定的なことに感染することがときどきある。将来こういった感情のループにはまったときには、そういった状態から離れ、できるだけ休暇を取ることである。トレード口座はあなたに感謝するだろう。

重要なのは、日々楽観的に過ごすことを習慣づけることである。ポジションが損切りに引っかかっても気にすることはない。それもゲームの一部なのだ。個々の株式を見るときに市場の否定的なことに影響されてはならない。負のバイアスはあなたのキャリアを奪ってしまうものだ。負のバイアスを持った投資家は間違いなく成功から最も遠い投資家だ。

成功した人を見ると、彼らはみんな例外なくあらゆることに楽観的だ。ウォーレン・バフェット、ビル・ゲイツ、ハワード・シュルツ、リチャード・ブランソンを見てみるとよい。彼らの世界観は非常に肯定的だ。彼らは未来を信じている。だから危機のときでも冷静を保ち、みんなが不安におののいているときに頭を低くたれた果実をもぎ取ることができるのである。悲観論はあちらこちらに蔓延しているが、成功する人は可能なことにだけ集中しようと意識的に思っているのである。

自信過剰

「おそらくは自分が正しいと疑う余地のないほど確信したときほど人間にとって恐ろしいことはない」――ローレンス・バン・デル・ポスト

秀でたトレーダーにとって最も重要なのは勝利を引き寄せる姿勢であることは分かったと思う。しかし、自信と空騒ぎは紙一重だ。異常に大きなポジションを取ったり、トレード頻度を上げたりしたときには、超えてはならないこの境界線を越えた可能性が高い。自分を天才だと思い、つまり自分は間違ったことはしないと思い、市場はATMだという幻想を抱けば、あなたは間違いなく境界線を越えてしまっている。

トレーダーのウィリアム・エックハートによれば、「大きな利益は気持ちが不安定化しているという意味で大きな損失よりも陰湿であることが多い。大きな利益を得てもそれにとらわれてはならない。私は勝ちトレードが長く続いたあと、最悪のトレードを喫した経験がある。最悪の意思決定をするのは連勝が続いているときだ。次に何が起こるかを考えよう。一般に、損失はあなたを強くし、利益はあなたを弱くする」。

規律

心理学者のマーティン・セリグマンは、自己規律は学生のGPA（成績評価）を予測するうえではIQよりも２倍正確であると言った。彼はまた、自己規律は人生において成功を成し遂げるためには知性よりもはるかに重要であるとも言っている。私はこれは投資にも当てはまると思っている。知性だけが投資の成功を決定する重要な要素だとするならば、市場は教授やロケットサイエンティストや神経外科医によって支配されるはずだ。

トレードで成功しようと思うのならば、株式をどう選択するか、仕掛けや手仕舞いをどうするか、そして最も重要なのは、株価の変動にどう反応するかについて、規律ある一貫したアプローチを開発する必要がある。規律ある人は、ポートフォリオが乱高下してもやみくもに反応することはない。上で述べた視覚化プロセスの一環として、良い結果が出たときと悪い結果が出たときに対して事前に心の準備をすることで、結果に対して感情的に反応することはなくなるはずだ。

自己規律の最も良い点は、自尊心および人生の満足感と深い関係があることだ。つまり、人生のあらゆる側面を通して自己規律を身につければ、市場で大成功を収めるだけでなく、人生のほかの局面においても幸せを感じ、満足感が得られるということである。

損失を受け入れよ

「あなたが失敗してもだれも気にする人はいない。あなたがやるべきことは失敗から学ぶことである。なぜなら重要なのはなぜ失敗したのかを知ることだからだ。そうすれば、あなたはラッキーだったねとみ

んなが言うだろう」——マーク・キューバン

株価がどういうわけだか下がり始めたら、その日にその株を初めて買うとしたら本当に買いたいか自問することだ。ことわざにもあるように、「考えたことをトレードするのではなく、見たことをトレードせよ」「期待するのではなく、行動せよ」「まず売って、それから考えよ」。

こうした損失は感情を抜きにして冷静に扱うことが重要だ。不可避のことが起きて、ポジションを損切りしなければならないとき、それはビジネスコストと考えることだ。さらに、ポートフォリオの日々の変動とエゴとは切り離さなければならない。私は口座残高を見る回数が増えるほど、トレード結果は悪くなることに気づいた。明日授業料を払う必要がないのであれば、口座残高はできるだけ見ないようにすることだ。

口座残高が下がり続けるのを見ると、「リベンジトレード」をしようと躍起になる。リベンジトレードとは、失ったお金を取り戻そうとして、問題のある株式に普通以上に大きなポジションを取ることである。プロのトレーダーに聞いてみるとよい。リベンジトレードは必ず失敗すると言うはずだ。

損失を出しても、あなたや「空売りした人」や市場を責めても始まらない。いつまでもくよくよしないで、損失は損失として受け入れ、目の前にある新たな機会に目を向けることである。こういった状況においては、物事をポジティブに考えたり自分の感情を認識することで、あなたがどう感じるかを考えるうえでの心の柔軟性が生まれる。自分の感情を認識しなければ、破壊的な感情に無意識のうちに不意打ちを食らってしまうことになる。

有名な投資家のベンジャミン・グレアムは次のように言った——「知的な投資はテクニックというよりもメンタルな部分が大きい」。

あなたにとって幸いなのは、あなたの競争相手はメンタルアプローチを分析することなど考えたことがないということだ。心を鍛えなければ、心のエネルギーはネガティブ思考と恐怖に注がれてしまう。あなたの競争相手は間違いを犯さないようにすることに心血を注ぐため、市場の大きな機会を前に尻込みしてしまうのだ。

一流のスポーツ選手、ビジネスマン、トレーダー、セールスマンは間違いを犯すことをまったく恐れない。よろめく赤ん坊のように、彼らは間違いを進んで犯す。どんなトレードでも失敗する可能性があることを認識すれば、恐怖によるトレードエラーを大幅に減らすことができる。トレードでは恐れないことを最優先し、間違ってもそれを心から受け入れる。これが重要だ。

静かな信仰

「ウォール街で長年過ごし、何百万ドルも儲けたり損をした私だからこそ言えることがある。良いアイデアが相場で大きな利益を上げる秘訣ではないということである。最も重要なのは、絶好の時が来るまで静かに座って待つことだ。分かっただろうか。絶好の時が来るまで静かに座っていたから私は大金を儲けることができたのだ。重要なのは正しいか否かということなのだ。つまり、上げ相場では強気になり、下げ相場では弱気になれということだ。マーケットで正しくあるための秘訣などない。マーケットはいつも強気になるには早すぎ、弱気になるには早すぎるものだ。マーケットでの判断が正しく、まさに絶妙なタイミングで売買を始める人をたくさん見てきた。だが、彼らはだれも実際に利益を上げることはできなかったのだ。正しくて、かつ絶好な時が来るまでポジションを持ったまま静かに座っていられる人はそうはいない。これは非常に難しいことである。しかし、これを学んだ人は大儲けできる。このトレードのやり方を知れば、彼がじっとし

ていた期間に早々と手仕舞ってしまった多くの人とは違い、何百万ドルというお金が転がり込むのだ」──ジェシー・リバモア

ジェシー・リバモアのこの言葉は私が最も好きな言葉だ。どの文にも真実が浸み込んでいる。この言葉があなたのトレードDNAの一部になるまで繰り返し読むことをお勧めする。

成功する投資は１％がインスピレーション（銘柄選択）で、99％は努力（感情の処理）である。これを踏まえれば、①銘柄を選択し、②ローリスクの仕掛けを提供してくれるまで忍耐強く待ち、③将来的にどうするかを心に思い浮かべたら、静かに座り、リラックスして、忍耐強い禅マスタートレーダーになれ──ということである。しかし、これは「言うは易く行うは難し」だ。われわれは日々のボラティリティに一喜一憂する。混沌とした市場環境で規律正しく忍耐力を身につけることがどうしてできるだろうか。

売った途端に株価が上昇した、なんて経験はないだろうか。「もう少し我慢していれば」と思ったはずだ。あるいは気持ち的にギブアップした数時間後、あるいは数日後に株価が上昇したということはないだろうか。私にもこんな経験がある。これを一物一価の法則という。トレードでの成功には時間枠というものがあり、それは予期しないときにやってくるものだ。トレーダーたちは夜明け前の暗さに道を見失い、素晴らしいことが起こる直前にあきらめてしまうのだ。

この忍耐力というアートを育てるためには、市場が開いている間は市場から遠ざかるのがよい。ちょっと長いハイキングに出かけたり、映画に行ったり、あるいは国を離れたりすると、常に市場を見ていなければならないという心の負担はすぐに消える。ディスプレーから離れることで、トレードよりも重要な人生のほかのことに集中することができる。

私は大きな勝ちトレードのほとんどには自信があったので、市場が開いている日は市場を見ないことにしていた。レベル２スクリーンを開き、株価が変動するのを見ると、わけもなく売らなければと思ってしまうのだ。毎回毎回そういう気持ちにさせられた。無意味なティックの動きに一喜一憂してしまう。これを克服して利を伸ばす唯一の方法は、物理的あるいは心理的な損切り（その日の終わり、あるいは翌朝発動するようにしておく）を設定したら、コンピューターのスイッチを切り、遊びにでも行ってしまうことである。

株を見ているよりも気を散らされるのは、他人の衝動的なトレードを見ることである。実際のトレードルームであれ、仮想的なトレードルームであれ、「ツイッターの世界」で何千という人々がトレードしているのを見ると、あなたの忍耐力はぷっつりと切れてしまう。他人がトレードしているのを見れば見るほど、あなたもトレードしたくなり、あなたの口座は激しく揺れ動き、うまくいかなくなる。トレードの世界では、行動は成功の敵なのである。

「ニュース」と同じように、多くのアイデアを浴びせられればそれは病みつきになり、すでに持っているポジションに確信が持てなくなるだけである。ツイッターやオンラインフォーラムに参加したいと思ったら、すぐに取引ができないように市場が閉まっている時間帯にやることだ。個人的には、私はスマートマネーが仕掛けたり手仕舞ったりする時間帯である立会時間の最後の30分は見るようにしている。そして調査の大部分は夜にやる。この習慣によって新しいアイデアをより合理的に処理することができるようになった。

忍耐から「ファット・ピッチ」トレードへ

忍耐力を身につけ、非活動期間の重要さを認識すれば、機会は増える。最高の買い機会は、ほかの投資家たちの心がぼろぼろに叩きのめされたときにやってくる。彼らの目の前には信じられないような機会があるにもかかわらず、大殺戮によって気持ちがぼろぼろになっているため、再び仕掛けようといった考えには及ばない。我慢してサイドラインに下がっていた数少ないトレーダーが機会を一挙にとらえて荒稼ぎするのはまさにこんなときだ。ウォーレン・バフェットが市場の大きな危機のときに買いに入るのを長年にわたって見てみれば、忍耐力の意味を理解できるだろう。バフェットは言った――「ウォール街で大金持ちになる秘訣を教えよう……ドアを閉めることだ。他人が恐怖におののいているときあなたは貪欲になり、他人が貪欲になるとあなたは恐怖におののくのだ」。

ポジションの損失を１日中見てばかりいないのはよいことだが、ときどきやってくる新たな機会のチャンスを逃してはいけない。「積極的な非活動」によって、あなたのウオッチリストの株式をじっくり観察することが可能になり、「ファット・ピッチ」になった瞬間、その場に居合わせることができる。あなたが探しているものを知ることで、最良の株式の質を知り尽くすことで、そして忍耐強く待つことで、状況があなたに有利になったときにバットを大きく振ることができるのだ。

ピークパフォーマンスの達成

ベストセラーになった『フロー――ザ・サイコロジー・オブ・オプティカル・エクスペリエンス（Flow――The Psychology of Optical Experience)』で、ミハイ・チクセントミハイは「フロー」という概念を、人間がそのときしていることに完全に浸り、ほかのことはどうでもよくなる感覚と説明している。つまり、経験そのものが非常に楽しいので、どんな犠牲を払ってでもそれをやろうとすることである。あなたも学生のときや仕事をしているとき、ときどきそんな状態になったことがあるのではないだろうか。私はスーパーストックを調べているときによくそんな状態になる。集中して調べているので時間の感覚もなくなるほどだ。この状態になると、１日があっという間に過ぎてしまう。

「フロー」状態にあるとき、ストレスは消え、効率的に働くことができ、のらくらした株のなかから数少ない勝ちトレードになるものを見極めることが簡単にできるようになる。さらに、立会時間のなかでそういった状態になることができれば、感情によるトレードエラーを犯す確率は減少する。一言で言えば、メンタル的および物理的なピークパフォーマンスがあなたの投資に革命をもたらすということである。

このピークパフォーマンスの状態にランダムに入るのではなく、常に入れるようにするには、ガイドラインに従うのがよい。

運動

幸福、成功、富はエネルギッシュな人に引き寄せられると言う。そのために私は毎朝まず１時間ほど運動をする。外で（内ではやらない）ランニングをしたり、ジムでウエートトレーニングしたりすることが多い。外でのランニングは、自然のなかでフレッシュな空気を吸いながらやれるので、創造的な思考能力を刺激するのに最適で、考えもはっきりするので必須だ。毎朝最初に運動をやることで、１日中エネルギッシュでいられる。運動のあとは、より効率的に考え、コミュニケーションできるようになる。それに、より幸福感を感じ、健康で、トレードにも自信が持てる。

ランニングやエアロビクスは、ドーパミン、セロトニン、エプネフリン、エンドルフィンの血中濃度を上げる効果があり、市場をより合理的に考えられるようになる。しかも、ストレスも緩和される。ストレスはチェックしないままだと成功するうえで有害となるものだ。朝コンピューターのスイッチを入れると、頭がすっきりしているので、オーバーナイトしたポジションのポートフォリオも合理的に処理できる。

朝寝坊して朝の運動をやらない日は滅多にないのだが、そんな日はトレードの考え方に大きく支障が出る。ポートフォリオの意思決定は衝動的になり、必ず負の結果をもたらす。私は幾度となくこの教訓から学んだ。だから、毎日の運動は必ずやるようにしている。とにかく、毎日身体を動かすことが重要だ。後悔したくはないはずだ。

環境

仕事のスペースはきちんと整理整頓しておくべきだ。どういうわけだか、きちんと整理整頓をしておくことで心も整然として効率的になるのだ。１日の仕事を始める前には、机周りはかならず整理整頓するようにしている。こうすることで雑音がなくなり、効率的に考えられるようになる。

気を散らすものを減らすために、私はテレビはつけないし、ツイッターもやらない。不必要なブラウザーは閉じ、メールのチェックも１日に何回かしか行わない。

毎日同じ環境で仕事をしていると気力が失われ、否定的なことがトレード結果に影響を与える。毎日同じ環境で仕事をしていると、退屈してボーとする。これではフローの状態になるのは不可能だ。これを避けるために、仕事場所を変える。今日家で仕事をしたら、明日はスターバックスで仕事をし、その次の日は図書館で仕事をし、その次の日はパネラブレッドで仕事をし……といった具合に職場をローテンションする。

新しい環境では新しい人々に囲まれて、生産性が上がることを発見した。ヘッドフォンと一杯のコーヒーがあれば、こういう状態でもフローの状態に簡単に入ることができる。フローの状態になると、この状態にならなければ湧いてこないようなアイデアがたくさん湧きあがってくるのだ。

音楽

リラックスできるボーカルなしの音楽を聞いていると、高い集中力を要するようなことは何でもできるような気持ちになる。偉大な音楽は創造力も高めてくれる。私だけかもしれないが、ボーカルが入ると気が散ってしょうがない。聞くのならジョージ・ウィンストン、ビバルディ、モーツァルトなんかが最高だ。こんな音楽を聞いていると、集中力が高まり、創造力が増し、注意力も増し、１日中調子が良い。

エネルギー、刺激、ジュース――私のストーリー

「人生における成功の基本は健康であることだ。健康は富の基本であり、幸福の基本でもある」――Ｐ・Ｔ・バーナム

もっと時間があれば、問題はすべて解決するのに、と人は考えがちだ。私たちに必要なのは時間ではなく、エネルギーなのではないかと私は思う。トレードであれ、人生のほかの局面であれ、高いエネルギーこそがピークパフォーマンスの重要な要素なのである。私にとってピークパフォーマンスの最も重要な要素は、栄養摂取と健康なライフスタイルを維持することである。

このテーマは私にとって非常に重要だ。本節を本書に含めるかどうか悩んだが、ライフスタイルを変えることですべてが変わることを示すために含めることにした。

あなたはどうかは知らないが、私はラブラドールレトリーバーをプリンセスのように扱う。いつも散歩させ、いつも気にかけ、最高の食

事を与えている。子供がいれば、彼らが見るもの、彼らが読むもの、彼らが食べるもの、ちゃんと運動しているかどうかに気を配るはずだ。あなたの幸せにも同じように気をつかっているだろうか。

これまでの人生を振り返ると、私は体を酷使し、無関心で、虫けらのように扱ってきた。夕食にはビールを10缶、ドミノの大きなペペローニピザ、キーライムパイ。感謝祭なんていうと、もっとひどくなる。

食事のあとは眠くなって寝てしまう。18歳のころから、ビール腹をそぎ落とすために年に２～３回ダイエットをやったものだ。ダイエット期間は、厳しいカロリー制限と運動にもかかわらず、エネルギーレベルは常に最高だった。しかし、ダイエットが終わると、エネルギーレベルはまた元に戻った。するとまた体脂肪は付き、筋力は衰え、前の無気力な自分に戻った。

すべてが変わったのは、数年前の東南アジアへの家族旅行の最中だった。バンコクに飛び立つ前に、T・コリン・キャンベルとトーマス・M・キャンベル２世が書いた『ザ・チャイナ・スタディー――ザ・モスト・コンプレヘンシブ・スタディー・オブ・ニュートリション・エバー・コンダクテッド（The China Study : The Most Comprehensive Study of Nutrition Ever Conducted）』という本を買った。かいつまんで言うと、中国は食習慣がエネルギーと長期の健康に与える影響を研究する世界一の実験室という内容だ。中国には野菜の１人当たりの消費量が非常に高く、肉はほとんど食べない省と、肉の１人当たりの消費量が高く、野菜の消費量が少ない省がある。

調査から分かったことは、野菜の消費量が高く、肉をほとんど食べない省では、糖尿病、肥満、ガン、心臓病の人がほとんどいないということだった。ちなみに、肉の消費量が高く、野菜の消費量が少ない中国の省と世界のほかの地域では、これらの病気にかかる率は数百倍から数千倍と高かった。

私にとってこの事実は驚異的だった。野菜を食べる人々は長生きできるだけでなく、死ぬまで健康でアクティブでいられるわけである。彼らはエネルギーレベルも高く、ほかの人々よりも幸せなのではないかと思う。これまでの何十年にもわたるいくつかの研究からの証拠はあまりにも偏っていたので、私は無視していたが、この本を読み終えて、私はベジタリアンになった。でもほんのときたま、ピザ、ペペローニ、パイを貪り食うことはある。

野菜中心の食事に切り替えてから、砂糖とその派生物（加糖、白糖、コーンスターチ、コーンシロップ、小麦粉など）の摂取量が劇的に減少した。これはうれしい副次効果だ。野菜中心の低糖の食事に切り替えてから、エネルギーレベルが増大した。野菜中心の食事を与えられたラットは１日中踏み車で遊んでいるのに対し、「伝統的な食事」を与えられたラットは血糖値を上げるために１日中食べ物をあさっているという研究結果も出ている。

最近では夜明け前に自然に目が覚め、身体が走ることを要求するようになった。何も考えずに、靴をはき、ランニングに出かける。こんなこと、数年前に食生活を改善するまではけっしてなかったことだ。

新しい食生活でのライフスタイルが進むにつれ、これまでいろいろな形の砂糖をいかに常習的に採っていたかに気づいて愕然とした。ケーキにパイ、ジュース、パスタ、ビール、パン、それにパックになっているもの。私の砂糖の消費に対する本能は非常に強かったらしく、数カ月ごとに弱さが顔を出し、砂糖をやたら摂取する。そんなときは、砂糖サイクルが新たに始まるのにパイとビールの２缶もあれば十分だ。このサイクルがいったん始まると、数日間は無気力になる。エネルギーレベルは元の水準に逆戻りし、明確な思考能力は消え失せ、やる気もなくなる。

このようにときどきやってくる逆戻り現象の間は、１日中、次に何を食べようかと考えてばかりいる。控えめに言っても、エネルギーレベルの違いはかなりのものだ。砂糖なしのライフスタイルがエネルギーレベルが10だとすると、「アメリカンダイエット」に戻るとエネルギーレベルは２にまで低下する。私たちの文化では砂糖がまん延しているため、私たちが食べるあらゆるものに砂糖が入っている。昔は砂糖とその派生物がエネルギーレベルに影響を与えるなど考えてもみなかった。なぜなら１日たりとも砂糖抜きの生活などあり得なかったからだ。

私たちの文化は何でもはかりで計る。これを体重で説明しよう。大学時代は、身長185センチで92キロだった。私の「理想体重」は84.5キロだ。ダイエット中の体重は79キロだった。そして、野菜を中心とした食生活になった今の体重は74キロを下回る。野菜中心の食生活になって最も良かったことは、砂糖・インシュリンサイクルを抑えているため、あまりお腹がすかないことだ。食べなければいけないから食べているだけだ。

今では処理されたもの（パックになったもの）は一切食べない。糖誘導体（フルーツは例外）の類は食べず、99％自分で食事を作り、フルーツと野菜のマーケットには１週間に２回行く。私のエネルギーレベルはかなり上昇している。これはほとんどのアメリカ人にとってはなじまない概念だが、地球上の30億人の人々は毎日こんな食生活を送っているのだ。

食生活と運動に規律をもって取り組めば、エネルギーレベル、考え方、集中力、やる気、そして究極的には投資での成功も新たなレベルに上がるはずだ。それだけではない。外見も良くなり、気持ちがすっきりし、幸せを感じ、楽観的になる。そして、創造力も飛躍的に向上する。メンタル面では、頭の回転が速くなり、明確に物事を考えられるようになるため、投資の意思決定も向上する。不都合な点なんてまったくない。

言うまでもないが、健康的なライフスタイルのほうが投資よりもはるかに重要だ。健康と幸福に勝るものはない。

第6章
システムと簡易性

Systems and Simplicity

栄養、運動、環境と、投資の本でお目にかかるとは思わなかったクレイジーなことについて見てきたが、そろそろ株の話に入ろう。そう、株の話だ。まずは私の投資手法の話から始めよう。

投資システムの歴史

株式市場始まって以来、最も劇的な放物線状の動きを示したナスダックは、1998年終わりから2000年初めにかけての14カ月で1355から5130に暴騰した。この間、新規公開株（IPO）は新規公開日に100％、200％、あるいは300％上昇した。ドットコム企業は突然50％も急上昇した。株式分割の発表によって企業の株は天井知らずに上昇した。これは壮大なスケールのサーカスだった。タクシードライバーも靴磨きも、主婦も、ヘアスタイリストも一晩で市場のエキスパートになった。２年のポートフォリオのリターンが世界記録を打ち立てたプール掃除人もいた。

この14カ月、市場は完璧に垂直状に動いた。こんな動きは一生のうちに二度とお目にかかることはないだろう。

今日のよく知られた相場のグルのほとんどは、この「一生に一度の」イベントのリターンを基に、自分を売り込み、トレード記録を売り、「トレードシステム」を売った。彼らのほとんどはこの期間のリターンは今日の市場環境では再現することはできないことを認めている。

個人トレーダーの大部分は干し草の山の中の針を見つけるような「大化け銘柄」を見つけるのは面倒なので、彼らのテクニカルトレードシステムを買う。これらのシステムは「考えなくてもよい」というのが売りだ。システムの売り手は彼らの複雑なシステムこそが市場で金儲けする最高の方法であることをあなたに信じさせようとする。でも、そんなのは真っ赤なウソだ。

そんなシステムがあれば、あなたはソファーに寝転がって、自動スキャンを実行して、特定のテクニカル基準を満たす株を売買するだけである。こうしたシステムはたとえ大金をもたらしてくれたとしても、私に言わせれば、知的な刺激はなく、満足感も得られない。

こういったシステムの多くは市場が訳の分からない動きをしていた時期に開発されたばかりか、トレードの成功経験があまりない抜け目のないマーケティング担当者によって開発されたものだ。これらのシステムの多くは確かに90年代の終わりにはすこぶるうまくいっただろう。しかし、当時はどんなトレード手法でもうまくいったのだ。

市場は、時とともに進化する複数の性格を持つ生き物だ。人々は変化し、社会も変化し、市場も変化する。30年前にうまくいったテクニカルシグナルは今はうまくいかないこともある。さらに、システムがうまくいくことが知られれば、一般大衆は大挙して押し寄せる。そのため、そのシステムが最初持っていたエッジは消える。

常に何百万ドルものリターンを叩き出すシステムがあったとすると、最低でも数千万ドルは下らないだろう。最近ではそんな高額で売られているシステムなど見たことがない。

幸いにも私は「システム」は持っていない。大きな違いを生む２～３の変数にのみ注目し、規律あるアプローチを使うだけだ。私の支持するその裁量的アプローチは1800年代にうまくいったものだ。いつの時代でも、割安で、まだ知られておらず、人々が話題にするテーマを持ち、チャートの動きも素晴らしく、理想的にはインサイダーが買うような成長株は、市場を大きくアウトパフォームすることが証明されている。素晴らしいチャートパターンに５つ星のリサーチ結果が加われば、それは永遠に時の試練に耐えることができる。

残念ながら、こういった投資スタイルはほとんどの人にとってはあまりに難しい。私のアプローチはハードワーク、集中力、決断力が鍵を握る。このアプローチはあなたに歓迎されるようなものではないかもしれない。

情報化時代にあって、私たちはすぐに喜びを求める生物へと進化した。私たちはすべてのものを欲しがる。今この瞬間に欲しがる。私の手法はテクニカルとファンダメンタルだけでなく、センチメントや心理も重視する。それは楽しみを遅らせるのに超人的な能力を必要とする。こういった手法は私たちの感情に反するものだ。だからこそうまくいくのである。

システムは１日に何十という銘柄を選択する。私の原理を使えば、潜在的なスーパーストックが年に８個から10個見つかるだろう。二流のスーパーストックに定期的に投資してもお金儲けはできる。しかし、本当に大きな魚、あなたの人生を変えてしまうような魚はたまにしかやって来ない。

人にはそれぞれに合った投資スタイルとテクニックがある。私のアプローチがあなたにとってベストだとだれが言えるだろうか。あなたのニーズに合ったもっと良いアプローチがほかにあるかもしれない。もしかするとあなたは世界一のデイトレード「スキャルパー」かもしれない。とにかく、あなたにとって最もうまくいくものを見つけることだ。

心理学者のボブ・ロテッラ博士によれば、「重要なのはあなたにとって最もうまくいくものを見つけることだ。これには何年もかかるかもしれない。良いアプローチはたくさんあるが、あなたのスキル、才能、個性を最もうまく活用してエッジを創造し、それを持続できるトレードアプローチは1つしかない。トレーダーが最も犯しやすい過ちの1つは、だれかほかのひとの戦略をまねようとすることだ。指紋と同じように、あなたの戦略はあなた独特のものでなければならない。成功している人々から多くを学ぶことも重要だが、最終的にはあなた自身の戦略、他人の真似事ではないあなた独自の戦略を開発することがあなたの最優先課題であることを理解しなければならない」。

フィーチャー・クリープ――シンプルが一番

これまでいくつかのメソッドを使ってきたが、フィーチャー・クリープ（何度も新しい機能を追加して複雑にしてしまうこと）をするのではなくて、シンプルな戦略が最もうまくいく。テクニカル分析で言えば、モニターするインディケーターを増やすほど、うまくいかなくなる。パレートの法則に従い、違いを生む20％の変数に100％集中することをお勧めする。あなたの投資に大して影響を及ぼさない80％の変数は捨ててしまおう。

あまり重要ではない情報に時間を使うほど、心に「分析まひ」が忍び込み、あなたの努力はムダになる。トレードで成功するのに証拠をそれほどたくさん集める必要などない。重要なのは基本的なことを系統立てて調べることである。そのほかのことは無視して構わない。成功への鍵は自分らしくあることである。ただし、合理化され系統だった方法で。トレードで成功するのも同じことである。

投資初心者への私からのアドバイスは、自分自身の「基本的」でシンプルな投資戦略を開発し、ほかのことは無視してそれに忠実に従うことである。長く従うほど、結果は向上し、そのエキスパートになっていく。出力を増やしたければ、入力を少なくしなければならないことを忘れないでほしい。

私よりもはるかに賢くて成功している人はたくさんいるが、彼らは手法をできるだけシンプルにすることの重要性を強調している。最も偉大なトレーダーが言っているのだからこれは本当だ。

「優れた戦略とは、市場に深くかかわりのない人に説明しても理解してもらえるぐらいシンプルなものである必要がある」――ウォーレン・バフェット

「最もシンプルな手法が最もうまくいく」――ニコラス・ダーバス

「集中力のパワーは驚くべきものだ。重要なのは何であれ本当のプロになることだ。どんなスタイルでも戦略でもよい。それを知り尽くせ。それを足場に前進していくのだ。トレーダーは簡単にあきらめすぎる。難しいものに出くわすとすぐにそれを避けようとする。コービー・ブライアントがこれまでどれほどスキルを磨いてきたとしても、違うスポーツや違うポジションに変わったらうまくプレーできないだろう」――マーク・ミネルヴィニ

「チャーリーと私は、投資で何百という賢い選択をするのは難しすぎることをずっと前に悟った……だから私たちはあまり賢さを求めず、ほんのときたまにしか賢さを求めない戦略を採用することにした。良いアイデアは１年に１回くらい出ればよしとする」――ウォーレン・バフェット

「シンプルなアイデアよりも複雑なアイデアのほうが優れていると人々は信じがちだ。リチャード・デニスがほんのわずかなシンプルなルールで何億ドルも稼いだなんて、多くの人にとっては信じられない

だろう。彼にはきっと秘密があるに違いないと思っても不思議はない……人々がこういったことを信じ、複雑さを求めるのは不安だからだ。その結果、何とかして特別な存在になろうとするわけである。秘密の知識を持つことは私たちを特別な存在にする。シンプルな真実では特別な存在になれないと考えるのだ。その結果、自尊心によって、自分たちには特別な知識がある、だから自分たちは他人より優れているのだと信じてしまうのだ。私たちの自尊心は一般に知られた真実には我慢できない。自尊心は秘密を求めてしまうのだ」――カーティス・フェイス（元タートルズ）

「フィーチャー・クリープとは、コンピューターソフトのような製品に新しい機能を加えることをいう。新たな機能を加えると、その製品の基本的な機能を上回り、その結果複雑化しすぎてしまうことになる。長期的に見ると、不必要な機能（フィーチャー）がシステムに忍び込み（クリープ）、そのシステムの最初の目標を外れてしまう。フィーチャー・クリープの最も一般的な原因は、より便利な製品を消費者に提供して売り上げを伸ばそうとすることだ。製品があらゆることができる段階に達すると、メーカーは不必要な機能を付け足すしかなくなる。そのため効率性は低下する」――ウィキペディア

「シンプルさは究極の洗練である」――レオナルド・ダ・ヴィンチ

チャートこそがすべて

「理性はあとからやってくるという神経科学の研究結果を理解できる人は少ない」――チャールズ・フォークナー

私はチャートが大好きだ。ほかの人にとってはランダムなラインにしか見えない株価チャートは、私には確かな可能性と潜在能力を持ったパターンに見える。株価チャートは人間の感情と心理をグラフの形で表したものだ。一定の期間内における何千人という株の保有者の苦悩とエクスタシーをここまで完璧に描いたものはほかにはないだろう。もしあなたが将来のチャートパターンを予想できるエキスパートなら、あなたはその特定の業界でだれよりもうまくやることができる。あなたはCEO（最高経営責任者）よりも早く、業界や企業のトレンドを読み取ることができるのだから。チャートパターンに反映される人間心理を生涯にわたって研究し、その達人になれば、大きな富を約束されたも同然だ。

株価パターンやそれに内包される感情を読み取る達人になれば、大衆がどう反応するかを確実に予想できるようになる。私が過去数年にわたってトレード活動を休止している間、心理学の本を読んだことは以前述べたとおりである。トレードの基礎を確実に把握すれば、あなたの注目するものは大きく変わってくる。自分自身の感情を理解するだけでなく、他人の感情や心理的な反応を予測することにあなたの全エネルギーを注ぐようになるはずだ。

ほかの99％の投資家が貴重な時間を関心のある銘柄についての記事、リポート、報道発表に費やしているときに、あなたはチャートに内包される心理を一瞬見ただけですべてが分かってしまうのだ。私の経験から例を挙げれば、アップルに投資する理由が発生するずっと以前、株価がまだ８ドルのとき、ビジネスのゲームを塗り替える製品の開発が進んでいることをチャートは叫んでいた。2003年に８ドルのアップルを買う前の私のチャートと見るときの思考プロセスについてはこのあと詳しく話す。

チャートは「ストーリー」が一般大衆に明らかになる数カ月前、あるいは数年前に全貌を語ってくれるため、市場が提供してくれる最もパワフルなチャートパターンを辛抱強く探すことが重要だ。大成功するファンダメンタルズを探し始めるのは、大成功するチャートパターンを見てからである。この逆は自殺行為である。

私は毎日何百というチャートを調べて、ファンダメンタルズを調べる必要がある１つか２つのチャートパターンを絞り込む。無数のチャートを何日も何週間も細かく調べることができるのは、「干草の中から針を見つけだした」ときの喜びの瞬間にエクスタシーを感じるからだ。チャートパターンは本当に「百聞は一見にしかず」だ（私が使ったチャートとウェブサイトについては、「第13章　スーパーストックに関するお勧めの本とウェブサイト」を参照のこと）。

チャートを分析しているときは、ギャンライン、フィボナッチ水準、ストキャスティックスといった偉そうなテクニカルインディケーターなどは一切気にしない。市場の天井と底を探すとき、テクニカルインディケーターやセンチメントインディケーター（極端な状況を見極めるのに重要）は使うには使うが、テクニカルインディケーターはほとんどが不必要なものだと思っている。

通常、私にとってインディケーターが重要になるのは株式が大きな動きをしたあとだけだ。私と競合する何百万人もの人々はだれもが同じテクニカルインディケーターに注目する。私は大衆と一緒に走るのは嫌いだ。だれもが知っていることに価値はないのである。

ストーリーで買うな

会社を買ってはならない。株を買え。もっと良いのは、価格で買え。世界で最もエキサイティングな会社が世界で最も最悪の銘柄である可能性もあるのだ。シスコシステムズ（CSCO）は2000年には非常にエキサイティングな銘柄だった。2000年、モルガンスタンレーの「トレーニングブートキャンプ」で４日間過ごした。私が話をした若い株式ブローカーは、シスコは世界を支配する会社だ、次の10年持っているべき株だ、と口をそろえて言った。ところが今はどうかと言うと……。

これは集団思考と「ストーリー」がいかにパワフルかということをよく物語っている。

成長速度が遅く、世界中で最も魅力のない会社でも、株価がビートに乗って踊り、同業企業の99%をアウトパフォームする会社はどうだろう。アルセロール・ミッタル・スティールはこの良い例だ。この会社は世界で最も退屈なビジネスである鉄に携わっている会社だ。2003年の成長率はゼロだった。「ストーリー」もない。しかし、価格が反転した2003年にこの魅力のない会社を買っていれば、４年後には3500%のリターンが得られただろう。

市場に何十年もかかわってきた多くの投資家でも、会社と株価はまったく異なるエンティティであることをまだ理解できていない。彼らはそんなこと分かっていると言うかもしれないが、彼らのリターンを見れば理解していないことは一目瞭然だ。99%の投資家は金儲けさせてくれる会社でなく、彼らの好きな会社に無意識のうちに投資しているのだ。しっかり調査して、特定の会社やその製品と感情面でつながっていることに彼らは満足感を感じるのである。利益を得ることよりもこちらのほうが重要だと無意識に思っているのだ。私の場合、感情は15年前にアルバカーキのトラックストップに捨ててきた。

国に対しても同じことが言える。平均的な投資家は苦労して稼いだお金を海外市場に投資する。その国の莫大な資源や、何十億という国民がその国の市場を上昇させるという「ストーリー」を信じているからだ。例えば、中国を考えてみよう。16年ほど前、中国を訪れたとき、アメリカ人のだれ一人として中国について知っている人はいなかった。中国にはストーリーはなかったが、素晴らしいチャートパターンを描いていた。次の12年にわたって上海市場は1200%上昇した。2008年、中国はほかのどの国よりも素晴らしいストーリーを手に入れた。そのストーリーがますます良くなるなか、中国市場がどうなったかはご存知のはずだ。

素晴らしいチャートに投資せよ。そのあと身をかがめて注意していると、素晴らしいストーリーはどこからともなく現れるはずだ。もっと良いのは、まだ語られていないストーリーを持つ素晴らしいチャートに投資することだ。そうすれば大金持ちになれる。会社や国は気にするな。勝てる価格と勝てる銘柄にのみ注目せよ。

第7章
とらえどころのないスーパーストック

The Elusive Superstock

「止まっている物体はずっと止まったままで、動いている物体は同じ速度で同じ方向に動き続ける」――アイザック・ニュートン

ようやく待ちに待った章に入ってきた。正真正銘のスーパーストックはNASA（米航空宇宙局）のロケットに似ている。地球の大気圏を抜けるのには大きな推進力（ベース）を必要とするが、いったん軌道に乗れば、望む方向に動き続けるのに大きなエネルギーはいらない。信じられない利益を出したり、見たこともないようなテーマや刺激を示すスーパーストックは最良のトレーダーたちをとりこにする。

スーパーストックはスーパースタートレーダーを引きつける。スーパーストックは世界中の最も聡明なモメンタムトレーダーを引きつける。同じモメンタムトレーダーグループが同じ株を何回も何回もトレードする。彼らはスーパーストックで生きているのだ。戦略的な買いによって、彼らはこれらの株式を鼻血が出るくらい売買しているのだ。

スーパーストックはユニークな株で、セクターや市場とはまったく独立して動く。数カ月にわたる動きのなかで、スーパーストックは大きな取引所で最大の利益を生むことが多い。事実、スーパーストックの多くは最終的には放物線状に上昇し、伝統的な限界を打ち破る。しかし、バブルがはじけてビッグマネーのモメンタムトレーダーが離れていくと、比較的短期間のうちに大暴落する可能性がある。ベストパフォーマーがピークから70％下落するのも珍しいことではない。

この理由だけで、スーパーストックが長期的なキャピタルゲインが

認められるまで待って売ろうなど、ゆめゆめ思ってはならない。チャートのセクションを見ると分かるように、こうした戦略は失敗する。スーパーストックで短期キャピタルゲイン税を避けるための唯一の方法は、買った水準に戻ったときに売ることだ。スーパーストックは必ず買った水準に戻る。十分な時間を与えれば、必ずその水準に戻る。極端な動きをすれば、必ず逆方向に同じくらい極端な動きをするものだ。スーパーストックも例外ではない。

スーパーストックのスーパー法則

スーパーストックは一体どうやって見つければよいのだろうか。これらの株がビッグウィナーになる前のテクニカルな側面から見ていくことにしよう。ここで議論するテクニカルな概念は初心者には難しいかもしれない。でも心配しないでほしい。これらの概念を理解するにはチャートで分析するのが一番だ。第12章には私のビッグウィナーのチャートとコメントを掲載しているので見てもらいたい。

本章ではこのあとスーパーストックの見つけ方について見ていく。特に注目するのは次の２点だ。

●テクニカルな状態
●ファンダメンタルの質

そして次の第８章ではスーパーストックのトレード方法について見ていく。

●価格目標を決める
●ローリスクの仕掛けポイントを見つける
●ポジションサイジング

●売るときの判断基準
●スーパー法則のまとめ

８つのテクニカルなスーパー法則

前にも言ったように、ファンダメンタルズを調べる前に、まずはチャートパターンを見ることが重要だ。チャートパターンを分析するときには私は週足チャートを見る。ビッグウィナーは日足パターンよりも週足パターンに従う傾向があるからだ。機関投資家は売買の判断を週足パターンを見て行う（ときには月足を使うこともある）。スマートマネーがやっているのだから、私がつべこべ言うことはない。

最初の５つのテクニカルインディケーターはスーパーストックのブレイクアウトにおける条件を述べたものだ。ブレイクアウトでは、スーパーストックは、①15ドル以下、②強力なベースをブレイクアウトする、③30週移動平均線を上方にブレイクアウトする、④出来高を伴う、⑤迎え角が急峻――であることが必要だ。これらは「トップ５の必須条件」で、このあとまた３つの条件がある。

しかし、ルールは破られるためにあることを忘れてはならない。最初のブレイクアウトポイントが30ドルのモンスターストックもときどきあるが、ビッグウィナーはこれよりももっと安い価格からスタートすることが多い。

トップ５の必須条件

これから「トップ５の必須条件」を見ていくことにしよう。

1．強力なベースをブレイクアウトする

スーパーストックが将来的に成功するための不可欠の要素はチャートパターンだ。大きな利益をもたらす株式は長い「ベース」を持つのが普通だ。つまり、私たちが見つけたいのは、狭い値幅で長期にわたって横ばいが続く銘柄である。この退屈な動きは感情的な短期トレーダーたちを一掃する。残った投資家は長期のファンダメンタルズに偏った投資家たちで、彼らはすぐには売らない。ベースが長いほど、そのあとの動きが大きいことに私は気づいた。私のビッグウィナーのほとんどは、退屈で出来高の薄い状態が長期間にわたって続いたあと暴騰しているのだ。

長いベースは保護層になる。偉大な株は一般にこれまで幾度となく試した支持線水準を下回ることはない。

１年以上ベースが続いた株はブレイクアウトする兆しは見せないのが普通だ。これに対して、例えば数カ月にわたって60ドルから10ドルに下落し、そのあと８週間以上にわたって狭いレンジでベースを形成する株は、すぐにでもブレイクアウトしそうな様相を見せる。私の経験で言えば、こうした株は大きく上昇する前のローリスクの仕掛けの最大の候補になる。「ブレイクアウトトレーダー」の多くはブレイクアウトする前に株を買おうとはしないが、強力なベースが形成されると株価はそれ以上に下がることはなく、リスク・リワードはあなたに有利な方向にゆがめられることが多い。

強力なベースという概念はトレードで成功するために不可欠だ。強力なベースが強固な足場になって、そのあと大きく上昇していくのである。最初のブレイクアウトの前に７カ月の長いベースが形成され、それがエネルギーになって最初のブレイクアウトが発生する。そのあと、数週間にわたる短いベースがそれよりも高い位置に形成され、そのあと株価が上昇していくというのが理想的だ。**図7.1**に示したのは、

図7.1

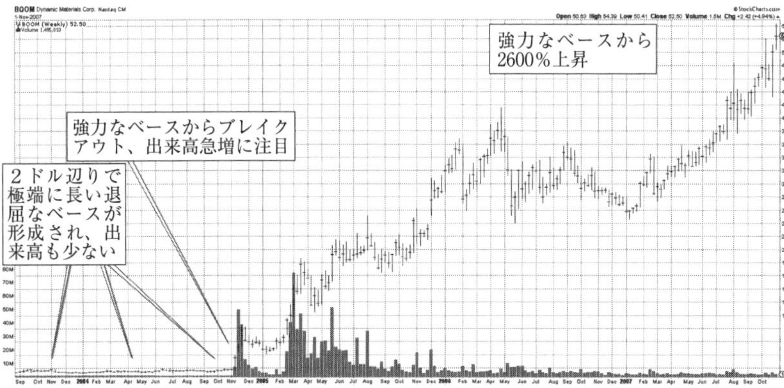

数カ月にわたる強力なベースから大きくブレイクアウトした例である。ダイナミック・マテリアルズ（BOOM）は2005年から保有している銘柄だ。

2．30週移動平均線を上方にブレイクアウト

これまでのビッグウィナーの90％は出来高が増えた最初の週に30週移動平均線を上方にブレイクアウトしている。数カ月にわたる強力なベースからブレイクアウトすると、30週移動平均線を上方にブレイクアウトする可能性が高い。私たちが探しているのは、30週移動平均線辺りから上昇を始めるパワフルな株だ。

最初のブレイクアウトで30週移動平均線を上回らない株は、30週移動平均線が抵抗線となって株価は下落することが多い。**図7.2**は2004～2005年から保有している銘柄の１つ、フォワード・インダストリーズ（FORD）だ。

図7.2

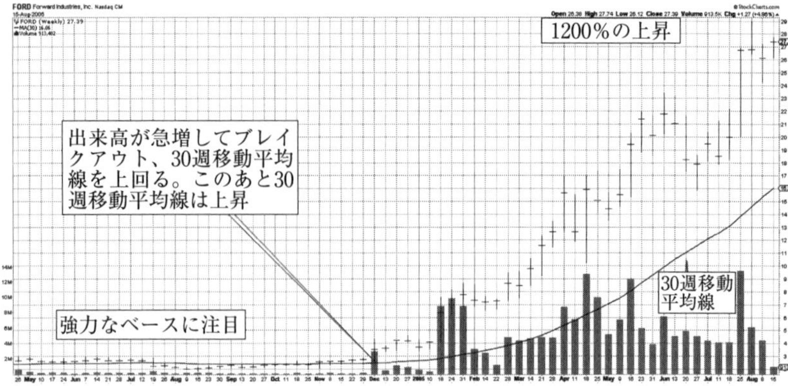
FORD Forward Industries, Inc. Nasdaq CM
1200%の上昇
出来高が急増してブレイクアウト、30週移動平均線を上回る。このあと30週移動平均線は上昇
強力なベースに注目
30週移動平均線

3．出来高の増加

スーパーストックの重要な特徴の１つは、最初のブレイクアウトで出来高（売り買いの成立株数）が極端に増加することだ。出来高の増加は週足チャートを見るのが一番分かりやすい。最良の株式はベースの期間は出来高が少ない。現在のあるいは将来のファンダメンタルズが劇的に改善されるという大きなニュースが発表されると、出来高は500％から5000％も増加し、その状態が数カ月続く。この出来高の増加は資金の豊富なスマートマネーの機関投資家が株式の買い集めを進めていることを示している。投資コミュニティーがその株に興味を持っていることは出来高のパターンから明らかだ。

さらに、株価が上昇しているとき、あるいは上昇する前の「アキュミュレーション足」にも注目してほしい。何日にもわたって出来高が増加するということは、機関投資家が株価の上昇を見込んで株式を買い集めていることを示している。

トリオ・テク（TRT）は2006～2007年から保有している銘柄だ。ブレイクアウトで出来高が急増していることを、**図7.3**で確認しよう。

図7.3

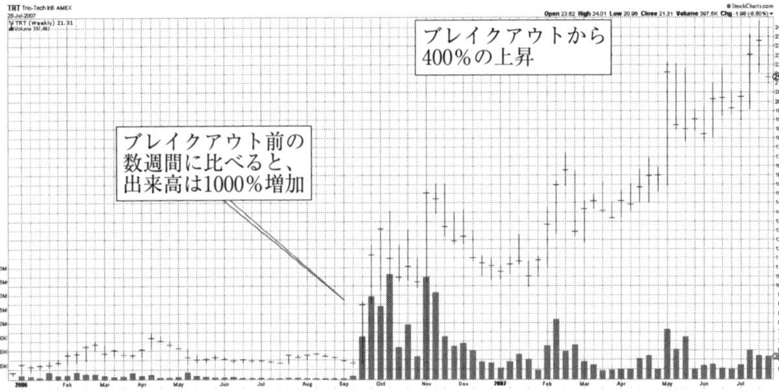
ブレイクアウトから
400％の上昇
ブレイクアウト前の
数週間に比べると、
出来高は1000％増加

4．大きな迎え角

長いベースからすでにブレイクアウトしている場合、ベース（支持線）から新しいトレードゾーンに向かって線を引くことで将来の価格目標を設定することができる。ビッグウィナーのほとんどはベースから45度の迎え角で上昇していくことを発見した。この「迎え角」は数カ月にわたって続く。ある時点までいくと、迎え角はさらに急峻化し、一般大衆が勢いづくとさらに急峻化する。

株価の現在と将来のトレンドを見るには、株価の最近の安値と最近の高値に沿ってラインを引いて作成したチャネルを見ればよい。このチャネル内で株価が上昇トレンドを形成するのが理想的だ。

しかし、重要なのは株価が将来的に何パーセント動くかを見極めることである。例えば、ベースから10度の迎え角で小さく動いている100ドルの株は、数カ月後には10％上昇して110ドルになる、といった具合だ。また、ベースを45度の迎え角でブレイクアウトした４ドルの株は、数カ月後には50％から70％上昇して６ドルから７ドルになることが予想される。

図7.4

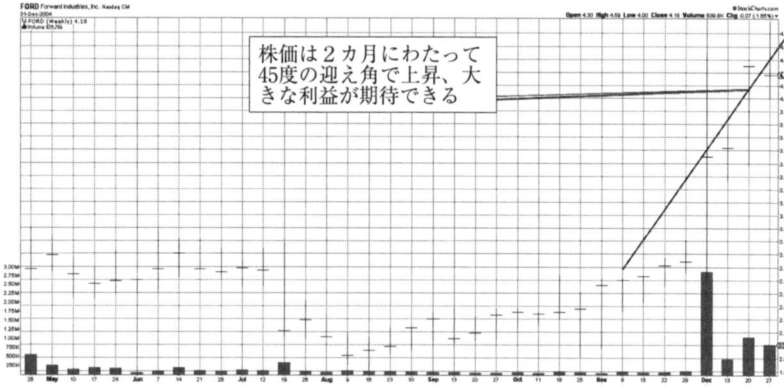
FORD Forward Industries, Inc. Nasdaq CM
31-Dec-2004
株価は２カ月にわたって
45度の迎え角で上昇、大
きな利益が期待できる

図7.5

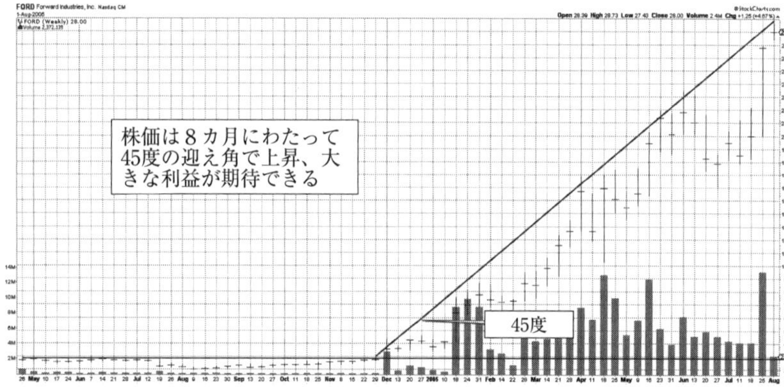
FORD Forward Industries, Inc. Nasdaq CM
1-Aug-2005
株価は８カ月にわたって
45度の迎え角で上昇、大
きな利益が期待できる
45度

目的は短期間でできるだけ多くのお金を稼ぐことなので、最も大きく動きそうな株を見つけたい。４ドルの株の例で見たように、私たちが探しているのは、ベースから大きな迎え角でブレイクアウトする株価の安い株である。

図7.4と**図7.5**のFORDは大きな迎え角で上昇する４ドル株の良い例で、大きな利益が期待できる。

5．株価は15ドル以下

大きく動く株は安い価格から動きを始める。500ドルの株が短期間で１万ドルになったのを見たことがあるだろうか。そんなことは起こりえない。これに対して、５ドルの株や10ドルの株が100ドルになったのは何回も見たことがある。最初のローリスクの仕掛けポイントから大きく上昇する株のスイートスポットは４ドルから10ドルといったところだ。

５ドル以下のスーパーストックにお目にかかることはあまりないかもしれない。低位株の良いところは、ブローカーにもよるが、４ドルから５ドル辺りで「信用取引が可能」になることだ。簡単に言えば、株価がこの信用取引の閾値を満たせば、ブローカーは株保有者に株価の100％から300％あるいはそれ以上を貸してくれるので、株式を追加購入することができるということである。５ドル以下だと信用取引できないが、５ドルを上回ると信用取引できる場合、大きな株保有者は大きく増し玉するので資金の大きな流れが発生する。

機関投資家の多くは信用取引できる株しか買えないので、信用取引できる水準を超えると株の買い集めを始める。数カ月３～４ドル辺りをうろついていたファンダメンタルズの強い株式が、この信用取引できる水準に達すると、ものの数週間で株価が５ドル、６ドル、７ドルと上昇していったのを何回か見たことがある。

珍しい例として、４ドル以下の株を考えることもある。しかし、株価が非常に安い株は、キャッシュフローがマイナスで、会計がずさんで、株の価値を繰り返し希薄化するようなことをする。株価が非常に安い株を買いたいときは、少し掘り下げて調べることにしている。

残りの３つの条件

スーパーストックのトップ５の「必須条件」に加え、ここでは残りの３つの条件について見ていくことにしよう。

６．クリーンなチャート

私が探しているのは「秩序正しい」パターンを示すチャートだ。これはほとんどの人にとって抽象的な概念だが、しばらくお付き合い願いたい。会社によっては――ほとんどが小型株だが――チャートの動きが激しく、大きく乱高下するものもある。例えば、数週間の間に、株価が１ドルから６ドルに上昇し、そのあと数日にわたって保ち合いになり、再び２ドルに下がる。次に材料が出ると、再び５ドルに上昇する。この極端なヒストリカルボラティリティを考えると、株価は再び２ドルになる可能性もある。

こうした株はまったく予測不可能で、私たちもそれほど注目しない。私が好きなパターンは、スムーズで、秩序正しく、予測可能なパターンだ。ファンダメンタルズが向上したために急騰するのは、ブレイクアウトのあと高い位置にベースが形成され、そのあと秩序正しく上昇していくかぎりでは良い。

私にとって「クリーンなチャート」とは「秩序正しく下落」するチャートである。どの株も下落する。私が見たいのは数週間にわたって秩序正しく下落していく株だ。１日で何十パーセント（例えば、30％）も下落するのはダメだ。私が好きなのは、ゆっくりと着実に下落していく株だ。こういった動きはストレスはたまるが、大きな株主はじっくり考えながらポジションを手仕舞いすることができる。こうした秩序正しい下落を見ると意気消沈してしまい、愚かな「ダムマネー」トレーダーたちから忍耐力を奪い、結局彼らは底で売ることになる。

図7.6

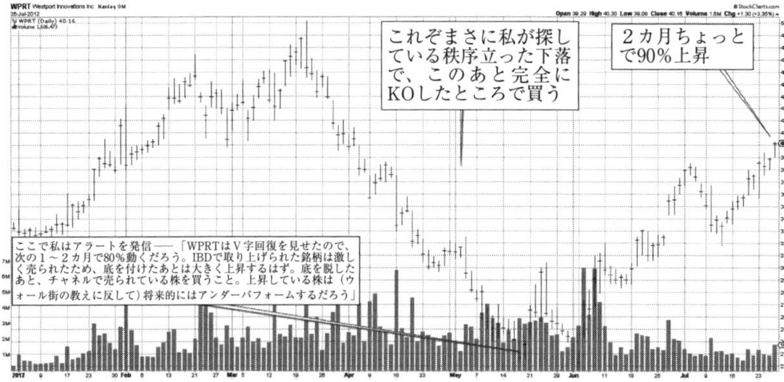

WPRT Westport Innovations Inc Nasdaq GM
これぞまさに私が探している秩序立った下落で、このあと完全にKOしたところで買う
２カ月ちょっとで90％上昇
ここで私はアラートを発信――「WPRTはＶ字回復を見せたので、次の１～２カ月で80％動くだろう。IBDで取り上げられた銘柄は激しく売られたため、底を付けたあとは大きく上昇するはず。底を脱したあと、チャネルで売られている株を買うこと。上昇している株は（ウォール街の教えに反して）将来的にはアンダーパフォームするだろう」

逆に、急に大きく下落すると、下落した日に売れなかった大きな株主たちをワナにはめる。こうした大きな株主たちは損失の一部を取り戻すために、少し戻したところで売る。彼らの売りによって、上昇しようとしていた株価は勢いを失い再び下落する。**図7.6**はウエストポート・イノベーション（WPRT）の2012年からの日足チャートを示したものだ。

７．以前のモメンタム、以前のスーパーストック

問題となっている株は過去に大きな動きがあっただろうか。雷は同じところに２回落ちる。モメンタム株の多くは大きく上昇したあと70％以上下落することもあるため、低い水準で保ち合いに入り、そのあと長いベースを形成することが多い。この休止期間の間、モメンタムトレーダーはこれらの株をレーダーから外してしまうのだ。ところが、ベース形成期間が終わると、以前に高値を付けた株は劇的な復活を遂げる。

以前のモメンタム株はトレードコミュニティーのなかでは過去によ

図7.7

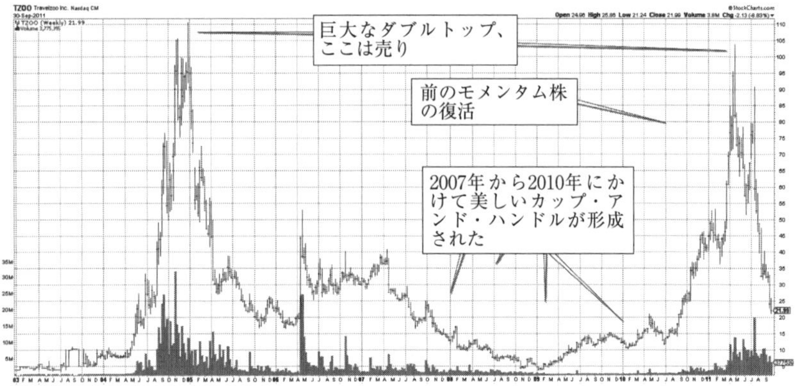
TZOO Travelzoo Inc. Nasdaq CM
30-Sep-2011
巨大なダブルトップ、
ここは売り
前のモメンタム株
の復活
2007年から2010年にかけて美しいカップ・アンド・ハンドルが形成された

く知られていたため、復活するといううわさが飛び交うと、株価は瞬く間に上昇していく。モメンタムトレーダーは過去のマジックを再び経験したくて、飛び付く。その結果、株価は急騰する。この話の教訓は、以前のスーパーストックはウオッチリストから外してはならないということである。

この例として、2004年に6カ月で10ドルから107ドルに上昇したモメンタム株のトラベルズー（TZOO）を見てみよう（**図7.7**）。ほかのモメンタム株同様、そのあとトラベルズーは大暴落して、3カ月で株価は107ドルから30ドルを下回る水準まで下落した。次の3年半の間に、長期にわたる「カップ・アンド・ハンドル」のベースを形成した。出来高も減った。2010年、モメンタムトレーダーはトラベルズーを再び仕掛けた。1年もしないうちに、株価は15ドルから、以前の高値を少しだけ下回る104ドルにまで上昇した。これによって複数年にわたる大きなダブルトップを形成した。良い株というものはいつもこうなのだが、そのあと4カ月で20ドルの半ばまで下落した。

8．その株はスーパーストックのような動きをし、「マジックライン」を上回っているか

ベースをブレイクアウトした数週間後、その株はスーパーストックのような動きをしているだろうか。ベースをブレイクアウトしてから出来高は増加しただろうか。ベストパフォーマーでもときどき支持線水準まで下落することがある。スーパーストックの「見栄えの良い」支持線水準、つまり「マジックライン」は、10週移動平均線の近くにあるのが普通だ。10週移動平均線は過去10週にわたる各週の平均的な価格を示すラインだ。

投資家の多くは指数移動平均（EMA）を使うことを教えられる。単純移動平均（SMA）がすべてのデータ（終値）を平等に扱って平均値を計算するのに対し、指数移動平均は最も最近の終値を重視する。私にとっては単純移動平均のほうがうまくいくので、本書では単純移動平均を使う。あなたにとってはどちらがうまくいくか、両方を試してみるとよい。

詳しくは第12章で見ていくが、ほとんどのスーパーストックはマジックライン、つまり10週移動平均線に少なくとも10週から12週に１回到達する。株価が下がってこのラインに達するか、ベースにいてラインが近づいてくるかのいずれかだ。株価がマジックラインに達すると、大部分のスーパーストックは再び上昇し始める。最良の株はマジックラインに達したあと４～６回高値を更新し、そのあと上昇が止まる。

儲かる株のマジックライン（支持線）が10週移動平均線とはまったく異なることもときどきある。例えば、５週移動平均線、20週移動平均線、30週移動平均線に近いこともある。しかし、一般的にはベストパフォーマーのマジックラインは10週移動平均線の近くにあることが多い。マジックラインを見つけるには、週次移動平均線を引いて、試行錯誤で見つける以外にない。「フィット」するもの（株価がそれに

図7.8

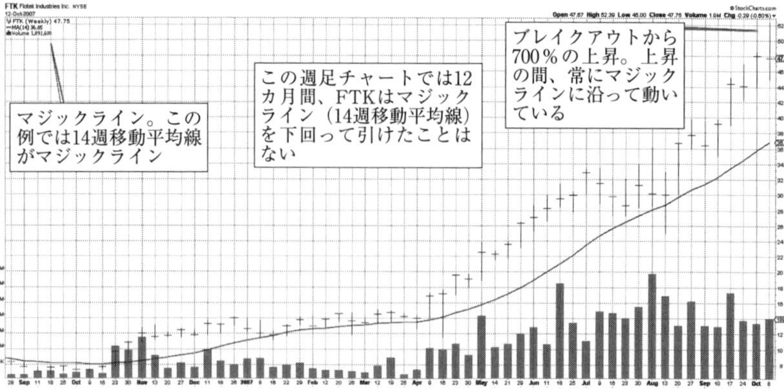
マジックライン。この例では14週移動平均線がマジックライン
この週足チャートでは12カ月間、FTKはマジックライン（14週移動平均線）を下回って引けたことはない
ブレイクアウトから700％の上昇。上昇の間、常にマジックラインに沿って動いている

突き当たると繰り返し反発して上昇するライン）が見つかるまで、いろいろな日次や週次の移動平均線を試してみるとよいだろう。マジックラインを下回る週もあるかもしれないが、週が終わるころにはそのラインを上回るのが望ましい。

株はそれぞれに異なる個性を持つため、異なるマジックラインがフィットするものもある。秘訣は、移動平均線を株価にフィットさせることだ。これはトレーダーがほとんど使わないユニークなアプローチだ。ほとんどの投資家は10日、20日、50日、200日移動平均線や、５週、10週、20週、30週移動平均線のような標準的な移動平均線を使うように教わる。これらは教科書に載っているので、ほとんどの投資家はこういった移動平均線しか使わない。しかし、その株のマジックラインを見つけることができれば、そのマジックラインに基づいて売買の基準を定義できるので、小さな富を手にすることができる。

短い時間枠の場合、支持線水準になるような移動平均線はいくつかある。ほとんどの投資家は５日、10日、20日移動平均線を使う。長い時間枠では、50日や200日の移動平均線がうまくいくようだ。移動平均線についてもっと知りたい人は、本書の「第13章　スーパーストックに関するお勧めの本とウェブサイト」を参照してもらいたい。

フロテック・インダストリーズは私が以前保有していた株で、2007年にみごとなパフォーマンスを見せてくれた（**図7.8**）。

１ダースの基本的なスーパー法則

最初の12の基本的なスーパー法則は、私の考えによれば、潜在的なスーパーストックにとって最も重要な要素だ。私のベストなスーパーストックはこれら12の基準をすべて満たした。これら12の要素はスーパーストックにとっての主要な燃料と言ってもよいだろう。これらの基準はすべて満たす必要はないが、満たしている基準が多いほど、成功する確率は高まる。

１．利益が上昇傾向にある

これは究極のモンスターストックにとってナンバー１の秘密の要素だ。私たちが探しているのは、過去２～３四半期にわたってほぼ同程度の売り上げと１株利益（EPS）を報告した会社である。最良のシナリオとしては、１株利益は過去２～３四半期にわたって若干上昇傾向にあるのが望ましい。好ましくない会社は、売り上げと１株利益が四半期ごとに大きく変動する「でこぼこ」の実績を示す会社である。

その会社の業績が長期にわたって比較的安定していることを見極めたら、最も直近の四半期の売り上げや１株利益（売り上げよりも重要）が前のいくつかの四半期よりも大きく上昇しているかチェックする。売り上げは前年比で最低Ｘ％（例えば、20％）上昇し、１株利益は最低Ｙ％（例えば、30％）上昇していなければならないと言う人が多いが、売り上げや１株利益は株価実績と関係があるため、どれくらい上昇しなければならないという厳密な数字はないと思う。売り上げの成長率が５％の会社がほかの99％の会社をアウトパフォームしているのを見たことがある。それはともかくとして、１株利益の成長のほうが売り上げの成長よりもはるかに重要だ。

投資家の多くは「モンスター四半期」は１回限りのイベントだと言う。このため投資家たちは、ファンダメンタルズが向上しても最初は株価が上昇するとは思わない。株価とファンダメンタルズの間には一時的にズレが生じるものの、目先の利いた投資家にはローリスク・ハイリワードの機会の窓が与えられる。本書に掲載しているチャートにはこういった短期の機会の窓の例がたくさんあるので参照してもらいたい。

例えば、XYZ株の今の株価は５ドルで、最近の四半期の１株利益は0.09ドル、0.11ドル、0.10ドル、0.12ドル、0.09ドル、0.11ドル、0.10ドルと推移してきた。そして直近四半期の１株利益は0.25ドルになった。この１株利益の水準がこのまま維持されれば、近い将来株価は15ドルから30ドルになるはずだ。

２．利益は持続可能か

最も重要なのは、その新たな水準の１株利益が持続可能かどうかである。

この疑問に答えるためには、次の問いに答える必要がある――この会社は最近新しい製品を出したか。この会社は持続可能なコスト削減戦略、つまり利益を向上させる戦略を持っているか。この会社は新たな顧客を確保したか。この会社は最近収益性の悪い部署を廃止したか。業界全体として売り上げや収益性に影響を与える新たな促進剤があるか。この会社は最近利益が底入れし始めた会社と合併したか。

促進剤が何であれ、あなたの仕事はこの促進剤が継続するか、もっと良いのは、後続の四半期で向上するかどうか探りを入れることである。経営陣は四半期の決算報告に余念がなく、売り上げも１株利益も次の数四半期にわたって成長し続けることを強調するだろう。こうなれば、あなたの仕事はもっと楽になる。

もし経営陣が将来の四半期についてガイダンスを発表しなければ、最近のカンファレンスコールを聞き、将来の売り上げと収益性について何か手掛かりを探す必要がある。時間を節約するために、私はカンファレンスコールを聞く代わりに、アーニングス・コール・トランスクリプト（企業の四半期ごとの決算公開時に経営陣と投資銀行や運用会社の証券アナリスト達との間で行われる決算発表会の内容をスクリプトにして公開しているもの。内容的には、まず最初に経営陣が決算内容や事業計画などを説明し、その後にアナリストからの質問に答えるというもの）を見る（Seekingalphaで見るのが最も手っ取り早い）。私は即座にアナリストとの質疑応答の部分を見る。アナリストからの質問に答えるCEO（最高経営責任者）やCFO（最高財務責任者）の即席の発言から貴重な情報が得られることもあるからだ。

また、SEC（証券取引委員会）に報告されている四半期報告書と年次報告書（10qと10k）にも目を通して、経営陣がカンファレンスコールのときに語らなかった手掛かりを残していないか調べる。最後に、その会社に電話して、Ｃレベルの重役と話をして、非公開の情報を聞き出す。

重役に聞く質問としては次のようなものがある――受注残の状況はどうか、収益の伸びはこの会社だけのものなのか、それとも業界全体が収益を伸ばしているのか、利益が減るとしたらどんな理由が考えられるか、そして最後に単刀直入に、この業績は持続可能かどうかを聞く。ラッキーなら、率直な答えが返ってくるだろう。

小さな会社なら重役との５分の会話で多くの重要な情報が得られることに驚くはずだ。大会社の重役と話をするのは時間のムダだ。大会社の重役は重要な情報は漏らさないように長年にわたって訓練されているからだ。これだけでも、多くの情報が取れる小さな会社にのみ焦点を絞る十分な理由になる。

3．年間PERが10以下（＝割安＝大きな機会）

PER（株価収益率）の「ランレート」（進行中の年度や四半期の通期の業績予想を、期首から現在までの傾向を延長して推計した年換算値のこと。四半期の１株利益×４）が10以下のときに仕掛けて大儲けしたことがある。ランレートが10を超える株はというと、もちろんこれも買う。しかし、最小限のリスクで大きなリワードが得られるのは前者だ。

成長株を信じられないくらい安く買うことで、ダウンサイドリスクが大幅に減少するばかりか、大きな自信もつく。買った株が下がったときは、それがいかに過小評価であるかを自分に言い聞かせればよい。私の経験で言えば、潜在的スーパーストックのPERが10を下回ったら、増し玉するだけである。問答無用だ。ベースを上回っていれば、モメンタムコミュニティーが発見するのも時間の問題だ。

ベストパフォーマーは株式価値と現在価格との差が大きい会社であることに疑問の余地はない。株式の公正価値を厳密に計算し、50％から80％安く買えれば、成功したも同然だ。

4．継続的な成長

持続可能であることもさることながら、できれば売り上げと１株利益が四半期ごとに上昇している会社が望ましい。１四半期大きく躍進したあと、四半期ごとに継続して大きく上昇するのがよい。

前にも述べたように、新たな１株利益の持続可能性が不確かなとき、投資家は１株利益が現在の水準の複数倍になるとは思わない。株価が公正に評価されるのは、この新たな利益水準が２～３四半期続いたあとである（そのあと株価は下がるのだが）。投資家は最初は１株利益のランレートを10倍と見るかもしれない。その会社は高成長企業で現在の市場価格のおよそ半分の評価しか受けていないかもしれない。しかし、こういう状況はほとんどない。

１株利益が２四半期続けて上昇したあと、投資家は１株利益は複数倍になると見るのが一般的だ。第３四半期目も利益が上昇したときは注意が必要だ。２～３四半期にわたって利益が上昇したあと、投資家は利益の持続可能性を確信し、PERを30倍以上に引き上げる。

例えば、株価が５ドルで、最初に１株利益が0.25ドルと大躍進したあと、そのあとの２四半期も続けて0.30ドル、0.35ドルと上昇したとしよう。これは持続可能だと確信されることでモメンタムが上昇し、２～３四半期のうちにPERは30倍になり、この「多重効果」によって株価は５ドルから42ドルへと上昇することもある。これもまんざら悪くない。

5．１株利益の前年比がプラス

株価にとって最悪なのは、売り上げと１株利益が前年比でマイナスになることだ。１年前は0.05ドルだったEPSが0.25ドルになったら（500％の上昇）、株価が上昇する可能性は高い。しかし、次の四半期のEPSが0.25ドルで、その前年が0.27ドルだったとしたらどうだろう。前年比ではマイナスになってしまう。どちらかの四半期で１株利益の１回限りの修正が行われなければ、その会社はあまり注目されなくなるだろう。

私たちが求めているのは１株利益の前年比が大きく上昇している株だ。株を買う前に、次の四半期を予測して、１株利益の前年比が上昇するかどうかを判断する必要がある。前の四半期のEPSが0.03ドルであるのに対し、次の四半期のEPSが0.36ドルになることを確信できれば、その株は大きな利益を生み、0.36ドル対0.03ドルは決算報告のヘッドラインを飾るだろう――「X社は1株利益が1200％上昇したことを発表！」。こうした1株利益のヘッドラインは一瞬のうちに投資コミュニティーに伝わる。

6．高い営業レバレッジと売上総利益の向上

1株利益の成長が持続可能なものだと判断したら、損益計算書をもう少しよくチェックして、営業レバレッジを調べてみるとよい。営業レバレッジとは、売り上げが1ドル上昇したら純利益がどれくらい増えるかを示したものだ。営業レバレッジの高い会社は固定費に対して変動費が低い。売り上げが固定費を上回り始めたら、純利益が爆発的に上昇する。したがって、売上総利益と1株利益も爆発的に上昇する。

何年にもわたって赤字続きの会社が、売り上げはそれほど伸びないのに、利益がいきなり上昇することは珍しいことではない。純利益の上昇は高い営業レバレッジの結果なのである。私たちが求めているのはこういった会社だ。

売り上げが大きく伸びて、変動費が低い会社を見つけられれば最高だ。こういった会社を見つけられれば、金塊を見つけたも同然だ。売り上げが30％伸び、それが1株利益の向上（例えば、1000％の上昇）につながる。これは完璧なシナリオだ。営業レバレッジが高く、あなたの調査によれば、このあとの四半期も売り上げが伸びることが期待できれば、1株利益も爆発的に伸びるはずだ。こういった状況を投資の聖杯という。

7．受注残の上昇

会社によっては決算発表の数字に受注残を含めるところもある。受注残とは、顧客から注文を受けた製品の数量あるいは金額に対して、まだ出荷していない残りの数量または金額のことをいう。これは会社のこのあとの四半期の売り上げの大まかな目安になる。

公開企業は一般に特定の期間における受注残を見積もる。そして大概は、受注残の大部分は次の２～４四半期のうちには損益計算書に計上される。

受注残の上昇は、その会社の業績がこのあとの四半期でも上昇し続けることを投資家たちに確信させる。アーニングス・ガイダンス（経営者による業績予想）を発表しない会社を調べるとき、受注残の数字は極めて重要だ。小さい会社は経営者による業績予想を発表しないことが多い。市場は先を見るので、投資家たちは売り上げが損益計算書に計上される前に、受注残が増加している会社の株価は上昇すると見る。

8．公開市場でのインサイダーによる買い

「インサイダーが自社株を売る理由はたくさんあるが、買う理由は１つしかない。株価が上がると思うからだ」――ピーター・リンチ

似たような言葉はいろいろな人から聞いたことがあると思う。インサイダーは彼らの会社や業界内部を知り尽くしている人々だ。したがって、彼らの株取引は真剣に受け止める必要がある。インサイダーによる株式の買いは、申告されているよりもはるかに多い。重役たちが彼らの会社の株を売る理由はたくさんある。不動産の購入、分散化、退職、寄付などいろいろだ。しかし、彼らが自社株を買う理由は１つ

しかない。株価が将来的に上昇すると信じているからだ。彼らの買いは、近い将来、ファンダメンタルズに大きな刺激剤が加わる可能性があるという合図になる。

私のトレードの歴史を振り返ると、インサイダーによる買いはスーパーストックにダブルの恩恵をもたらすことが分かった。インサイダーによる買いは会社のファンダメンタルズが将来的に向上することを示すだけでなく、投資家の信頼も飛躍的に向上することも示している。この信頼によってPERは上昇し、その結果、株価も上がる。

私たちの目標は、Ｃレベルの重役たちによる公開市場での買いを見つけることである。インサイダーによる買いは、長いベース形成期や、最初のブレイクアウトのあと行われると最も効果的であることを発見した。株価がベースから上昇し、インサイダーが公開市場でより高値で株を買い続ければ、素晴らしいことが起こるのだ。例えば、TRMM（私が大儲けした株の１つ）のインサイダーが0.25ドル、0.50ドル、0.75ドル、しまいには12ドルで株を買っていたとき、パワフルなシグナルを発信していた。株価は最終的には27ドルまで上昇した。計算が得意な人は計算してみてもらいたい。何と２年で１万0800％の上昇だ。多くの人が保有し「安全」だと言われたコダックがその時期どんなパフォーマンスを見せたか思い出してもらいたい。

重役にはストックオプションが与えられているため、彼らは自社株をかなりの量保有していることになる。注目しなければならないのは、彼らが彼らのお金で追加的に株を買うときである。彼らの買いが給料に比べて大きいときには特に注目すべきだ。例えば、その重役の給料が７万ドルしかないのに、9000ドルの買いは大きい。こういった買いが重要なのだ。ほかの重役たちもあとに続いて買うときは、特に重要だ。購入サイズにかかわらず、小さい会社のインサイダーが自社株を買うとき、私は注目して調査を始める。

同様に、機関投資家や大きな純資産を持つ個人が13dや13gでSEC

に株式取得を報告したときも重要なサインになることが多い。個人がある会社の株を５％以上保有するとき、SECに13dや13gを使って株式の取得を報告することが義務付けられている。このように株式を大量に保有する人は、一般投資家がアクセスできない情報を持っているということになる。

インサイダーによる買いの注意点は以下のとおり。

- ●トークン・バイ――ときとして重役たちは自社株に対する信頼感を植えつけるために、自社株を公開市場で少量だけ買うときがある。会社が安定していて、株価が長期にわたってベースを形成しているとき、トークン・バイは長期株主に対して彼らの株を保有したままでよいというメッセージになる。業績が低迷している会社の場合、トークン・バイはファンダメンタルズが将来的に変わることを示す合図にはならない。こういった場合のトークン・バイは株価を「吊り上げる」ための手段にすぎない。NYSE（ニューヨーク証券取引所）やナスダックの閾価格を下回っている会社はこういったことをよくやる。会社が上場廃止になるおそれがあるとき、インサイダーは株価を吊り上げるためにはどんなことでもやるのだ。
- ●公開市場で現在の市場価格と大幅に異なる価格で買われる株には注意しよう。これはかなり以前から行われていたようだ。なぜこんなことが起こるのか私には分からないが、実際に行われている。日付と価格を見て、つじつまが合っているか確認しよう。
- ●一見公開市場での買いのように見えるストックオプションの買いに注意しよう。それがどんな買いだったのか申告書をよく見よう。オプションの買いは投資の初心者を惑わすこともある。
- ●信託や家族間あるいは関係当事者間の株式譲渡には注意しよう。重役が株式を関係当事者に譲渡するとき、それは一見単なる買いや売りに見えることが多い。申告書を調べれば、それが関係当事者間の譲渡かどうかははっきりする。

●最悪のことが起こったあとの買いには注意しよう。例えば、会社が決算報告が芳しくないといった悪いニュースを発表すると、その会社の株価は大暴落する。そして、数日後、インサイダーの株式取得がSECに申告されることもある。そういった買いは大概は中期的には勝ち目はない。会社の重役はトレーダーではないのだ。暴落したあと、彼らはその株に「価値」を見いだし、長期的に保有する目的で買うのかもしれない。あるいは、会社の経営状態が悪いため、彼らが株を買うのは広報活動の一環かもしれない。とにかく、こんなものにだまされてはいけない。

●自社株買い。アマチュア投資家は会社が自社株買いをすると気持ちが高まる。残念ながら、自社株買いは将来的なアウトパフォーマンスを示すものではない。自社株買いはまったく逆のサインなのだ。歴史上最大の自社株買いが起こったのは2007年のことで、すべてのS&P500企業が大量の自社株買いを発表した。この自社株買いは、プライベートエクイティによる公開企業の購買が急増したのに一致する。その1年かそこらあと、これらの株の多くは80%以上下落した。これには理由があるはずだが、彼らは自社株を底では買わない。同じように、企業の合併活動も底では行われない。合併活動は必ず大きなサイクルの天井で行われる。いずれにしても企業が自社株買いをしたからといって、買う理由にはならない。

●最後の注意点は、インサイダーの買いとそれによって発生する株価の変動との間には時間的にギャップがあるということである。インサイダーが自社株を買うのは何らかの触媒が存在するためだが、その効果は数四半期あとになるまで現れないかもしれない。したがって、株価チャートが適切な買いシグナルを出してくるまで、忍耐強くサイドラインに下がって待ったほうがよい。

●インサイダーによる買いはスーパーストックに大きな刺激を与える

が、それはほかの重要なファンダメンタルズも将来的に株価が上昇することをはっきりと示しているときだけである。私はインサイダーが買っているからという理由だけで株を買ったりはしない。インサイダーの買いは毎晩申告書を丹念に調べることにしている。はっきり言えるのは、インサイダーが自社株を買ってもその90％は市場をアウトパフォームすることはないということである。魔法が解き放たれるのは、ほかの重要な要素もまた株価の上昇を示しているときだけである。

9．少ない浮動株と低い時価総額

浮動株とは安定した株主が保有している株式ではなく、市場で幅広く流通し、常に売買されている株式のことをいう。浮動株は、モメンタムトレーダーが株価を操作して吊り上げるうえで重要だ。浮動株は株式市場で売買され、流動的に取引されている株券で、会社のインサイダーは保有していない株だ。インサイダーは自社株を売買するときは必ずSECに報告義務があるため、彼らの株券が市場で売買されることはない。

500億ドルの会社があり、あなたはその会社は割安だと思っているとすると、この巨大企業の株価をあなたの目標価格まで上げるのには大変なお金と時間がかかるだろう。マイクロソフト（MSFT）を考えてみよう。株価をわずか数％上げるには買い圧力が何十億ドルもなければならない。一方、あなたの５ドルのスーパーストックの浮動株が400万株だとすると、株価を20％上げるには買い圧力は百万ドルかそこらあればよい。

ヘッジファンドやモメンタムトレーダーがこうした浮動株を買うとき、彼らは安値で巧みに株を買い集める。それによって買い圧力は高まり、巧みに「ニュースを漏洩」させることで、浮動株を彼らの価格目標まで吊り上げていく。

浮動株と平均出来高との関係も重要だ。浮動株が700万株で日々の平均出来高が５万株だとすると、出来高が増えるまで株価はそれほど大きく動くことはない。一方、浮動株が400万株で日々の平均出来高が80万株だとすると、浮動株は瞬く間に買われてしまう。この例で見る出来高・浮動株比は上方への大きな価格スイングを招くことは確かだ。

ベストパフォーマーの浮動株は10万株を下回るのが普通だ。私の経験で言えば、大きく動く銘柄の浮動株は400～800万株といったところだ。さらに、大儲けさせてくれた株は時価総額が１億ドルを下回っていた。例外ももちろんたくさんあるが、わずか数四半期でモメンタムトレーダーが時価総額5000万ドルを２～３億ドルにまで吊り上げるのはかなり難しい。

10. 「IT（イット）ファクター」――スーパーテーマ

スーパーストックは新たな投資家を引きつけるユニークな話題を持っている。セクター全体的な話題の場合もあれば、会社特有の話題のときもある。人生におけるほかの事と同様、株が想像力、楽観、情熱、憶測をかきたてるには「IT（イット）ファクター」が必要だ。新しい産業や革新的な製品に注意しよう。新しい顧客を呼び寄せ、新しいパートナーシップを組み、新しい発明品や新しい技術や新しいテクノロジー――特に、業界全体を揺さぶるような「破壊的テクノロジー」――を開発した会社を探そう。「新しい」というのが重要だ。モメンタムトレーダーは新しい刺激が大好きだ。新しい刺激は彼らを活気づけ、生き返らせる。投資家というものはより良い未来に賭けるのだ。

重要なのは、ほかの投資家たちがそういった未来の刺激剤を見つける前にそういった会社を見つけることである。まだ話題になっていなければ、あなたは宝石を見つけたかもしれない。感情は伝染しやすいので、潜在的な刺激剤は急速に広まり、モメンタムトレーダーのコミュニティーに影響を与える可能性が高い。そしてやがては企業やセクターの話題は一般の知るところになる。こうなったら、売れという合図であり、次なるビッグな話題探しに乗り出そう。

ここ数年の大きなセクターの話題には、1999年のインターネットとドットコムバブル、2000年の光ファイバー、2001年９月11日の安全保障株、2005年の幹細胞、数年ごとのさまざまなバイオテクノロジーの話題、2007年のGPS、2008年の中国株、2008年の炭酸カリウムメーカーの大暴落、2008年の原油のピーク、2008年の船舶株、2009年の石炭のスーパーサイクル、2011年のグラフェンコンピュータチップとクラウドコンピューティング、2012の3Dプリンター、同じく2012年のビッグデータなどがある。

本書に掲載したチャートを見ると分かるように、稼がせてくれた株の多くは、会社特有かセクター全体の「スーパーテーマ」を持ち、モメンタムを引き寄せて大きく上昇した。スーパーテーマを持たない株は、おそらくはスーパーストックにはならない。

11.　保守的な経営

経営陣とCEOが過去の業績や将来予測について控えめであれば株価の動きは持続可能になる傾向がある。ペニー株とは違って、スーパーストックの経営陣は大きなことは言わない。大きなことは約束しないが、実行力はある。それは結果を見れば明らかだ。株式市場は期待を上回るかどうかである。小さな会社の経営陣が、自分たちの会社はすぐに何十億ドル規模の会社になると豪語したり、数十億ドル市場のＸ％を占めるだろうと言ったときには、そんな会社の株は売って一目散に逃げることだ。私に稼がせてくれた会社のどの１つとして、経営陣は大きなことは言わなかった。大きなことは投資コミュニティーを驚かせる。

2006年、大手装甲車両メーカーのCEOは、自分たちの会社は売り上げを大きく伸ばして、やがては装甲車両市場を独占するだろうと豪語した。株価は上昇し、10億ドルの企業になると彼は主張した。彼の大言壮語に疑問を抱いた私は、すぐにその会社の株を売った。そのあとすぐに、その会社の株価は長期にわたって下落した。結局その会社はナスダックから上場廃止通告を受け、CEOが言っていた価格の数分の１で買収された。

スーパーストックの経営陣は多くの報道発表をすることで評判を高めようとはしない。彼らが発表するのは、四半期ごとの現実的な決算や会社のファンダメンタルズに大きな影響を及ぼす開発だけである。ありふれた多くの会社がやるようなつまらない発表はしない。スーパーストックの経営陣は無意味なことはやらないのである。

12. シンプルで印象的な決算発表

スーパーストックは印象的で一般投資家が理解できるような四半期報告をする。投資手法と同じように、シンプルなのが一番だ。「XYZ社は50％の増収と400％の増益を発表」といったシンプルなヘッドラインはウォール街の注意を引きつける。

前の６カ月、９カ月、あるいは12カ月の連結決算を発表する会社もある。複雑な連結決算はモメンタム株にとっては命取りになりかねない。こうした報告書を読んだことがあるが、企業のその四半期の利益を理解するまでに10分かかった。直近の利益を計算機を使って計算するような根気強い投資家などいない。投資家はこんな会社は放っておいて、すぐにほかの会社に目を移すだろう。

会社が複数四半期にわたる連結決算を発表するのは、最近の落ち込んだ利益をごまかすためなのである。

基本的なスーパー法則13～24――追加的な武器

これから述べるスーパー法則は成功するために不可欠なものではないが、あなたの株がこうした性質を持っていれば鬼に金棒だ。

13. 上場オプションを持たない

株が大当たりして大衆の支持を得れば、投資銀行やマーケットメーカーたちの注目度は高まる。そして、人気が高まるためその株のコールオプションやプットオプションが買われる。私たちが探している株はまだ一般に知られておらず、したがって上場オプションもない株だ。

株が上場オプションを持つようになれば厄介なことになる。行使価格、コールやプットの建玉率、満期日などによって操作の対象になる。これについてはまたの機会に話すとして、発見されていない宝石は上場オプションを持たないことだけは覚えておいてほしい。

14. 小さいか競合他社がいない

ベストパフォーマーはユニークな製品を持っていたり、競合のいないビジネスモデルを持っている。投資家がこうした小さなニッチに投資したいと思った場合、代替投資の対象は少ない。代替投資がないため、投資ファンドのお金はこうした「一匹狼」的な株に流れ込む。

2005年、モトローラRAZR（薄型携帯電話）が爆発的に売れた。RAZRの成功に便乗するような携帯電話を専業とする会社はほとんどなかった。もちろんモトローラを買うこともできたが、この数十億ドルの大企業の株価の動きは非常にのろかった。投資家たちがフォワード・インダストリーズ（FORD）がRAZR用の「インボックス」（携帯電話を買ったときにケースに入れる）キャリーケースを製造していることを知ると、１週間に数十万株だった出来高は一気に1200万株に急増した。株価は２年で3000％上昇した。１株利益が上昇し、営業レバレッジも上昇し始めると、私はFORDに飛び乗った。株価は６カ月で700％上昇した。

15. 空売り残高が少ない

スーパーストックはブレイクアウトするとき空売り残高は少ない。価格が上昇すると、無知なトレーダーが高値で空売りするため、空売り残高は上昇する。私にとって空売り残高が少ないというのは、売りポジションが株式発行高の20％を下回るときだ。そこで驚くべき秘密を教えよう。偉大な株は上昇し始めたとき空売り残高が少ない。なぜなら上昇に逆らって賭ける必要などないからだ。企業は、空売りする者が知っているような内輪の恥はさらさない。経験のないトレーダーは最良の株は空売り残高が多いと思っている人が多い。空売りはすぐに買い戻しを強いられるため、株価が上昇するというのが彼らの考え方だ。

空売りする者はほかの投資家が知り得ないような業界のあるいは企業の秘密情報を持つスマートマネーであることが多い。彼らの目的は、悪いニュースが発表されたときに買いを仕掛けることであるため、この情報は一般投資家たちとは共有したくはない。空売り残高の多い株は１日か２日大きく上昇したあと、数カ月にわたってゆっくりと下落していく。空売り残高の多い株は一般市場を大きくアンダーパフォームするという研究結果もある。

強い株は、空売り族にたむろさせて、株価を吊り下げさせることはない。強い株は、空売りの買い戻しのお世話になる必要などないのだ。

強い株は、上質のファンダメンタルズによって新たな投資家のお金を引きつけることで他をアウトパフォームするのである。

16.「借金の多い」会社はダメ

スーパーストックは長期負債がないか少ない傾向がある。ゆっくりとしたペースで動く株は時価総額の大きな株で、何十億ドルという負債がある。負債がほとんどないバランスシートのクリーンな利益の出ている会社は業績が長期にわたって良いことが多い。

会社（普通は成熟企業）の借り入れが増えると、会社は新しい工場や設備に投資するため、固定費と利息支払いは増大し、業績は悪化する。固定費と利息支払いが少なく、そのため営業レバレッジが上昇して利益が上がるような会社を探すことである。

17. ティッカーが覚えやすい

これまで稼がせてくれた株の多くはティッカーが覚えやすいという特徴を持つ。論理的には無意味かもしれないが、これは事実なのだ。モメンタムトレーダーはティッカーが覚えにくい株よりも覚えやすい株をトレードする傾向がある。ソーシャルメディアの時代にあって、覚えやすいティッカーはすぐに口コミで広がる。TASR（テイサー。スタンガン）、CROX（クロックス。靴）、DDD（3D。印刷機）、TZOO（トラベルズー）、BOOM（どんな会社でも欲しがるティッカー）はACSEFやELTKといった覚えにくいティッカーよりも覚えやすく、人々に親しまれやすい。

18. コモディティー株はダメ

ルールには必ず例外というものがあるが、私はコモディティー株は避けることにしている。投資家が抱えるリスクには２つのタイプがある。システマティック（市場）リスクと企業固有のリスクの２つだ。こういった２つのリスクによって、あなたは株式市場の変動と企業特有のイベントに翻弄されることになる。しかし、リスクはもう１つある。それがコモディティー株の持つコモディティーリスクだ。

コモディティー株の場合、株式市場が下落したり、企業の業績が悪化したり、原資産となるコモディティーが下落すれば株価は下落する。リスクはできるだけコントロールしたいので、コモディティー株への投資は勧めない。コモディティー株にはあなたがコントロールできない変数が多すぎるのだ。

19. IBD100

インベスターズ・ビジネス・デイリー（IBD）を見るか、IBDのウェブサイトにログインして、あなたの株のIBDの数字を見てみよう。レラティブストレングス、利益、コンポジットナンバーがすべて90台の前半なら、あなたの株はモメンタムトレーダーのお金を引き寄せる可能性が高い。

私の場合、IBD100（IBDのトップ100）に入る前にこれらの株のいくつかを見つけられたのでラッキーだった。残念ながら、IBD100に含まれるのは株価が15ドル以上のナスダック株と株価が20ドル以上のNYSE株だけだ。IBDが「安全」と判断するのは、これらの株がこうした高い価格水準に入ったあとである。株価が３ドルか４ドルのスーパーストックを見つけたとすると、15ドル以上になってIBDに発見されたら、私は手仕舞いを考える。

IBDがその株のことを宣伝し始めたら、あなたは400%か500%の利益を得たも同然だ。株価が18ドルから30ドルに上昇するのを阻止することはできないが、投資コミュニティーが発見する前にすでにその株は大きな利益を出している。もしその株がIBDで66%上昇したら、おそらくは仕掛けから1000%は上昇している。こうして競争相手を出し抜くことができる。

一般に、ある株がスーパーストックの条件のほとんどを満たせば、その株はIBD100に含まれる可能性が高い。そうなればあなたにとってもあなたの株にとってもプラスになる。

20. アナリストがカバーしていない

投資銀行コミュニティーに発見されていない株を見つけよう。スーパーストックは、上昇を始めたとき、まだアナリストがカバーしていないことが多い。アナリストがカバーしていない株の場合、アナリストがバカげたほど安い価格目標を掲げて、その株の上昇を制限してしまうといったことはまったく気にしなくてよいし、アナリストが気まぐれに格下げしたために、1日で15%も下落するといったことも気にする必要はない。

アナリストによる価格目標がなければ、投資家たちはその株の価値をどう評価すればよいのか分からないことが多い。そのため情報裁定によって大きな機会が生まれる。しかし、投資銀行がそれまで発見されていなかった株をカバーし始めるとどうなるか。

彼らがカバーし始めて、買いやニュートラル（売らない）という格付けをする数週間前には、銀行のトレード部門は株を買い集め始める。彼らの継続的な買い圧力によって株価は上昇する。アナリストの買い推奨のリポートが出ると、株価は1日で10%、20%、あるいはそれ以上上昇する。推奨が買いか買い持ちかは重要ではない。新たな資金が流れ込めば、株価は必然的に上昇する。

投資銀行は株価の上昇で稼ぐだけでなく、将来的にその会社から手数料も稼げるわけである。株を推奨した見返りに、銀行は合併や買収、二次売り出し、私募、借り入れなどからの手数料を期待しているのだ。将来的に株式を公開することはすでに銀行と会社の間で合意済みだ。これは私が保有していた２つの株――CVVとTRMM――で実際に起こった。新たな買い推奨を行った直後に、二次売り出しが発表された。どちらの場合も、株価の上昇はいきなり止まった。

21. スーパートレーダーが掲示板で議論する

小さな会社について情報を得ようと思ったら、最良の情報源はYahoo!ファイナンスやインベスタービレッジなどの株式の掲示板だ。最良の株は掲示板ではあまり話題にならない。掲示板の住人は、情報に基づいた意見を持つ経験豊富な投資家は少ないが、ヘッジファンドトレーダーや業界関係者が参加することもある。

最良の掲示板には、こうした知識のある投資家によって提供された役立つ情報がぎっしり詰まっている。ヘッジファンドがボードに参加しているとすると、株価を吊り上げるためにボードに情報を戦略的に提供している可能性が高い。こうした退屈な掲示板にはあまり望ましくない株についての投稿が分刻みで送られてくることはない。

最良の株の掲示板では、同じトレーダーが繰り返し投稿してくることに気づくはずだ。スーパーストックの掲示板では20人ほどのモメンタムトレーダーが繰り返し投稿してくる。彼らはスマートマネーだ。超一流のモメンタムトレーダーだ。こうしたプレーヤーたちの意見を聞き続ければ、あなたは正しいことをしていることが分かるはずだ。

まったく異なる考え方が投稿されている掲示板には近寄らないほうがよい。株価が下落すると言う投稿者がいる一方で、株価は上昇すると言う投稿者がいるボードには注意が必要だ。投稿者が少なく、感情を抜きにした掲示板は、知識と経験が豊富なボードで、株のまだ発見されていない性質をじっくり考えているボードだ。ついでに言えば、政治的あるいは社会的な暴言にあふれた掲示板にも近寄らないことだ。政治のことを議論する者は、何の希望も与えてくれない株の掲示板を渡り歩く傾向がある。

22. インサイダーが保有している

自社株をたくさん保有している経営陣は、保有していない経営陣よりも好ましい。経営陣の富と年金ファンドが株のパフォーマンスと結びついていれば、長期にわたって株価を上げるために何でもやろうという動機づけになるからだ。重役が自社株を20%か30%保有していれば、強い動機づけがあると見てよいだろう。一方、何人かの重役が最近自社株を売ったとすると、その銘柄は投資対象と見るべきではない。理由はほかにもいろいろあるのだ。

23. IPOには注意せよ（おそらくは高すぎる）

その株はこの１年以内に株式公開した株だろうか。私は最近のIPO（新規公開株）に投資して大儲けしたことが何回かある。歴史的に見て、IPOは最初の１年は市場をおよそ50%アンダーパフォームする。50%というとかなり大きい数字だ。これにはいくつか理由がある。第一に、その会社は新規株式公開で大金を集めたあと、そのお金を最初は非生産的なアセットに投資するからだ。これらのアセットは固定費が純利益を大きく上回るのが普通だ。

第二に、IPOには「売却禁止期間」があるが、それを過ぎると経営陣は公開市場で株を売ることができる。売却禁止期間が終わるのを見込んで、投資家たちは株価を吊り下げようとする。公開市場で何百万という株が売られる前にその株を保有したがる人がいるだろうか。私は保有したくない。

第三に、IPOはまだ取引実績がないため、トレーダーたちはIPOを敬遠する。株というものは長い間取引されてようやく予測可能な「取引の特徴」というものを持つようになるが、IPOは200日移動平均線のような長期移動平均線を引くことができない。私は少なくとも12カ月間の取引実績ができたら投資を考える。

最後に、IPOは新規公開される数週間前の「ロードショー」の間に引受人となる投資銀行によって株価が吊り上げられる。その会社の経営陣とつながりのある投資銀行は、最初から利益がどれくらいになるかをはっきり知っている。IPOの引受人である投資銀行は投資コミュニティーに彼らの予想が正しいと思い込ませる。そうするとIPOは最も高い価格で公開される。多くの人々はIPOを「It's Probably Overpriced（おそらく高すぎる）」と思っている。

メディアがフェイスブックのIPOのことをあれこれ言うのとは違って、投資銀行はできるだけ高い価格で公開する義務を負っている。不動産会社に家を売ってもらうとき、買い手が感謝するように安く売ってくれと頼むだろうか。そんなことはないはずだ。その会社が最も高い価格で公開され、将来に対してバカバカしいほどに高い期待が見込まれれば、リスクは下方に歪められる。フェイスブックはバカ者たちによって価格が高騰した世紀のIPOだった。投資家たちはフェイスブックのウェブサイトが「大好き」（「知っているものを買え」メンタリティーってやつだ）だったため、だれもがフェイスブックの株を欲しがった。「IPOルーレット」は初心者やデイトレーダーに任せておけばよい。

24. ナスダックに移行する可能性が高い

素晴らしいファンダメンタルズによって裏付けられた素晴らしいチャートを示す株をナスダックの店頭取引所で発見することはほとんどないだろう。しかし、一般に信じられているのとは違って、実際には店頭取引所には本当に利益の出る会社がかなりある。もし店頭取引銘柄の利益が本当に持続可能であることが明らかなときは、その会社はナスダック市場への上場を申請するだろう。四半期報告書やカンファレンスコールを見れば、経営陣はそういった動きのヒントを与えてくれていることが多い。

申請して、移行して、ナスダックに上場された数週間後には、これらの株は大きく上昇する可能性が高い。株価が上昇することが見込まれると、多くの買いを誘う。大きな取引所に移行したという理由だけで株を買うことはない。PERが５か10で急成長している店頭株がナスダックに移行したときには、私はじっくり調べることにしている。

数年前のことだ。ルーラル・メトロ（RURL）という店頭株をたまたま知った。ルーラル・メトロは救急サービスを提供する会社で、最近黒字に転じた。売り上げが伸び、市場に競合はなく、PERが４倍だった。インサイダーによる買いだけでなく、機関投資家による多くの13dも提出された。

チャートパターンを見ると株価が恐ろしいほどに上昇していたので、1.50ドルで大量に買った。私が買ってから１～２週間して、この会社はナスダックへの上場が認められた。次の数カ月で株価は３倍になった。RURLはまさに大きなファット・ピッチだった。

もう少し掘り下げてみよう

最初の調査を終え、買おうと思っている株がスーパーストックのスーパー法則のすべてとは言わないまでもほとんどを満たしていたら、見えない変数を見つけるためにもう一歩踏み込んだ調査をしよう。

二次売り出しの可能性に注意せよ

二次売り出しによる増資は株を殺す。経営陣が二次売り出しを行う理由は以下のとおりである。

1．資金が大量に流出しているので、資金調達して事業を続行するために株を売らなければならない
2．事業拡大するために追加的資金が必要
3．株価が天井を付けることを信じているため、幸福感を味わいたい

株価が異常に上昇しているときに売ることで、売る株は少なくて済む（あまり希薄化しなくて済む）。資金がすぐに必要であるにもかかわらず、経営陣は過大評価を利用して将来的なキャッシュフローのクッション（より多くの運営資金を使えるので、銀行から借りる必要がなく、新しい計画ができる）を期待しているのだ。

私たちが注目するのは儲かる会社なので、1は気にする必要はないだろう。将来的な営業経費をカバーできるだけの十分なキャッシュフローがあるかどうかは確認しよう。

しかし、2と3は重要だ。株の勢いは私募や二次売り出しの前に一息つくのが普通だ。なぜ株の勢いは売り出しの前に弱まるのだろうか。私募の前には経営陣と投資銀行は綿密に連絡を取り合い、新しく発行した株券を銀行の顧客に売る。銀行の間では二次売り出しが発表されるという噂が飛び交い、二次売り出しのことを知っている人々は公開市場でその株を空売りする。

株主にとって最悪なのは、二次売り出しに投資している個人投資家

は、あまり知られていない手法だが、「すでに所有している株券を空売りする」ことだ。二次売り出しで株を買う投資家はその会社に対して強気で、市場価格より安い価格で買いたいと思っているとほとんどの人は考える。しかし、こういったことはほとんどない。なぜならこうした投資家は株価がどうなろうと気にすることはないからだ。

例えば、XYZ社の株が売り出しの前に40ドルで取引されているとしよう。ミスター・ホエールは引受会社から連絡を受け、売り出しに34ドルで参加しないかと言われる。ミスター・ホエールはこれに同意し、XYZ社の株を34ドルで100万ドル分買う。売り出しが発表される少し前、ミスター・ホエールは100万ドル分の株を40ドルで空売りする。ミスター・ホエールは十分にヘッジをかけているので、株価が上がろうが下がろうが利益を得ることができる。

投資銀行と売り出しへの参加者は売り出しの何日か前あるいは何週間か前に空売りするので、株価は37ドルに下がる。売り出しの発表の日、株価は売り出し価格近くまで下がって34ドルになる。

売り出しに参加した投資家は異なる価格で同じ量だけ買いと空売りを行うので、ポジションを手仕舞うときにはおよそ18%のリターンが保証される。さらに良いことに、その株券にはワラント（一定の価格で株を買う権利を意味するオプションに似たもの）が付いていることもある。売り出しに参加した投資家は6カ月以上株式を保有する義務があるが、どういったシナリオでも、彼らは大きな無リスクリターンを得ることができる。

二次売り出しのあと、モメンタムトレーダーは株から逃げ、空売りした者は売りを増し玉して価格を下げようとする。経営陣は新たなキャッシュを新しい製造ラインなどのアセットにつぎ込む。これによって固定費は増加する。株式の数が増え、固定費も増えれば、短期的には利益は下がる。

この話から得られる教訓は、あなたが株を買った会社が将来的な事業のために十分なキャッシュを持っているか、事業拡大のためにキャッシュが必要になるかどうかを判断することが重要ということである。売り出しが発表された株は、私は少なくとも６カ月待ってから買うかどうかを決めることにしている。

弱気になれ、不測のことを予測せよ、人とは逆の立場で物事を考えよ

株を買うに当たって潜在的な危険を十分に理解するためには、株を弱気の視点から見る必要がある。

ニュースなど読む必要はないが、その株を弱気の視点から理解するにはその会社についての最近の弱気な記事はぜひ読んでもらいたい。その株の掲示板で弱気な投稿を読むとよい。掲示板の強気筋には、彼らのバラ色の予測を頓挫させるような思いがけないことが起こるとしたら、どんなことが起こるかを聞いてみよう。その会社の10qを読んで、リスク欄を丹念にチェックしよう。あなたのポジションに逆行するような情報を発見することを恐れてはならない。こうした習慣を続けることで、悪い株を回避できるのだ。

重要なのは、この逆張りリサーチは株を買う前に行わなければならないということである。ポジションを取ったら、弱気筋の意見に耳を傾けて時間を浪費するのはやめよう。最悪のときに手仕舞いさせられることになる。株を買ったら、あなたの強気の理論に従って、このあと議論する売りのスーパー法則を１つ以上満たすときにのみ売る。

「ワオ！」の瞬間

調査を終えて、あなたの買おうと思っている会社が利益が出ていて、割安で、雑草のように成長し、インサイダーによって買われ、営業レ

バレッジが高く、浮動株が少なく、負債がなく、素晴らしいチャートを描いていることが判明すれば、あなたは「ワオ！」の瞬間に到達したも同然だ。素晴らしい株を見つけた今、本当の楽しみはこれから始まる。さてこの株をどうしたものか。すぐに買うべきか。素晴らしい株を見つけたとしても、ただそれだけのことだ。このビジネスで重要なことは２つある。いつ買うかと、いつ売るかである。

第8章 あなたに有利になるように事を進めよ

Stacking the Odds in Your Favor

買った株が20％下がるのを恐怖におののきながら見ていることほど最悪なことはない。ほとんどの投資家は、下落する可能性が著しく限定されているときに限って、株を買うことは考えない。このゲームはローリスクの仕掛けと、価格の上昇可能性がすべてなのである。

価格目標とリワード・リスク・レシオ

100％を超える上昇可能性＋リワードがリスクに比べてはるかに高い＝モンスター

投資で成功する秘訣は、あなたにできるだけ有利になるように事を進めることだ。私はポジションを取る前にリワード・リスク・レシオを簡単に計算してみる。私たちが注目するのはリワードなので、リワード・リスク・レシオとリワードを先に持ってくる。私が大きなポジションを取るのは、100％以上上昇する可能性がある株だけである。100％、200％、300％、あるいはそれ以上上昇する可能性がある場合、次に考えなければならないのはリスクである。

11ドルの株が10ドルの支持線水準のベースをブレイクアウトした場合、支持線水準のベースを下回る株を買う理由などないため、潜在的損失はわずか１ドル、つまり９％だ。会社が発表した１株利益が0.35ドルで、PER（株価収益率）が20倍だとすると、目標価格は28ドル（0.35ドル×４四半期＝1.40ドル、1.40×20PER＝28ドル）になる。

この例では、潜在的利益が17ドルで、潜在的損失が１ドルなので、リワード・リスク・レシオは17で、あなたは極めて有利な状況にある。パーセンテージで言えば、潜在的利益は255％で、潜在的損失が９％だ。最良のモメンタム株は上昇しているときはPERが30から40に上昇するので、今の１株利益（EPS）のランレートでは潜在的利益が510％で、潜在的損失は９％になる。

こうした一方に大きく偏ったレシオは極端で、実際にはあまりない。リスクに対するリワードがこれほど大きいのであれば、ベンチから立ち上がって、ストライクゾーンの球を打って、上昇の波に乗るべきだろう。

潜在的損失に関しては、リスクをどれだけとるか必ず事前に決めておくことが重要だ。この水準を決めたら、損失を限定するためにブローカーに心理的あるいは物理的な損切り注文を入れておかなければならない。

投資スペクトルの対極には、SPY（S&P500）やQQQ（ナスダック100）などのETF（上場投信）をトレードしている一般投資家がいる。あなたもご存知のように、指数は長期にわたってゆっくりと動くものだ。メジャーな市場がその日に上昇するか、下落するかはだれにも分からない。リワードとリスクがほぼ等しいとき、苦労して稼いだお金をリスクにさらしたい人はいないはずだ。それはカジノに行くようなものだ。

SPYが上昇する、だれもが知らない理由を知っているだろうか。今のPERが５倍のSPYのPERが簡単に６倍になることがあるだろうか。SPYにはインサイダーによる買いがあるのだろうか。どれもこれもノー、ノー、ノーだ。SPYは浮動株が少ない？　はぁ？

市場が大暴落する可能性があることを考えれば、こういったありふれた対象に投資すれば、月並みな結果しか出ないことを宣告されたも同然だ。単刀直入に言えば、ETFの投資家はやるべきことをやりたがらない人たちだ。あなたに有利になるように事を進めるには必要な仕事はやらなければならない。

キャッシュに夢中になるのはだまされやすい人

株価を評価し、価格目標を決めるとき、その会社がキャッシュをどれくらい保有しているかは考えないほうがよい。もちろん、会社を運営していくには十分なキャッシュが必要だし、十分なキャッシュがあれば二次売り出しの可能性は低いため、私たちは安眠できる。しかし、価格目標を決めるときにはキャッシュのことは考えるべきではない。株価がどうなるかは、「過去」に蓄積されたキャッシュではなく、「将来」に対する見通しによって決まるのだ。不動産価格が場所によって決まるように、成功する投資は将来がすべてなのである。投機は将来に基づくものであり、キャッシュでは過去しか測れない。

アナリストたちは価格目標を売上倍率、PER、キャッシュフロー倍率などの倍数に基づいて決定し、キャッシュバランスを価格目標に織り込む。こうした集団思考のアイビーリーグの頭脳はキャッシュを見るが、それをどうすればよいのか分からないため、価格目標に織り込むのだ。私の経験から言えば、キャッシュ残高の多い会社ほど、同業者に比べると業績が悪い。

これには驚くかもしれないが、極端に大きなキャッシュ残高は否定的な意味合いしか持たない。確かにアナリストは「アップルは大きなキャッシュを持っているので、世界で最初に１兆ドル企業になるだろう」と言う。でも、私はこうしたアナリストの集団思考は信じない。キャッシュ残高が多いということは、その会社は成熟企業であり、キャッシュを投資する成長分野がないことを意味する。キャッシュを再投資して高いリターンを稼がない企業は長期的に見ると罰せられる。かつて、時価総額とほぼ同じくらいのキャッシュバランスを持つオムニビジョン・テクノロジーズ（OVTI）やMEMCエレクトロニクス（WFR）を保有していたことがある。彼らの長期的業績はひどいものだった。

モメンタムトレーダーがスーパーストックを彼らの望む目標価格に押し上げるとき、彼らは会社のキャッシュ残高に注目することはない。キャッシュ残高の多い企業にのみ注目すれば、「バリュートラップ」（割安に見えて長年株価が上がらない株）地獄に真っ逆さまだ。

キャッシュ残高が多いことは悪いことではないが、目標価格の方程式には入れてはならない。それは将来の利益の夢にすぎないのだから。

ローリスクの機会の窓

仲間のトレーダーのほとんどは私の仕掛けポイントはバカげていると思っている。私に従ってトレードするトレーダーはほとんどいない。私の仕掛けは、標準的なカリキュラムを学んだ人にとってはナンセンスだからだ。私がカップ・アンド・ハンドル・パターンの底で買おうとすると、ハンドルをブレイクアウトするときに買うなんて、おまえったら30％も高い価格で買おうとしている、と彼らはあざけり笑う。でも、私がカップ・アンド・ハンドル・パターンの展開を人よりも早く予測できたとしたらどうだろう。出来高が減り、値幅の狭い週次の底型が形成される数週間の間に買うと、彼らはブレイクアウトするまで買うべきではないと言う。私のローリスクの仕掛けはエキサイティングなものではなく、すぐに利益は出ないかもしれないが、これまでうまくいってきた。本書に掲載したチャートを見ると分かるように、ローリスクの仕掛けは週足チャートで探すのが一番だ。

一般大衆は、ブレイクアウトしてほかのだれもが買うときに買え、と教わる。つまり「寄らば大樹の陰」というわけだ。しかし、これには問題がある。だれもが買っているとき、あるいは売っているときに反転するのである。決算発表後のハイリワードな状態でなければ、私は出来高が動かず、だれもが買わない上昇トレンドで買う。投資家がその株に戻ってきたら株がどんな反応をするかだれも考えようとしないから、こんなときはだれも買わない。一言言っておこう。投資家はある時点で必ず戻ってくる。

ローリスクの機会の窓が開くのは、だれもが夢中になっているときではなく、だれもがギブアップしたときだ。あなたはどうだか知らないが、私の目標は口座残高が常に上昇している状況に自分を置くことだ。口座残高の大きな下落が限定されている状況に自分を置くように常に心がけている。私の考えは、「ブレイクアウトトレーダーが損切りして売るまで、なぜ買うのを待つ必要があるのか」ということなのである。

あなたのトレードの歴史を振り返ってみて、あなたやあなたが従っている人が売ったあと、株価がいきなり反転して上昇したなんてことはなかっただろうか。これが市場のメカニズムなのだ。株の唯一の使命は、仕掛けている人が少ないときに上昇することなのである。

高勝率の仕掛けを待っている間に取るべき行動は次のとおりである。

1. 短期トレーダーが見捨てた株を超安値で買う。
2. 保ち合いになったら、将来のどこかの時点で今日の価格で買う。このシナリオでは、機会コストは損なわれず（あなたのお金は願わくばどこかで利子を稼いでいる）、待っている間の価格の上下動による精神的な苦痛もない。
3. 最悪のシナリオは、あなたの株があなたを置き去りにして上昇し続けることだ。この場合、将来別のローリスクの仕掛けポイントが現れる可能性が高い（買値は高くはなるが）。別のローリスクの仕掛けポイントが現れない場合、ほかにも株はたくさんあるので、ほかを当たってみよう。

これらの行動のいずれかを取れば、短期的な損失を出してポジションから振るい落とされる可能性は減少する。

一般投資家はいつ株を買うのか

99％の投資家は調査を終えると、恋に落ちた株をすぐに買う。ほとんどだれもがこうする。これは狂気の沙汰としか思えない。あなたはもはや99％の投資家の仲間ではないことを思い出そう。彼らは平均的なリターンに甘んじ、あらゆることを間違った方法でやっているのだ。

男性が女性をデートに誘うとき、彼女がデートに応じてくれるまで押して押して押しまくる。良いか悪いかは別として、私の場合、将来のパートナーに私との結婚を考える十分な時間を与えることで彼女と素晴らしい関係を築いた。市場では、だれもが懸命になって次のホットな株を追いかけている間、あなたは最良のセットアップが現れるまでサイドラインに下がってじっと待つのがよい。

あなたがその株を愛しているときは、黙って行かせよう。その株があなたを愛してくれれば、それは必ずあなたの元に戻ってくる。

決算発表のあとはブレイクアウトに失敗したり、決算発表後に下落があるため、決算発表から数日間あるいは数週間は保ち合いになるのを待ったり、押すのを待つのがベストだ（評価が著しくズレるという例外はもちろんある）。決算発表の日に株を買って、次の数週間にわたって株価が20％下落するのを見ることほど愚かなことはない。株はやるべきことをやる。だから、私たちは20％下げたところで手仕舞うしかない。すると、その数日後には急上昇して高値を更新する。他人がパニックに陥っているときに、私たちは頭を低くたれた果実を摘む準備をする忍耐強いトレーダーでありたい。

高品質のスーパーストックのストーカーになれ

「道端にお金が放置されるまで私は待つことにしている。そしたら私はそこに行ってそのお金を拾い上げるだけだ。その間は何もしない」
――ジム・ロジャーズ

数カ月にわたってあなたは関心のある株を買い集める。こうした株のリストを作成して、ときどき見直すことは重要なことだ。1つの株に集中することを避ける意味でも、株のウオッチリストを作ることは成功するうえで不可欠だ。1つの株だけに集中すれば、その株と恋に落ち、どんな価格でも買おうとするだろう。中学生のときに夢中になった初めての人と結婚したら、どういうことになるだろうか。50年後も幸せな結婚生活を送っている可能性はというと……ほぼゼロに近い。常に新しいアイデアが湧き起こっていれば、あとで後悔するようなことはしなくて済む。

優れた少数の株のエキスパートになれば、そのうちの1つか2つが非常に有利な仕掛けポイントを提供してくれるまで待つ余裕が生まれる。これを何度も繰り返せば、最高に安くなったときに買った株のポートフォリオが出来上がるだろう。

ジョージ・クルーニー、ジャック・ニコルソン、コリン・ファーレルのようになれ

あなたの好みのモメンタム株は、支持線水準の「ゴールドスタンダード」（10週移動平均線）を上回る水準まで上昇することが多い。「どんな価格でも買え」メンタリティーに陥って、株を追いかけ続けることはしたくないはずだ。

株に関しては、私はあなたにデートが大好きで、自立した独身者になってもらいたい。今日からあなたは、ジョージ・クルーニーとジャック・ニコルソンとコリン・ファーレルを掛け合わせたような人になれ。結婚だけが人生じゃない。スーパーモデルやスーパーストックとだけデートすればよいのだ。株と恋に落ちてはいけない。今日からは、「価格とだけ恋に落ちろ」。

あなたのレーダーにいくつかの株がひっかかったら、価格がローリスクの支持線水準まで下落した株だけを買うことだ。その株はあなたの厳しい基準をパスし、短いリストにも入っている。したがって、ファンダメンタルズが変化しないかぎり、それを安値で買うという意志は変えてはならない。あなたはジョージ・クルーニーなのだ。だから、株のほうからあなたに近寄ってくる。つまり、あなたの望む価格まで下がるということである。もし下がらなければ、あなたのリストには望む価格まで下がるほかの株があるはずだ。方程式に感情を持ち込んではならない。準備作業が終わり、レーダーにひっかかった株を選んだら、ここからはそれを監視して、「価格」で買うことがあなたの仕事だ。方程式には価格以外の何も入れてはならない。

待っている間、準備を怠らず、ゲームプランを練ることだ。スーパーストックといえども、取引時間帯の途中で急落し、全部損切りに引っかかることも珍しいことではない。ほとんどの投資家は日中は株を見ないので、ほとんどの人はこうした電光石火のような「ブルーライ

ト」スペシャルのチャンスを生かすことはできない。

日中に20％下落したと思ったら、数分以内にはそのほとんどを戻したケースを何回か見たことがある。こうした「ニュースのない」瞬間の機会は、価格が彼らのほうに近寄ってくるのを忍耐強く待ち続けた投資家に対する褒美のようなものだ。

マーク・キューバンのようになれ

「間違った価格、あるいは間違ったときには絶対に買うな」――ウォーレン・バフェット

人生において重要なのはタイミングだ。成功するために重要な唯一のことは、いつ買って、いつ売るかである。高く売るかぎり、どんな株を買うかは問題ではない。スーパーストックを買う理由は１つしかない。高く売れる可能性が高いからだ。私たちは株に投資するのではない。ほかの価格を大きくアウトパフォームすると信じる価格に投資するのである。スーパーストックを見つける技を身につけてもあなたの人生は変わらないかもしれないが、いつ買って、いつ売るかという技を身につければ、あなたの人生はがらりと変わるだろう。

例えば、マーク・キューバン（NBAのダラス・マーベリックスのオーナー）を考えてみよう。彼は1995年にブロードキャスト・ドットコムを設立し、1999年のドットコムバブルのときに60億ドルで売った。もし彼が会社を売ったのがほかの年だったら、これほどの金持ちにはなっていなかっただろう。彼は売る技術を持っていたか、ものすごくラッキーだったかのいずれかだ。どちらでも構わないが、彼が会社を売ったのは大成功だったということである。

彼がまだその会社を所有していたとすると、ブロードキャスト・ドットコムは今ではまったくの無価値の可能性もあり、彼はデアリー・

クイーンで働いていたかもしれない。あなたは覚えていないかもしれないが、2002年、キューバンはエド・ラッシュ（NBAの審判部長）をデアリー・クイーンで雇うことはないと言った。宣伝とダメージコントロールを兼ねて、その年の終わり、キューバンはデアリー・クイーンで１日だけ働いた。

人生において重要なのはタイミングだ。スーパーストックをフルに活用しよう。「価格」で買って、価格で売ることで、結果を劇的に向上させよう。

第9章
ローリスクの仕掛けのスーパー法則

Low Risk Entry Super Laws

「株は安くなると人々が不幸になる唯一のものだ。でもその会社が好きなら、30よりも20で増し玉したほうがはるかによい。ところで、マクドナルドがハンバーガーの価格を下げてくれたらうれしいのだが」――ウォーレン・バフェット

ベストパフォーマーのすべてに共通する特徴は、大きく押したり戻したりするということだ。スーパーストックで成功するためにはこうした押しや戻りは不可欠だ。スーパーストックにとっての災いの元は、絶望のない高揚感である。衰えない楽観主義と高揚感は絶頂に達する。大きな押しや戻りや長いベース形成期は、こうしたウィナーに対する健康的な疑念を抱かせるのに必要なものなのである。歴史上最大のブル相場はいずれも懸念の壁から苦労して抜け出した。スーパーストックも例外ではない。

私は、最良の株を見つけるだけでなく、だれも見ていないときに、あるいはだれも触れようとしないときに買うことで勝算はかなり高まることを体現する良い見本だ。つまりはこういうことだ。上昇しているときに良い株を買えば、それは上がるか下がるかのどちらかである。上がる確率と下がる確率は50対50だ。しかし、押したあとの上昇トレンドで買えば、勝算は高まる。

ローリスクの仕掛けの６つのスーパー法則

ほとんどの投資家は興奮が最高潮に達したときに買うことが多いが、私たちは、ノイズが消え、私たちの強力な株の潜在的損失が限定的に

なるのを見極めてから買う。

1.「マジックライン」で買え

スーパーストックが最大の利益を生むのは、「マジックライン」（10週移動平均線であることが多い）を軽くかすめたあとの最初の数週間だ。マジックラインは究極のローリスクの仕掛けポイントなのだ。本書のチャートを見ると分かるように、週次のセットアップはほかの短い時間枠のセットアップに先行する。マジックラインはスマートマネーが買い集めのためのキャンプを張る場所だ。ブレイクアウトした株は下落するか、数週間ベースで休むため、マジックラインは必ず下方から上昇する。

株価とマジックラインがゆっくりと近づくと、数十億ドルの運用資産を持つ機関投資家のトレード部門はその水面下で株の買い集めに忙しい。彼らの買い集めが終わると、あるいはマジックラインが株価に合流すると、彼らが花火を打ち上げる時だ。

状況が整い次第、機関投資家はマジックを引き起こす。彼らは大量の株を戦略的に買って株価を吊り上げるのだ。これはモメンタムトレーダーを引きつける。そして株が買い集められているその会社に、今こそが報道発表の絶好のタイミングであると告げる。意味のある企業の報道発表は、テクニカルの状態が株価の上昇に対して機が熟したときであることに私は気づいた。投資銀行や機関投資家はそれまで押さえ込まれていたニュースを発表する時期を会社に指示するのである。

株価がマジックラインに達したときの機関投資家の別のやり口は、マスメディアに接触して、その会社の良い噂や良いニュースを広めさせるというものだ。さらに、彼らはその会社の競合についての悪いニュース――例えば、マーケットシェアを失いつつある――を広める。良いニュースは株価がマジックラインに達したときに出されることに

図9.1

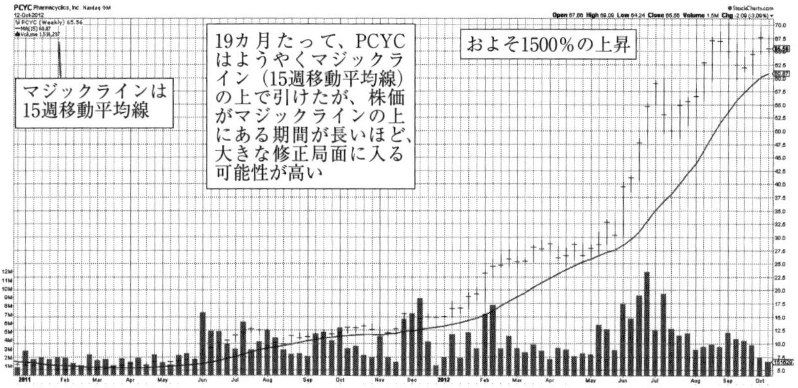
マジックラインは
15週移動平均線
19カ月たって、PCYCはようやくマジックライン（15週移動平均線）の上で引けたが、株価がマジックラインの上にある期間が長いほど、大きな修正局面に入る可能性が高い
およそ1500%の上昇

気づくはずだ。これはけっして偶然なんかではないのだ。

マジックラインはけっしてすたれることはないことを、今人気の銘柄を使って示そう（図9.1）。

2.「BLT」――薄商いで値幅が狭いときに買え

これは最良のローリスクを示すインディケーターである。数週間にわたるベース形成期の終わりには、スーパーストックはこれまでの週に比べると比較的少ない出来高で、しかも狭いバンドで動く傾向がある。週ごとに出来高が増加して株価が大きく上昇したあとは、スーパーストックは一休みするか数週間続けて下落する。出来高が劇的に減ると、トレーダーたちはこの株のことは忘れてしまう。このときこそ仕掛ける絶好のタイミングだ。

株が一休みして次の上昇に向けてエネルギーをため込んでいるとき、出来高は直線状に下落するのが望ましい。株価が大きく伸びている週に見られた出来高のピークから30%から50%下落するのが理想的だ。チャート上では、週次の出来高の足は下降ブリッシュウェッジか下降

図9.2

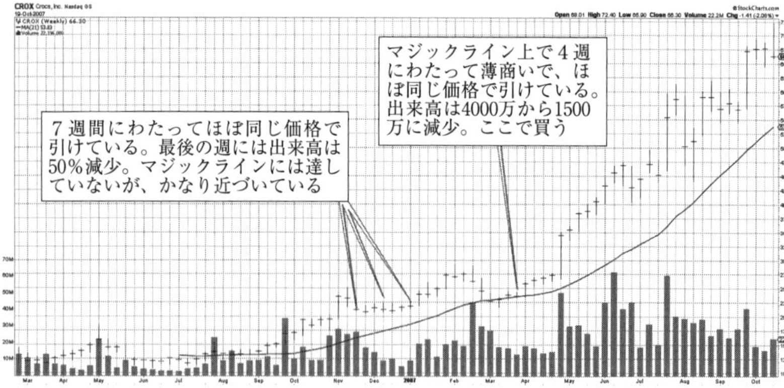
７週間にわたってほぼ同じ価格で引けている。最後の週には出来高は50％減少。マジックラインには達していないが、かなり近づいている
マジックライン上で４週にわたって薄商いで、ほぼ同じ価格で引けている。出来高は4000万から1500万に減少。ここで買う

ブリッシュチャネルを描く。出来高パターンがこのウェッジを上方にブレイクしたら、株価は上昇し始める。

最良のローリスクの仕掛けポイントは、出来高が前の週に比べると非常に低く、株価は１～３週間にわたって停滞しているときである。また、数週間にわたって終値がほぼ同じ価格であることも重要な要素だ。こんなときだれもが眠くなり、まどろむ。価格を動かすのは出来高なので、出来高が増えてくると、株価は上昇し始める。さらに、マジックライン上で「BLT（Buy Light and Tight）」が発生すると、これから大きく上昇してくる合図だ。静かなときはローリスクの仕掛けの絶好の機会であることを覚えておこう。

図9.2は2007年にだれもが保有していた株の「BLT」のセットアップを示したものだ。

３．株価上昇の早い時期に買え

長いベースを初めてブレイクアウトしたあと、株価の上昇の早い時期に買うのがよい。高品質で平均的なモメンタム株はベースをブレイ

図9.3

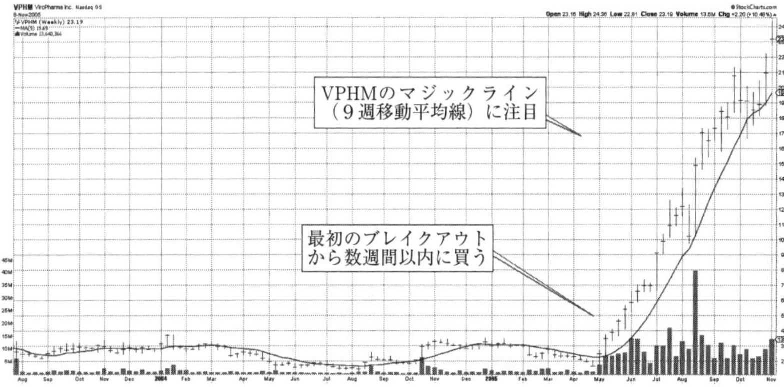
VPHMのマジックライン
（9週移動平均線）に注目
最初のブレイクアウト
から数週間以内に買う

クアウトしたあと9～12カ月にわたって上昇するのが普通だ。株価上昇の早い時期に仕掛けた投資家には大きな利益がもたらされる。例えば、2005年、株価が4ドルを下回るスーパーストックVPHMを、9カ月にわたって30ドルにまで上昇する最初の月に買った。もう1カ月遅ければ、300％高い12ドルで仕掛けなければならなかっただろう。早めに仕掛けることが重要だ。上昇の最初の月に仕掛けたので、リターンは800％を上回っていたはずだ。1カ月遅れて仕掛けた投資家は「わずか」100％のリターンしか得られなかった。これは大きな違いだ（**図9.3**）。

4．ギャップで買え

アーニングス・サプライズのあと、ほとんどのスーパーストックはギャップアップ（上に窓を空けること）して、前日の終値を上回る。トレーダーはこれを「ブレイクアウエーギャップ」または「アーニングスギャップ」と呼ぶ。例えば、10ドルの株がその四半期の1株利益が0.40ドルと発表したとしよう。すると、その株は翌日には14ドルで寄り付き、その日の間中上昇し続け、16ドルで引ける。このシナリオの場合、ギャップは10ドルから14ドルの間のゾーンになり、この間は取引はされない。

決算発表のあとその株のファンダメンタルズは大幅に向上するので、このギャップは株価がこの支持線ゾーンに近づくとスマートマネーによって守られる。ギャップが支持線ゾーンであるという概念は理解するのが難しいかもしれない。ギャップ内では株は売買されないのに、どうしてそれが支持線水準になるのだろうか。それはテクニカルな価格の支持線水準というよりも、ファンダメンタルズの支持線水準といったほうがよいだろう。私はこれを論理的に理解しようとは思わない。ギャップはとにかく支持線水準なのだ。

正直言って、もし14ドルのスーパーストックがその四半期の１株利益が0.40ドルだと発表したとしたら、私は自分のルールを破り（ルールは破られるためにある、でしょ？）、適切なセットアップを待たずに買ってしまうだろう。しかし、最小限のリスクでポジションを建てるためには、ブレイクアウトギャップを再び試すのを確認したほうがよい。

理想的なシナリオは、数日間にわたって上昇したあと、14ドルあたりのギャップの支持水準まで下がるので、早くに仕掛けたロング筋を意気消沈させるというものだ。ここは早くに仕掛けたロング筋が株を放出するポイントだ。彼らは恐怖のなかで、自分たちの投資理論は間違っていたことを認める。これが私たちが最初の仕掛けポイントとしてずっと待っていたポイントだ。

ブレイクアウトのあと、ギャップは２日目、５日目、10日目、15日目……に試されるかもしれないし、試されないかもしれない。株価は押すことなく上昇するかもしれない。そういうときは、別の株がローリスクの仕掛けを提供してくれるのを待つだけだ。モンスターランが始まるのは、ブレイクアウトギャップが再び試されたあとであること

図9.4

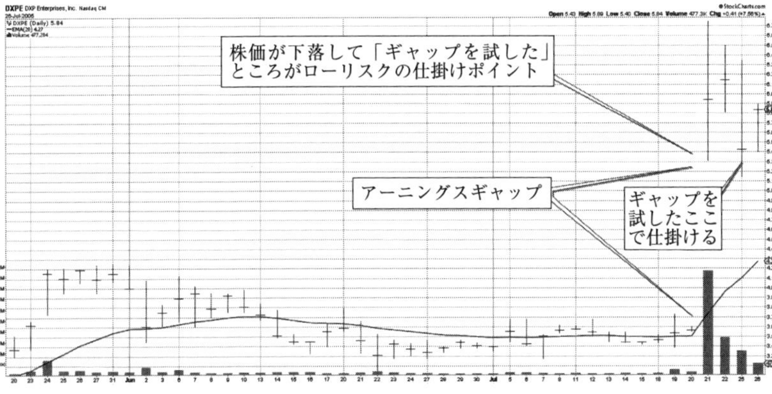
株価が下落して「ギャップを試した」ところがローリスクの仕掛けポイント
アーニングスギャップ
ギャップを試したここで仕掛ける

図9.5

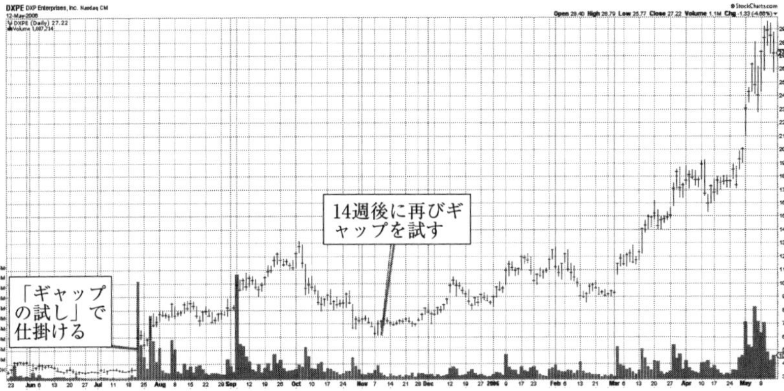
14週後に再びギャップを試す
「ギャップの試し」で仕掛ける

が多い。**図9.4**と**図9.5**は私が2005年から保有しているDXPEの例を示したものだ。

5．モンスター・アーニングスのあと２～３週間待て

儲けさせてくれる株の多くは素晴らしい決算発表から２～３週間たってから優れたローリスクの仕掛けを提供してくれることが分かった。

図9.6

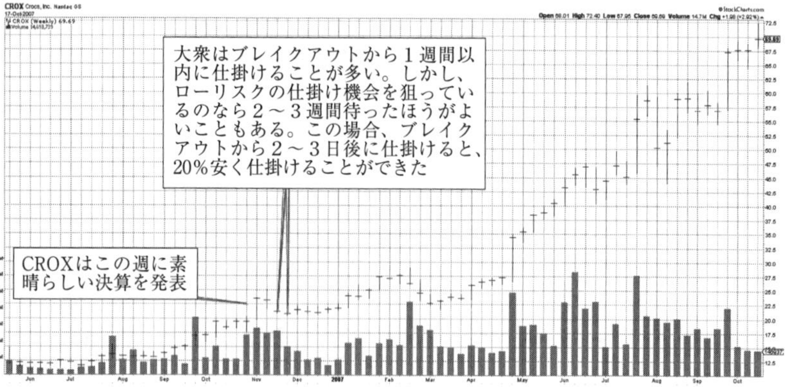

決算発表のあとの高揚感が薄れると、ダムマネー（バカ者たち）は次なる「ホットな株」探しに奔走する。熱狂が収まると、スーパーストックは、出来高は徐々に減少し、数週間にわたって落ち着きを取り戻す。

この冷却期間の間にギャップまで下落することもあれば、安定的なベース形成期になることもある。決算発表のあと、株価がどんな反応をするかは分からない。私たちに分かっていることは、ブレイクアウト・ギャップの２～３週間あとで大きなローリスクの仕掛け機会が発生することが多いということだけだ。大きなローリスクの仕掛けを探しているのなら、株価が落ち着くまである程度の時間を与えることだ。そうすれば大きな仕掛け機会が転がり込む可能性が高い。

６．下のトレンドラインで買え

ブレイクアウトのあとの数カ月間は良い株は安値がどんどん切り上がっていく。大概は上と下のトレンドラインの間で、つまりチャンネルで動く。ブレイクアウトトレーダーは上のトレンドラインのハイリ

図9.7

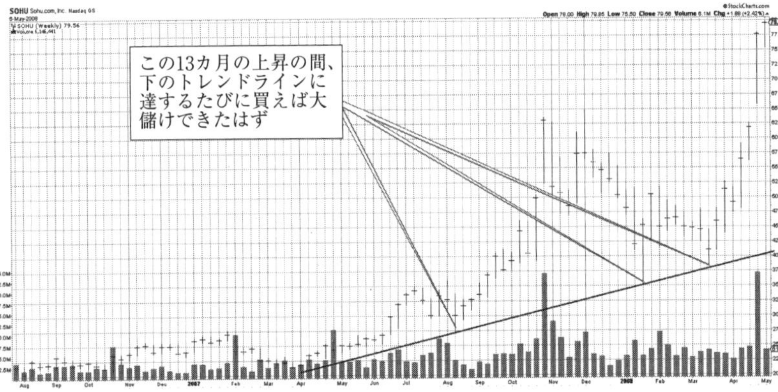
この13カ月の上昇の間、
下のトレンドラインに
達するたびに買えば大
儲けできたはず

スクの「ブレイクアウト」で買うが、あなたは下のトレンドラインのローリスクの仕掛けを狙うのがよい。楽観が頂点に達するとダムマネーは上のトレンドラインでどんどん買う。ここから上昇すると思うからだ。でもこれにだまされてはいけない。これはローリスクの仕掛けとはまったく逆なのだから。

あなたは下のトレンドラインを見守る羊飼いになることだ。下のトレンドラインに接触するたびに、それを瞬間的なプレゼントととらえ、そこで仕掛けるのだ。一般大衆がパニックに陥り始めたとき、何も考えずにそこで買うのだ。

もちろん、株価が下のトレンドラインを試す機会が多ければ、それを下回る機会も多くなる。最良の株は下のトレンドラインまで行くことは少ない。上昇しながら、下のトレンドラインを４～６回試して、そのあと大きく上昇するというのが普通だ。短期間のうちに下のトレンドラインを繰り返し試すときは、上昇が終わりに近づいていると思ったほうがよい。

図9.7は、私はトレードしたことがないが、下のトレンドラインに何回も接してはそこから上昇している例を示したものだ。

そのほかのローリスクの仕掛け

売り尽くされると、次の仕掛けポイントはおのずと現れるものだ。強い株は、次のローリスクの仕掛けが現れたあと、そこから跳ね返るように上昇することが多い。

スタインの「BCD」のセットアップで買え

数カ月にわたる上昇トレンドから下落して、短期間（通常、４～５週間）のうちに３回安値を更新すると、良いリスク・リワードのセットアップが発生することが多い。私の場合、３回安値を更新し、３回目の安値が前の２つを若干下回るような株（あるいは銘柄）を探す。これを私は「BCD（「Buy, Cry, Die」＝買って叫んで死ぬ）」セットアップと呼んでいる。センチメントの観点で言えば、「底を拾う」投資家は底をつかもうとして、最初に大きく下げたところで「買う」ことが多い。次に大きく下げると、これらの投資家は絶望のあまり「叫ぶ」。そして最後に大きく下げると、彼らは「死に」、憤慨して売る。この３番目の下げこそ、あなたが待っていたものだ。こうしたトリプルの売られ過ぎ状態になった株を私は五万と見てきた。人生では物事は必ず３回起こる。株価パターンも例外ではない。

図9.8は2007年の印象的な例だ。TNHは人気のあるスーパーストックで、修正局面に入ると日足チャートで「BCD」の買いシグナルが出る。

下のボリンジャーバンドの再仕掛けで買え

私はそれほどテクニカル分析はやらないが、テクニカル分析に凝っている人にとっては、最初の終値が下のボリンジャーバンドを上回っ

図9.8

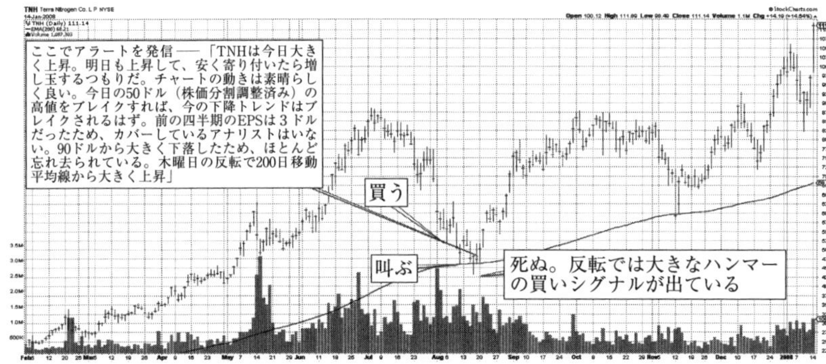
TNH Terra Nitrogen Co. L P NYSE
14-Jan-2008
TNH (Daily) 111.14
ここでアラートを発信――「TNHは今日大きく上昇。明日も上昇して、安く寄り付いたら増し玉するつもりだ。チャートの動きは素晴らしく良い。今日の50ドル（株価分割調整済み）の高値をブレイクすれば、今の下降トレンドはブレイクされるはず。前の四半期のEPSは3ドルだったため、カバーしているアナリストはいない。90ドルから大きく下落したため、ほとんど忘れ去られている。木曜日の反転で200日移動平均線から大きく上昇」
買う
叫ぶ
死ぬ。反転では大きなハンマーの買いシグナルが出ている

図9.9

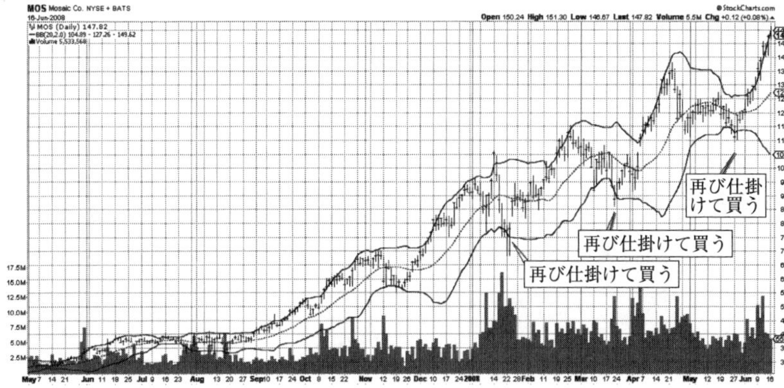
MOS Mosaic Co. NYSE + BATS
16-Jun-2008
MOS (Daily) 147.82
再び仕掛けて買う
再び仕掛けて買う
再び仕掛けて買う

たあと、そのボリンジャーバンドから大きく押したところが素晴らしい仕掛けポイントになる。ボリンジャーバンドは株価の散らばりの幅を測定したものだ。短期間のうちに基準から外れた場合、すぐにその基準内に戻ることが多い。

図9.9は2008年のモザイク・コーポレーション（MOS）の日足チャートの例を示したものだ。

ダムフレンド（バカ友）・インディケーターで買え

だれにでも、例外なく、感情で動く友だちがいるはずだ。彼のことを「ダムフレンド（バカ友）」と呼ぶことにしよう。バカ友はいつも底で売って、天井で買う。彼は朝から晩まで１日中「マッドマネー」を見ている。あなたは自分の好みの株が毎日下がり続けるのを見て舌なめずりをする。その友だちから突然、その株はすべて売ったよ、と電話がかかってくる。

これは仕掛けよという合図になる。あなたの友だちは記事という記事を読み尽くし、掲示板の投稿も読み尽くし、株価をティックごとにチェックし、金融テレビという「ジャンクフード」を毎日食べてきた。彼ほどそのときのセンチメントを表す優れたバロメーターはない。センチメントが下がったところで買うことで莫大な富を手にすることができる。

ほかに見るべきローリスクの移動平均線

私たちの探しているのは以前話した「マジックライン」だが、ローリスクの支持線になる標準的な移動平均線がいくつかある。

10日移動平均線

スーパーストックは今のベースから少し高い新たなベースに移行するとき、10日移動平均線を上回って上昇することが多い。短期間でもっと上昇すると思ったら、下のトレンドラインと並行して動いていれば、それは素晴らしい仕掛けポイントになる可能性が高い。

2012年のPCLNはこの良い例だ。PCLNは10日移動平均線に達するたびに大きく上昇した。**図9.10**はPCLNの日足チャート（週足チャ

図9.10

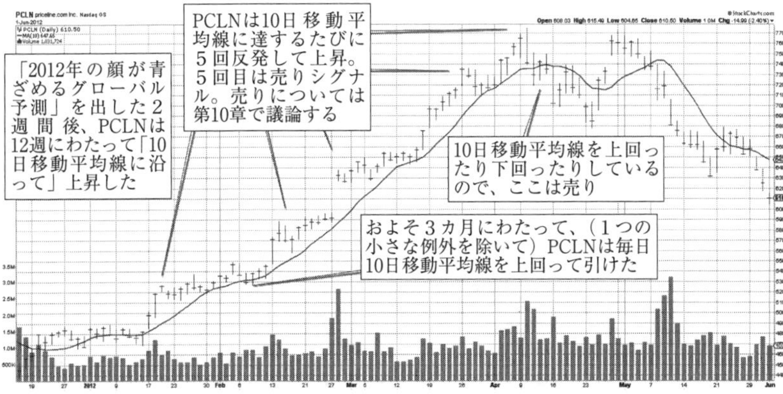
「2012年の顔が青ざめるグローバル予測」を出した2週間後、PCLNは12週にわたって「10日移動平均線に沿って」上昇した
PCLNは10日移動平均線に達するたびに5回反発して上昇。5回目は売りシグナル。売りについては第10章で議論する
10日移動平均線を上回ったり下回ったりしているので、ここは売り
およそ3カ月にわたって、（1つの小さな例外を除いて）PCLNは毎日10日移動平均線を上回って引けた

ートではない）を示したものだ。

20日移動平均線

10日移動平均線が支持線として機能しなくなったら、次に見るべきものは20日移動平均線だ。最初のブレイクアウトのあと、強い20日移動平均線のトレンドは数カ月続く傾向がある。そのあと、強い株は20日移動平均線を下回り、50日移動平均線を待つ。

2012年のアーニングス・サプライズのあと20日移動平均線に沿って進んだ例を示したものがゴールドフィールド（GV）だ。5月には世界市場が暴落したため、株価の勢いは若干弱まったものの、そのあと再び上昇し始めた。株価は0.30ドル、0.60ドル、1.20ドル、1.50ドルと「階段状」に上昇していることに注目しよう。これは最も パワフルなパターンだ。GVは「ペニー株」だったが、受注残と決算発表がよかった。**図9.11**はGVの日足チャートを示したものだ。

図9.11

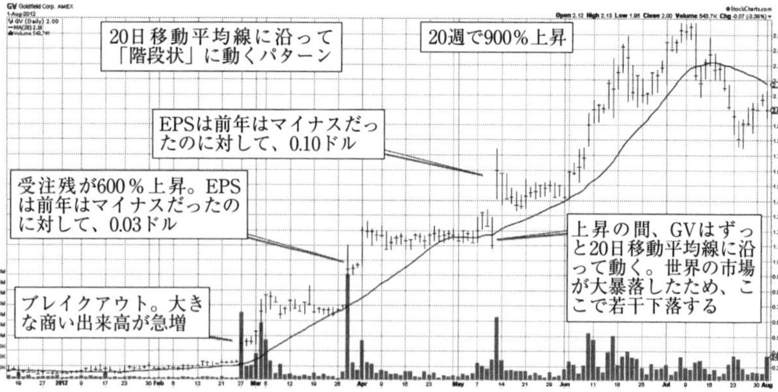

ベースに向けて上昇する50日移動平均線か10週移動平均線

最も安全な移動平均線での仕掛けポイントは50日移動平均線か10週移動平均線だ。１～２カ月上昇したあと、強力な株のほとんどは上昇の流れは止まる。多くは50日移動平均線が追いつくまでベースで一休みする。大きく上昇して、これらの移動平均線を大きく上回ると、株価は大きく下落して、上昇する50日移動平均線や10週移動平均線に交わる可能性が高い。

私は、週足チャートでの10週移動平均線のほうが日足チャートでの50日移動平均線よりも好きだが、リワード・リスクの観点からは、どちらも良い支持線となる。10週はトレード日数で言えば50日だが、10週移動平均線と50日移動平均線とでは若干価格は異なる。ベースに向かって上昇するこれらの移動平均線で買えば、素晴らしいローリスクトレードになる。ベースでしっかり足固めをしたあと、強い移動平均線に乗って上昇するため、ダウンサイドリスクは大幅に減少する。

トレーダーの多くは損切りを50日移動平均線上に置く。列車に乗客

図9.12

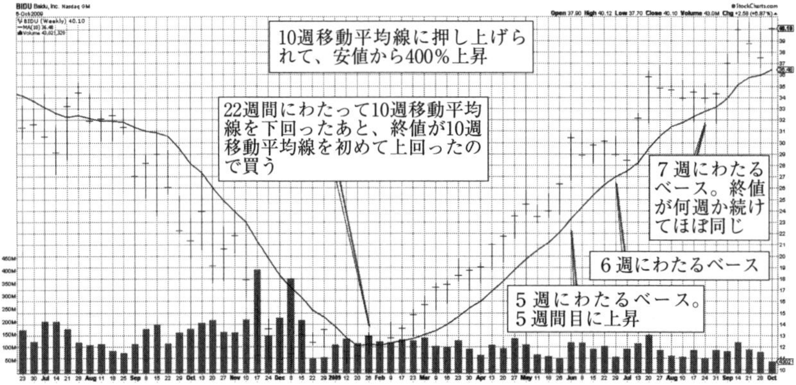
10週移動平均線に押し上げられて、安値から400％上昇
22週間にわたって10週移動平均線を下回ったあと、終値が10週移動平均線を初めて上回ったので買う
7週にわたるベース。終値が何週か続けてほぼ同じ
6週にわたるベース
5週にわたるベース。5週間目に上昇

をあまり乗せないように、マーケットメーカーや機関投資家は株価が50日移動平均線を下回るように吊り下げ、トレーダーたちに手仕舞いさせる。強い株が数日にわたって50日移動平均線を５～10％下回ったあと、再び上昇トレンドに乗るのはこのためだ。１週間、あるいは２週間以上にわたって株価が50日移動平均線を下回る場合は失敗する可能性が高い。

このルールを覚えておこう――モメンタム株はブレイクアウトから数カ月以内に50日移動平均線または10週移動平均線に達する。最初のブレイクアウトから数カ月後に、株価が50日移動平均線を50％上回っていたら、すぐにそれよりもはるかに安く買える可能性が高い。最悪の場合、50日移動平均線が１カ月かそこらで上昇すれば、今の価格近くで買うことになる。

過大評価されているためリスクが非常に高く、買いたい気持ちにならなかった例が**図9.12**のBIDUだ。この株は何かがおかしいという思いがずっとしていた。2009年、10週移動平均線はベースまで何回か上昇し、そのあと株価が急上昇した。

図9.13

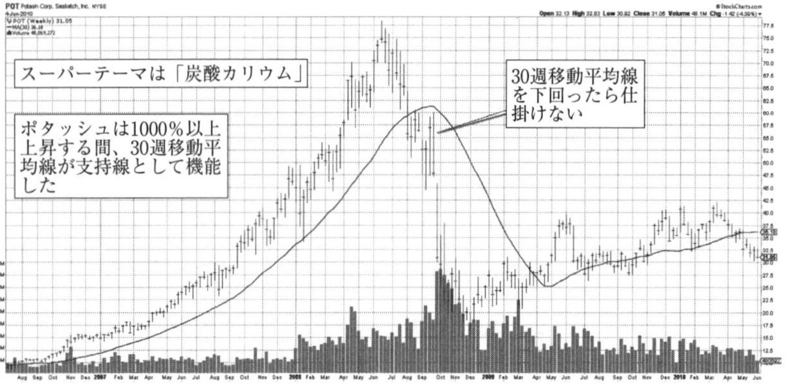
スーパーテーマは「炭酸カリウム」
30週移動平均線を下回ったら仕掛けない
ポタッシュは1000％以上上昇する間、30週移動平均線が支持線として機能した

200日移動平均線、20週移動平均線、30週移動平均線

長期的なビッグウィナーは、最終的には200日移動平均線や20週移動平均線または30週移動平均線といった長期移動平均線に達する。短期プレーヤーの場合はこういった状況を探すことはないが、長期プレーヤーの場合、こうした移動平均線に達すると素晴らしいローリスクの仕掛けや増し玉の機会になる可能性が高い。

炭酸カリウムは2007年と2008年のスーパーテーマだった。この間の炭酸カリウムプレーは素晴らしくうまくいった。私の好みの株はポタッシュ・コーポレーションだった。株価が上昇する間、30週移動平均線は素晴らしい支持線として機能した（図9.13）。

ポジションサイジング

「幅広い分散化は知識不足に対するヘッジになる」――ウィリアム・オニール

ポジションサイジングと分散化はあなたのリスク特性とスキルに依存する。このトピックに関しては私はあまりアドバイスできない。自分のリスク特性を見極めるには、あなたのリスク許容量、あなたの年齢、あなたの目標、あなたの性格、あなたの将来的な金融債務……などを考慮する必要がある。１つの銘柄に関してポートフォリオの１％を超えるリスクはとりたくない場合もあるだろう。すべてあなた次第だ。

ほとんどの投資家は自分のリスク許容量を大きめに見積もることが多い。40％のドローダウン？　問題なし、と彼らは言う。しかし実際には、20％口座が減少すると、彼らは本能的にポジションを解消し、二度と株式市場のようなカジノには戻らないと心に誓う。

ポジションサイズを決めるのに私はずっとケリー基準を使ってきた。1950年代に考案されたケリーの公式は、エッジからポジションサイズを決めるというものだ。２つのシナリオを考えてみよう。シナリオ１では、あなたの株が20％上昇することをあなたは70％確信している。シナリオ２では、あなたの株が130％上昇することをあなたは95％確信している。リスク・リワード・レシオで考えると、シナリオ２はシナリオ１よりもポジションサイズは大きくなる。株価が500％上昇することを97％確信すれば、ポジションサイズはさらに大きくなる。

株価とその価値とは大きなズレがあると思った私は、１つの銘柄に数百万ドルのポジションを取ったことが何回かある。こういった場合、純資産の90％以上を、リスクが限定され大きなリワードを与えてくれる可能性のある１つか２つの銘柄に投資し、残りの10％はリスク・リワード・レシオがそれほど良くないいくつかの銘柄に投資することになるが、１つか２つの銘柄に集中的に投資するポートフォリオは私は勧めない。

結局、１つの特定の銘柄に集中した私のポートフォリオは次のようなものに依存することになる。

1．同じようなリスク・リワード・レシオのほかの銘柄が入手可能かどうか
2．プレーする資産が大きいほど、それぞれの銘柄に対するエクスポージャーはパーセンテージベースでは低くなる
3．市場の状態――今私たちは市場サイクルのどこにいるのか
4．エッジ――潜在的利益対潜在的損失＝リスク・リワード・レシオ

ウォーレン・バフェットは、われわれの人生には20の銘柄しかないと思って投資すべきだ、と言う。ちょっと極端かもしれないが、私はこの言葉を念仏のように唱えてきた。幸運にも潜在的利益が200％の5つの銘柄に出合えたら、潜在的利益が15％しかない銘柄に投資することを考えるだろうか。

ひと財産築くために、バフェットは数少ない銘柄に集中的に投資したときがあった。一時など、バークシャーのポートフォリオの40％がアメリカンエキスプレスに投資された。彼が投資を始めたときは集中度がこれよりも大きいときもあった。

世界中では毎日、何百万人という人がビジネスを始める。彼らは自分のビジネスに蓄えのすべてを投資するだけでなく、第三者から必要資金の大部分を借り入れる。彼らはこれをためらわずにやる。

しかし、新興ビジネスのほとんどは失敗するのが悲しい現実だ。こういったビジネスのリスク・リワード特性は著しくマイナス方向に偏っているのだ。一方、株式投資家のほとんどは、一流の経営陣によって率いられ、長期にわたる実績のある超成長企業に資産の50％を投資しようと考えることさえしない（当然ながら、これはローリスクの仕掛け機会になる）。調査の結果、700％のリターンが出ることが分かっていてもやらない。

「分散化は無意味だ。最も良い銘柄にお金を投じるよりも、20番目

に良い銘柄にお金を投じるなんてバカげている」とバフェットは言う。「レブロン・ジェームズで例えるならば、もしあなたのチームにレブロン・ジェームズがいたら、ほかの人をゲームに出させるために彼をベンチに座らせるなんてことはしてはいけない。女性を40人抱えてハーレムを作ったら、１人ひとりのことを深く知ることはできないだろう」

バフェットはさらに続ける。「チャーリー（・マンガー）と私は５つのポジションでバークシャーを運営してきた。5000万ドル、１億ドル、２億ドルあれば、80％を５つのポジションに投じる。最大ポジションは25％だ……1951年に私は資産のほとんどをGEICOにつぎ込んだ……75％上昇したときは何回もあった、この数年でもね。あなたが本当に自分のビジネスのことを知っているのなら、さらに積み増すはずだ」

レバレッジについてバフェットは次のように言っている。「50％損をしたことがある。だからお金を借りてはいけないのだ。足をすくわれるのはご免だからね」

若干のレバレッジを使って、集中的に投資したいと思ったら、リスクを最小限にするためには、全ポートフォリオの一部（５％から10％）は、「リスクの低い」スーパーストックへの投資用に別の信用口座を開くのがよい。５つか６つの銘柄でめったにない機会に恵まれたら、この小さな信用口座でレバレッジを利かせるのである。

こうすることでポートフォリオ全体のリスクを大きくすることなく、市場を打ち負かすことが可能になる。市場で成功するためには、試行錯誤を重ね、何回か小さな失敗を経験することである。「実験口座」を作ることで、これまでに貯めたお金をすべてリスクにさらすことなく市場を打ち負かす方法を学ぶことができるのだ。

その口座でどうしてもレバレッジを利かせたいのなら、リスク・リワード・レシオが大きくプラスに偏った少数のポジションでのみレバレッジを利かせることをお勧めする。エッジがないときにレバレッジを利かせたことがあるが、結果は大失敗に終わった。

信用口座についての私の考えを述べておこう。最近、10対１のレバレッジを提供しているブローカーを見たことがある。こういった口座を開くのは狂気の沙汰としか思えない。平均的な信用口座は２対１（最大）というのが普通だ。

勝っているトレードは利を伸ばせ

「投資家全体に言えることは、何かすればするほどリターンは減るということだ」――ウォーレン・バフェット

株をふるいにかけ、価格目標を決め、適切な買いポイントを待ち、ポジションサイズを決め、サメの出没する海域に飛び出したら、勝ちトレードは利を伸ばすことが重要だ。これはいくら強調しても強調しすぎることはない。投資は思っているほど簡単ではない。あなたの株の大部分は小さな損失になるため、数少ない勝ちトレードに稼いでもらわなければならないのだ。

チャートをあれこれと見て、ファンダメンタルズを調べ、待つ。そして数日後にわずか５％の利益で売る。なぜこんなことをするのだろうか。こんなことをしても無意味だ。でも、ほとんどの投資家はこれをやる。どんなことをしても正しくありたいと思う気持ちによって、将来の大きな利益を棒に振る。彼らはすぐに満足したいだけなのだ。勝ちトレードに利を伸ばさせることなく、大きな利益をつかみとることなど不可能だ。

すべてがあなたに有利な状況のときに買うことだ。買うことを決める前に、うんと悩むとよい。そしたらあとは株に任せるだけだ。売りシグナルが出るまでけっして売ってはならない。

春にやってくるストライクゾーン

市場にはいろいろなサイクルがあり、特徴もいろいろと違う。ファット・ピッチが現れない時期が、何カ月も何年も続くこともある。こうした長い冬に入ると、多くのトレーダーは手仕舞って、市場には二度と戻らない。トレーダーたちはこうした冬と必死に戦おうとするが、容赦のないあくどい性質を持つ市場にいじめられ、やる気を失うのだ。彼らのポートフォリオは市場になぶり殺しにされる。しかし、こんな長い冬には、最良のトレーダーたちはサイドラインに下がり、自分たちの生活を楽しみ、将来に向けて技を磨く。

しかし、潮は必ず引くように、潮は必ず満ちてくるものだ。太陽が必ず沈むように、太陽は必ず昇る。だれかが死ねば、新しい命がまた生まれる。

投資の冬は永遠に続くかに思われるが、美しく幸福に満ちあふれた春がどこからともなくやってくるのだ。大きな利益が赤子の手をひねるごとく簡単に得られるのは、こうした春の早い時期であることが多い。チャートを１時間スクロールするだけで７倍に上昇する銘柄を見つけられるのは市場がこのサイクルに入ったときだ。

つまりはこういうことだ。何千時間も調査し、準備し、懸命に働く理由は１つしかない。市場サイクルの長い冬の間に身につけた忍耐力と規律が大きく報われるときを待っているのである。トレードに対して犠牲とエネルギーを費やす理由は１つだけである。

思いがけないときに姿を表す早春に備え、気持ちを安定させ、自信をもって取り組むため、なのである。

こうした春の状態が姿を現す時間帯は10%に満たない。こうした一瞬の機会の窓で投資し、ほかの90%の時間は何もしなければ、世界一の投資家になれるだろう。

問題は、投資家たちはこうした春の夜明けを認識しても、いつものように投資してしまうことである。要するに、彼らは「その瞬間をとらえることができない」のである。彼らは、こうした瞬間的な機会の窓が非常にまれで、「人生を変える」ほどの効果があることを十分に認識していないのである。例えば、トニー・ロートン（私の編集者）は2009年の春、サイドラインから戻って、大きな春の機会をとらえることに成功した。彼は瞬間的な機会の窓をとらえ、ほかの市場状態のときよりも大きくバットを振った。その甲斐あって、彼は3000％のリターンを得た。

物事がうまくいかず、偉大な株も偉大なセットアップもこれまでのように現れないときには、いかなる資産もリスクにさらしてはならない。今の状況をよく認識し、良い季節が来るまでサイドラインに下がっているのがよい。こんなときは、古いことわざを思い出そう――「キャッシュがキングだ、キャッシュがポジションだ」。

そして、物事が好転し、「一生に一度」の機会が現れたら、あらゆる方向から投げられるストライクゾーンへの球を自信を持って大きく振ろう。こんな機会は長居はしてくれない。その瞬間にあらゆる機会をとらえるのだ。

一般市場には注目するな

あらゆることがあなたに有利になってきたら、市場全体を気にするのはやめよう。私には市場の方向性を常に予想している友人がいる。「S&Pは1250になって、そのあと1300になる」「S&Pは1400になって、そのあと1300になって、そのあと1450になって暴落する」「今の市場はちょうど1997年のときと同じだ……だからここから40％上昇する」……。１週間のうちにこれだけの予想をするのだから、何とも忙しい。

この友人は最近では個別株に注目しているようだ。このため彼は大成功を収めてきた。

問題は、このように市場全体に注目すれば、最良の株をとらえ損なうということである。時間の90％を市場予測に費やし、勝つ株探しにはわずか10％しか費やさない投資家を何人か知っている。これはけっして誇張ではない。これは失敗のレシピだ。

市場予測には３％、勝つ株探しには97％というのが理想的だ。

付録Ａの「市場の大きな変曲点」を見ると分かるように、一般市場のリスク・リワード・レシオがあなたに非常に不利な方向に偏ることがときたまある。あなたのスーパーストックが売りシグナルを出してくるのはまさにこうした変曲点なのである（普通は､変曲点の少し前)。こうした変曲点では、テクニカルな状態にかかわらず手仕舞ったほうがよい。繰り返すが、変曲点ではあなたの個別株は同じ音色を奏でて、手仕舞いせよという明確なシグナルを出してくる可能性が高い。

とはいえ、大部分の時間は、一般市場のことは気にしなくてよい。スーパーストックに語らせておけばよい。一般市場を気にすると、幸福レベルは間違いなく下がり、最良の株を全力でトレードする能力は損なわれる。市場が暴落し、売りシグナルが出たら、売ればよい。こうすることで、少なくとも市場のシナリオのことを気にして人生をムダにすることはないはずだ。

日々の口座の変動は無視せよ

口座残高を毎日見ていると気が変になる。毎日、毎日、口座の残高が上下するのを見ていると、利益が出ているポジションを手仕舞いしかねない。私は上昇しているときは、口座残高は７桁の閾値を超えたと思ったときだけ見ることにしていた。残りの時間は、ただじっと座って人生を楽しむ。これに限る。

第10章
売りのスーパー法則――ハイリスクで売るワザを身につけよ

The Super Law of Selling--Mastering the Art of Selling High Risk

「人(エキスパートも含めて)が悲観的になっているときに買い、人が楽観的になっているときに売れ」――ベンジャミン・グレアム

「私たちの調査によれば、手仕舞いは仕掛けよりもはるかに重要だ。ランダムに仕掛けても、良い手仕舞い基準があればうまくいく」――ウィリアム・エックハート

何を買えばよいか、いつ買えばよいかが理解できたところで、最も重要だが、最も人気のない売り時について見ていくことにしよう。

この第10章は長いので覚悟しておいてもらいたい。売りの話はとても退屈だ。そういった意味ではこの第10章は政治的に正しいとは言えない。いつ株を売ればよいかなんて、だれも話したがらない。本だってこのトピックには触れないものが多い。売りを学ぶことは歯を抜くのと同じで、みんな嫌がる。売りはウォール街の知られたくない秘密なのだ。ウォール街はダムマネーに、買って永遠に持ち続けるように教えてきた。

しかし、売りは市場で成功するためには不可欠な要素だ。これは避けて通ることはできない。どこで売るかはどこで買うかよりも1000倍重要なのだ。売りが重要なわけを論理的に考えてみよう。何を買うかやいつ買うかを学ぶのではなくて、いつ売るかを学べば、仲間の投資家の99%をアウトパフォームすること請け合いだ。これは本当だ。

一般投資家は天井で売るのが苦手だ。偉大な空売り者が少ないのはこのためだ。私にとって、買う技術よりも売る技術のほうがはるかに難しい。天井で確実に売る確かな方法はない。株が上昇しているときに(決定的な転換点で)売ることは、ときにはバカげているように思

えることもあるが、これが重要なのはこのためだ。だれもが大きく下げたあとで損切りしているように思えるのは私だけだろうか。

最良の売り時は、センチメントが極端な状態になったときである。つまり、あなたのエゴが売るなと言っているときである。売れば大きな利益を儲け損なうと思うのがこんなときである。これは人間の本質に反するものだが、すべてが素晴らしく思えるとき、すべてが軌道に乗っているとき、前方に障害物がないとき、買うたくさんの理由があり、売る理由がないときに売るのがベストなのである。

大きな押しもなく株価が数週間にわたって100％上昇し、何万ドルも儲け、得意満面になり、あなたとあなたの妻のためにプライスラインですべて込みのタヒチのパッケージ旅行の予約をし、本を書くことさえ考えているときを想像してみよう。あなたの頭のなかで警報ベルが鳴らなければならないのはこんなときだ。天井を示す確かなテクニカルインディケーターはないが、上で述べたことは、あなたの富が急激に減ることを示している。マーフィーの法則が作動するのはこんなときだ。

いつ売るかを示すテクニカルインディケーターなど必要ではない。何カ月かにわたって上昇して、すべてが素晴らしく見え、あなたが数カ月前に予測した素晴らしい決算報告が発表され、インベスターズ・ビジネス・デイリー紙があなたの株を特集し、だれもがあなたの株のことを話し始めたら、すぐに「売れ」。

しかし、あなたのお役に立てるように、ここでは利益のほとんどを維持したままで手仕舞う基準をいくつか紹介することにしよう。スーパーストックの上昇が止まるとき、劇的な形で止まることを忘れてはならない。私たちが話しているのはありふれた10％の押しではない。すべての人を一掃するようなベストパフォーマーの50％から70％の大暴落のことを言っているのだ。スーパーストックが利益を根こそぎかっさらうのに、上昇するときの３分の１の時間しかかからない。

音楽が鳴りやんだとき、瞬間的に売ることが重要だ。まず売れ、質問はそのあとでよい。売らなければならないときではなく、売れるときに売る。これが重要だ。

私は売りについてはあまり良いアドバイスはできない。私は売るのが早すぎる傾向がある。だからいつ売れとアドバイスすることはない。アドバイスしようものなら、40％の動きを取り損ねたじゃないかと叱責されかねない。実際には、天井を言い当てるのは非常に難しい。しかし、これから提示するのは、リスク・リワードがあなたにとって有利ではなくなり、ローリスクポイントがはるかかなたに遠のいたときに手仕舞うための一般的なガイドラインだ。私たちの目標は自分たちに有利なリスク・リワード・シナリオのなかに常にいることなので、利益機会がなくなったら手仕舞うに限る。

まず見ていくのはテクニカルな売りシグナルだ。テクニカルな売りシグナルはファンダメンタルな売り基準よりもはるかに重要だ。なぜなら、テクニカルインディケーターはファンダメンタルな売り理由が現れる前にあなたに売れと言ってくるからだ。

テクニカルリスクで売る16のスーパー法則

「価格がどうなるかなんて一切気にするな。価格がそこに到達したらあなたが何をするかだけを気にせよ」――リチャード・デニス

「手仕舞いはトレードで最も重要なものだ。しかし、これを学習する者はほとんどいない」――バーナード・バルーク

天井で手仕舞いさせてくれるような信頼のおけるテクニカルな売りのインディケーターなどない。しかし、次に示す売りインディケーターのいくつかが同時にシグナルを出してきたら、まずは売ることだ。

質問はそのあとでよい。

ファンダメンタルズが変わらないと仮定すると、リスクの高い価格で売れば、次のローリスクの買いポイントが現れたときに買い直すことができる。

1．10週移動平均線（マジックライン）から大きく逸脱したときが売りの絶好のタイミング

最初にベースからブレイクアウトしたとき、それがキーとなる支持線水準をどれくらい上回っているかは問題ではない。決算発表のあと株価が強く長いベースからブレイクアウトして2倍になったら、株価はキーとなる短期および長期の移動平均線を上回る可能性は100％だ。しかし、これはまだ株価が上昇して最初の1週間目なので、売りシグナルにはならない。株価がマジックライン（10週移動平均線または50日移動平均線）を60％以上上回ったら、最初のブレイクアウトから最初の6週間たったところで利食いして、支持線が追いつくのを待つのが良い。

ビッグウィナーは上昇過程で何回かマジックラインに接触する。株価がマジックラインを100％上回ったら、次のうちの1つが起こる可能性が高い――①株価が完璧に崩壊する、②事が落ち着くまで数カ月間忍耐強く待っていると、そのうちにマジックラインが追いつく。いずれにしても、利食いする絶好のチャンスだ。

私の調査によると、マジックラインから上昇したあと、強い株は7週間から10週間あとには中期のピークに達する。したがって、あなたの株が10週移動平均線の支持線水準に達して、そのあと7週間から10週間それを上回って上昇し、マジックラインを試さなければ、そこが手仕舞いの絶好のタイミングだ。

図10.1はジョーンズ・ソーダの週足チャートだ。2007年4月に4

図10.1

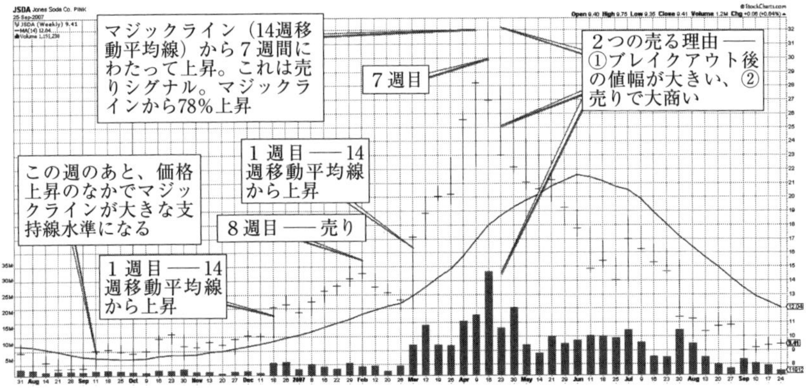
マジックライン（14週移動平均線）から7週間にわたって上昇。これは売りシグナル。マジックラインから78％上昇
7週目
2つの売る理由――①ブレイクアウト後の値幅が大きい、②売りで大商い
1週目――14週移動平均線から上昇
この週のあと、価格上昇のなかでマジックラインが大きな支持線水準になる
8週目――売り
1週目――14週移動平均線から上昇

回の明確な売りシグナルが出ているのが分かる。

2．ブレイクアウトから9～15カ月上昇したあとで売る

ビッグウィナーの多くは最初のブレイクアウトから9カ月から15カ月後に下落し始める。これはかなりの期間だ。9カ月過ぎてもウィナーを保有し続けるときには注意が必要だ。なぜだか分からないが、9カ月たったら何かが起こるのだ。9カ月、3シーズン、3回の決算報告、3学期、1新生児。第12章を見ると分かるように、私のビッグウィナーの多くは9カ月目で下落している。したがって、9カ月目で大きな利益が出ていれば、私は迷わず手仕舞う。**図10.2**は数年前のグラハム・コーポレーション（GHM）のチャートを示したものだ。

3．長期にわたって価格が上昇したあと、マジックラインが平坦になるか下落し始めたら売れ

強い株のマジックラインは、価格が上昇し始めて最初の6カ月かそ

図10.2

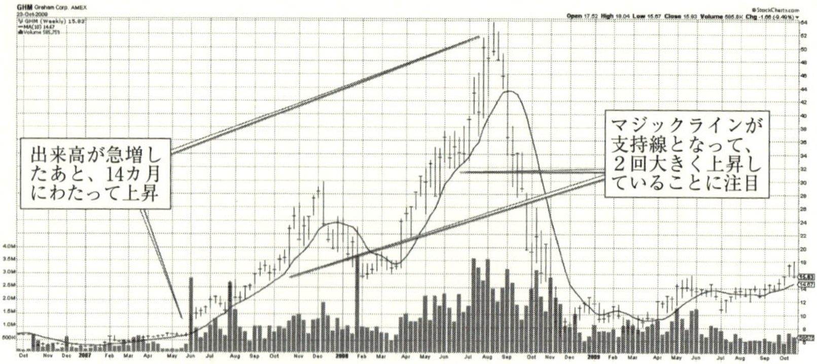
出来高が急増したあと、14カ月にわたって上昇
マジックラインが支持線となって、２回大きく上昇していることに注目

こらは上昇する。この間、マジックラインは数週間ほど平坦になることがあるが、下落するのは望ましくない。価格が上昇し始めて最初の６カ月を過ぎて、マジックラインが長期にわたって平坦になるか、ボラティリティの高い期間が長く続いたあと下落し始めたら売って、次のウィナー探しに移行するのがよいだろう。

マジックラインを下回ったら自動的に売れと言っているわけではないことに注意しよう。ウォール街の法則では、価格がこの水準（50日移動平均線または10週移動平均線）を下回ったら売る。多くの投資家はこのようにプログラミングされているため、強い株が週の半ばに瞬間的にマジックラインを下回るが、こうした緩んだ手でふるい落とされる。そして、そのあと再び上昇する。

ダマシのシグナルがたくさん発生するため、売れとは確実には言えない部分がある。見るべき重要な点は、その週の終わりに株価がどこで引けるかである。数カ月にわたってマジックラインが株価の週次の終値の支持線になってきたとすると、週の終わりに初めて終値がマジックラインを下回ったら、私だったら売って、価格が再びそのラインを上回ったときにだけ再び仕掛ける。**図10.3**と**図10.4**は2010年か

図10.3

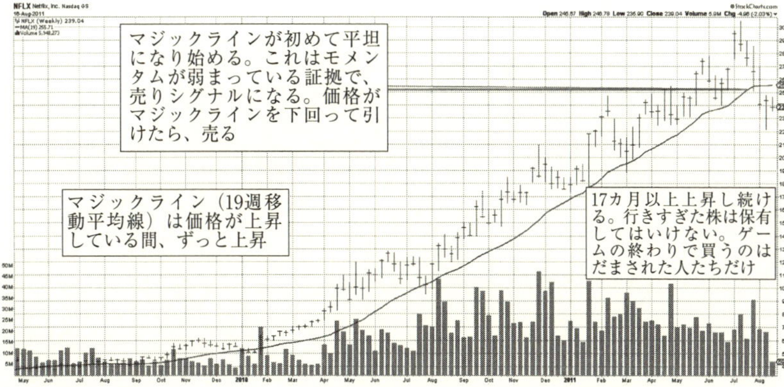
マジックラインが初めて平坦になり始める。これはモメンタムが弱まっている証拠で、売りシグナルになる。価格がマジックラインを下回って引けたら、売る
マジックライン（19週移動平均線）は価格が上昇している間、ずっと上昇
17カ月以上上昇し続ける。行きすぎた株は保有してはいけない。ゲームの終わりで買うのはだまされた人たちだけ

図10.4

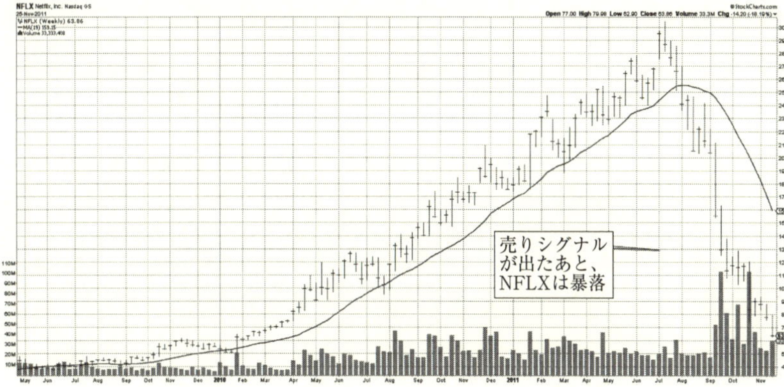
売りシグナルが出たあと、NFLXは暴落

ら2011年にかけてのネットフレックス（NFLX）のチャートを示したものだ。

4．「マジックライン」から４回目に上昇したところで売れ

強い株は価格が上昇しているときマジックラインから上昇すること

図10.5

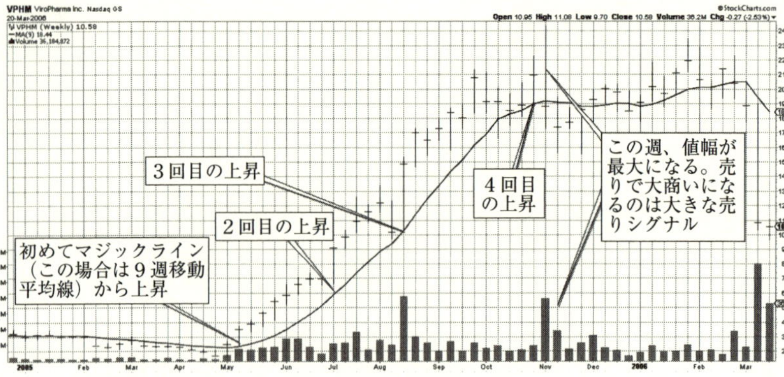
3回目の上昇
2回目の上昇
4回目の上昇
初めてマジックライン（この場合は9週移動平均線）から上昇
この週、値幅が最大になる。売りで大商いになるのは大きな売りシグナル

は数回しかない。マジックラインから4回か5回上昇したあと株価は下落することが多いことを私は発見した。最後のほうになると、勢いがなくなった株はマジックラインを上回ることはもうないが、数週間続けてマジックラインを上回ったり下回ったりと不安定な動きをする。これは天井を付ける動きの典型だ。いずれにしても、あなたの株が数カ月にわたって上昇トレンドを形成し、4回か5回マジックラインから上昇したら、リスクが発生する。バイロファーマ（VPHM）は4回マジックラインから上昇したあと動きが弱まっている（**図10.5**）。

5．放物線状に上昇したら売れ

長期にわたって上昇したあと、株や市場では上昇が劇的な形で終わる大きな買いクライマックスが発生する。経験則から言えば、上昇トレンドが長いほど、垂直状の「クライマックスの動き」は大きくなる。放物線状の動きは劇的な形で終わることはもう言っただろうか。放物線状のチャートパターンはノイズが多く、熱狂的陶酔感も高く、買い圧力も大きく、弱気派は逃げ出し、強気派は確信する（「今度は違う」）。

したがって、こうした上昇では天井を見極めるのは非常に難しい。

放物線状に動く株をかなり安く買ったと仮定しよう。熱狂的陶酔感に酔いしれ、あなたは幸福感を感じる。大きな利益が転がり込む可能性は高い。問題はいつ売るかである。第12章を見ると分かるように、こうした動きが終われば、株価は瞬く間に下落する。天井を付けてからわずか数日で30％下落することもある。

こうした動きの最後の日あるいは最後の週はトレードレンジは最大になり、出来高も最大になる。過去にこんな動きを経験したことがあるが、いつ売ればよいのか迷った。そして、経験不足と売りのルールがないため、大失敗することが多かった。

最近では、上のトレンドラインを上回り、①１日の動きが以前よりも大きくなる（パーセンテージ的に大きな動きである必要はない）、②５日移動平均線を上回る、③①と②が満たされない場合、５日移動平均線を下にブレイクしたら売ることにしている。

株価のトレンドが垂直状になったあと、上昇した日があったらそこで売ってもあなたを責めたりはしない。テキストブックには、**図10.6**の2007年のドライシップス（DRYS）、**図10.7**の2011年８月のスイスフラン、**図10.8**の2011年４月の銀、**図10.9**の2000年のナスダックが放物線状の動きの例として載っている。

６．値幅が大きくなったら売れ

例えば、あなたの株が過去３週間で80％上昇したとしよう。上昇している間の１日の値幅（１日の高値と安値の差）は平均で0.50ドルで、最大値幅は１ドルだった。ところが、突然、１日で2.25ドルになる。これは１日の平均値幅の4.5倍である。

長期にわたって上昇トレンドが続いたあと急上昇すると、それは短・中期の買いが行われたことを意味する。上昇の動きを逃した買い

図10.6

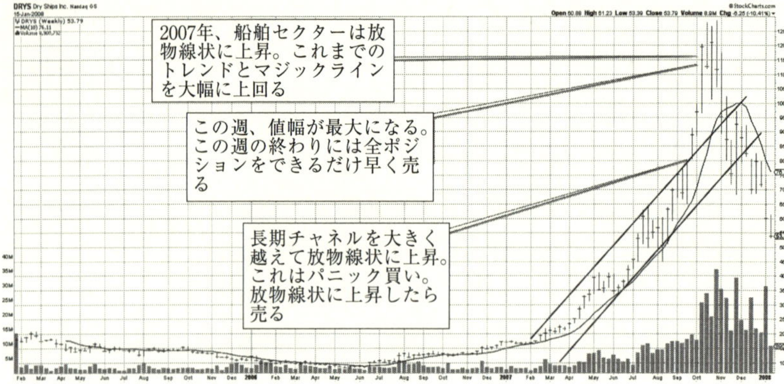
2007年、船舶セクターは放物線状に上昇。これまでのトレンドとマジックラインを大幅に上回る
この週、値幅が最大になる。この週の終わりには全ポジションをできるだけ早く売る
長期チャネルを大きく越えて放物線状に上昇。これはパニック買い。放物線状に上昇したら売る

図10.7

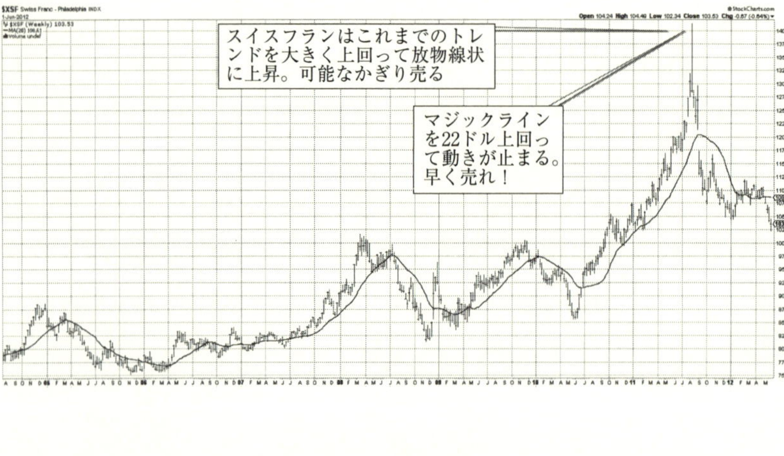
スイスフランはこれまでのトレンドを大きく上回って放物線状に上昇。可能なかぎり売る
マジックラインを22ドル上回って動きが止まる。早く売れ！

手は、動きを逃すかもしれないという恐怖から一斉に買う。買いのクライマックスでは、出来高は平均を上回ることが多い。こうした値動きのあとは、買う人はもうだれも残っていない。

週足チャートにおける平均値幅はもっと重要だ。長期の転換点を見極めるうえでは、週足チャートは日足チャートよりもはるかに重要だ。週足の値幅が極端に大きく、出来高を伴い、株価が上昇していれば、長期の買いが入ったことを示すことが多い。

図10.8

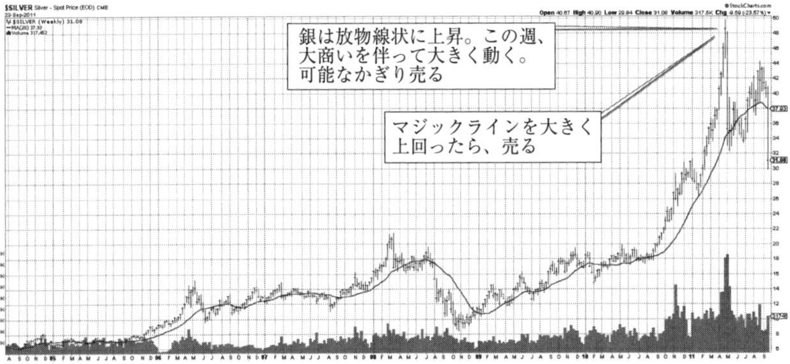
$SILVER Silver - Spot Price (EOD) CME
23-Sep-2011
$SILVER (Weekly) 31.08
MA(20) 37.93
Volume 317,462
銀は放物線状に上昇。この週、大商いを伴って大きく動く。可能なかぎり売る
マジックラインを大きく上回ったら、売る

図10.9

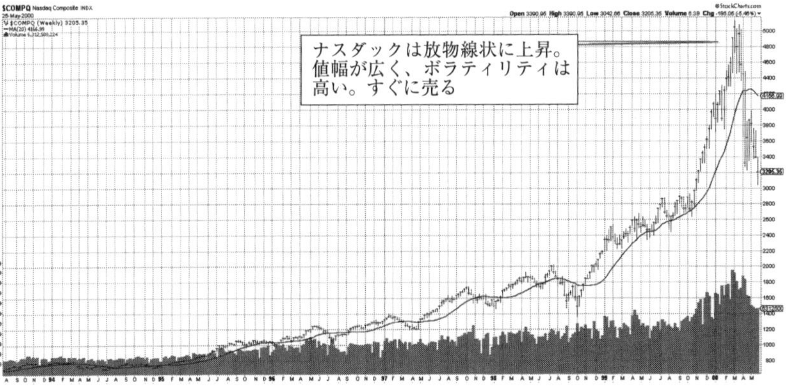
$COMPQ Nasdaq Composite INDX
26-May-2000
$COMPQ (Weekly) 3205.35
MA(20) 4166.99
ナスダックは放物線状に上昇。値幅が広く、ボラティリティは高い。すぐに売る

株価がトレンドから大きく逸脱したら、それは投資コミュニティーにも知れ渡る。私たちが買うのは、株主が退屈し、その株のことをだれも話さなくなったときである。そして、私たちが売るのは、その株がスポットライトを浴びてだれもが熱狂しているときである。

図10.10は2006年から私が保有しているタイタニアム・メタルズ（TIE）の週足の大きな値幅を示したものだ。

図10.10

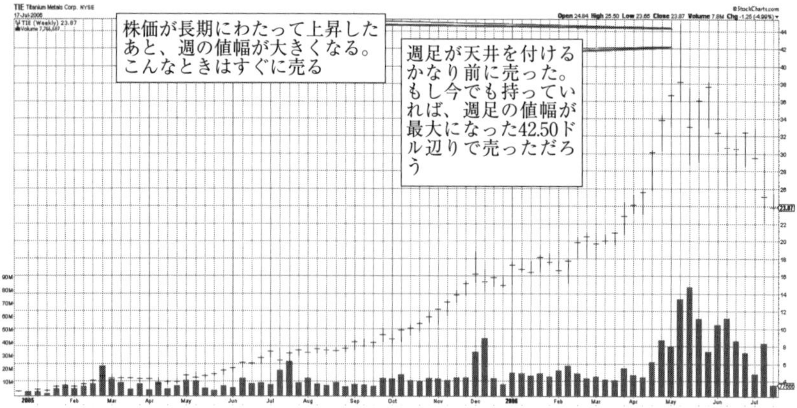
TIE Titanium Metals Corp. NYSE
株価が長期にわたって上昇したあと、週の値幅が大きくなる。こんなときはすぐに売る
週足が天井を付けるかなり前に売った。もし今でも持っていれば、週足の値幅が最大になった42.50ドル辺りで売っただろう

7．下のチャネルを下回った落ちるナイフで売れ

あなたの株が突然大きく下落し、下の上昇トレンドチャネルを下回ったら、すぐに売ることだ。質問はそのあとでよい。トレンドの反転は素早く、大きい。こうした大暴落にはファンダメンタル的な理由はないことが多い。あなたの株が長期の上昇チャネルを下回ったら、素早く売れ。

図10.11は2012年から急上昇を続けるスーパーストック、ウエストポート・イノベーションズ（WPRT）の例を示したものだ。

8．株価が上昇しているときのボラティリティが高くなったら売れ

株価が上昇しているとき、退屈で出来高が薄く、ベースが狭い値幅で形成されるのが望ましい。あなたの株が鍵となる移動平均線を上回り、ボラティリティと出来高が増加し始めたら注意が必要だ。終値がほぼ同じで、１日の平均値幅が拡大し、出来高が急増したときには特

図10.11

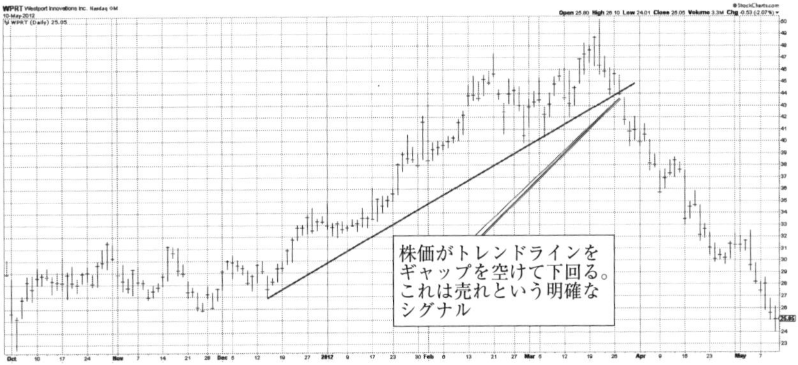
株価がトレンドラインを
ギャップを空けて下回る。
これは売れという明確な
シグナル

に注意が必要だ。私はこれを「反転の前のふるい落とし」と呼んでいる。こうした値動きのときには、買いも売りも株価の不安的な動きに翻弄される。こうした動きは天井と底で見られることが多い。

図10.12と**図10.13**は古くから保有しているスパルタン・モーターズ（SPAR）の日足チャートを示したものだ。値幅が広く、ボラティリティが高い。これは反転する可能性のあることを示している。

図10.14と**図10.15**もまた古くから保有しているボルト・テクノロジー（BOLT）の日足チャートを示したものだ。

9．週足チャートのエグゾースチョンギャップで売れ

数カ月にわたって上昇し、週足チャートでギャップを空けて高値を更新したら、手仕舞えという合図だ。これは買い手がどんな価格でもよいから買いたがっている典型的なサインだ。ベースを抜けてギャップを空けるのは良いが、上昇トレンドでギャップを空けるのは死の接吻だ。**図10.16**は極端な買われ過ぎ状態の上昇トレンドでギャップを空けた例を示したものだ。こんなときはすぐに売れ。

図10.12

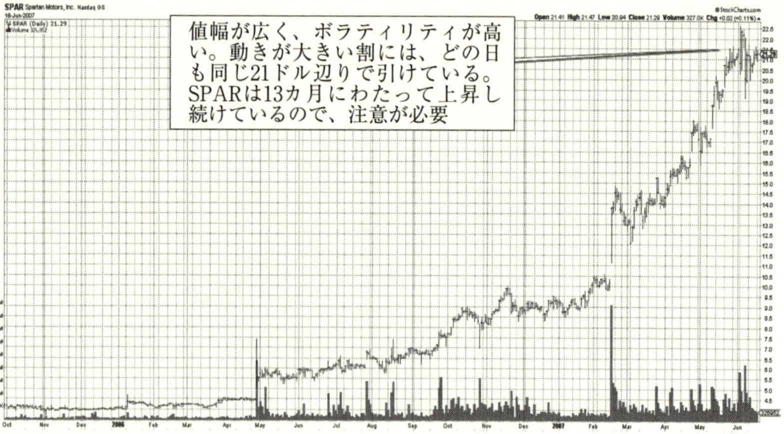
SPAR Spartan Motors, Inc. Nasdaq GS
値幅が広く、ボラティリティが高い。動きが大きい割には、どの日も同じ21ドル辺りで引けている。SPARは13カ月にわたって上昇し続けているので、注意が必要

図10.13

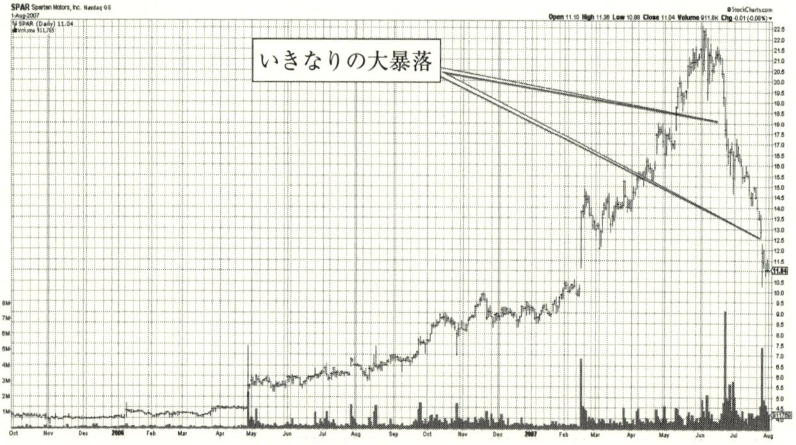
SPAR Spartan Motors, Inc. Nasdaq GS
いきなりの大暴落

図10.16と**図10.17**はポートフォリオのトップ３のウィナーの１つであるバイロファーマ（VPHM）の週足チャートだ。醜いギャップを空けているのが分かる。

図10.14

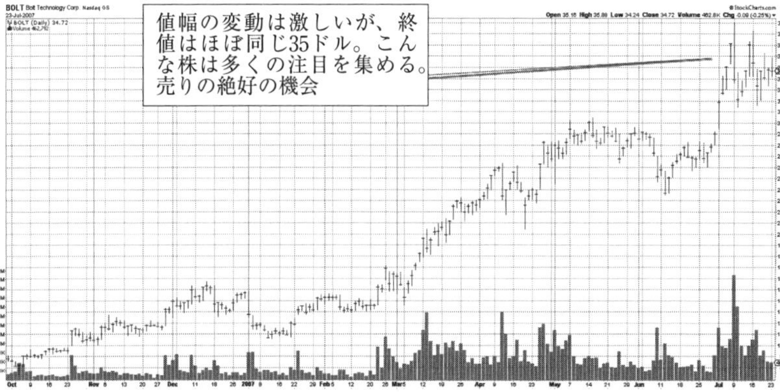
値幅の変動は激しいが、終値はほぼ同じ35ドル。こんな株は多くの注目を集める。売りの絶好の機会

図10.15

売りシグナルが出たあと、BOLTは大暴落

10.　損切りで売れ

５％の損切りで厳格に手仕舞う人もいれば、８％あるいは10％の損切りを使う人もいる。私には「標準的」な損切りの基準というものはない。株が違えばパターンも違う。私の場合、損切りは出来高、価格、ボラティリティによって決める。損切りについてもっと知りたい人は、私の編集者のトニー・ロートンが書いた『ストップオーダー ―― ア・

図10.16

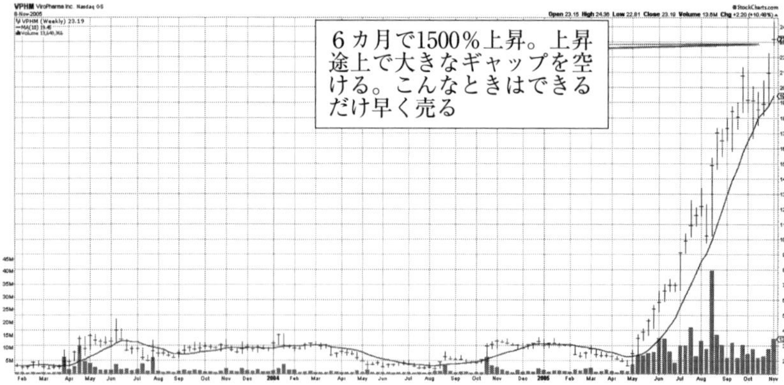
6カ月で1500％上昇。上昇途上で大きなギャップを空ける。こんなときはできるだけ早く売る

図10.17

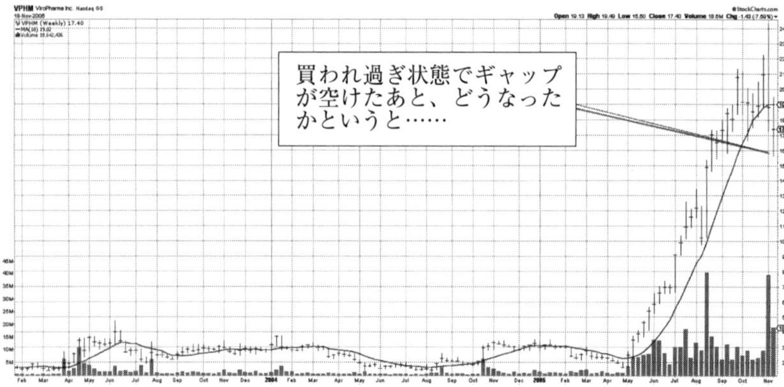
買われ過ぎ状態でギャップが空けたあと、どうなったかというと……

プラクティカル・ガイド・トゥー・ユージング・ストップ・オーダー・フォア・トレーダーズ・アンド・インベスターズ（Stop Orders：A Practical Guide to Using Stop Orders for Traders and Investors)』を参照してもらいたい。どういった損切りを使うにしても、トレードする前に決め、たとえ失敗してもそれに従うことが重要だ。

11.　25ドルから30ドルで売れ

強いベースをブレイクアウトしたあと、モメンタムトレーダーは25ドルから30ドル領域のホットな株をためらわずに買う。30ドルを超えると、リスク・リワード・レシオが不利になるのでスマートマネーは売る。この水準まで大きく動いたら、そのあとは大きな利益は望めないからだ。

私のビッグウィナーのほとんど――ALDA、INCX（LOCM）、DXPE、FORD、AIRM、JSDA――は29ドルから31ドルで天井を付けた。TRT、TRCR、SPAR、VPHM、TRMMは25ドルで天井を付けた（TRMMは27ドル）。ほとんどの場合、25ドルか30ドルが生涯のあるいは数年来の天井になることが分かっている。これらの株のほとんどは、この価格水準に達したあとすぐに暴落している。例えば、４ドルの株を買ったとすると、価格目標にかかわらず、25ドル近くになったら手仕舞ったほうがよい。30ドルで売ろうなどと欲張ってはいけない。

12.　間違ったら売れ

間違い（多くの間違いを犯す）を犯し、あなたの株が間違った方向に行ったら、すぐに売ることだ。

13.　３回高値を更新したら売れ

以前、私の「BCD」セットアップで述べたように、これは３回安値を更新したら買うのとはまったく逆で、ほかの売りシグナルも併せて、４週間から５週間の間に３回以上急上昇（３回目の高値はほかの２つよりも高い）したら、買い手が疲労してきた証拠だ。高値を更新

図10.18

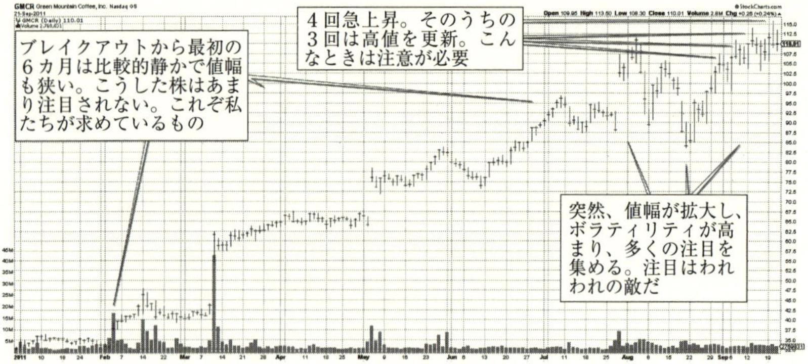
GMCR Green Mountain Coffee, Inc. Nasdaq GS
ブレイクアウトから最初の
６カ月は比較的静かで値幅
も狭い。こうした株はあま
り注目されない。これぞ私
たちが求めているもの
４回急上昇。そのうちの
３回は高値を更新。こん
なときは注意が必要
突然、値幅が拡大し、
ボラティリティが高
まり、多くの注目を
集める。注目はわれ
われの敵だ

図10.19

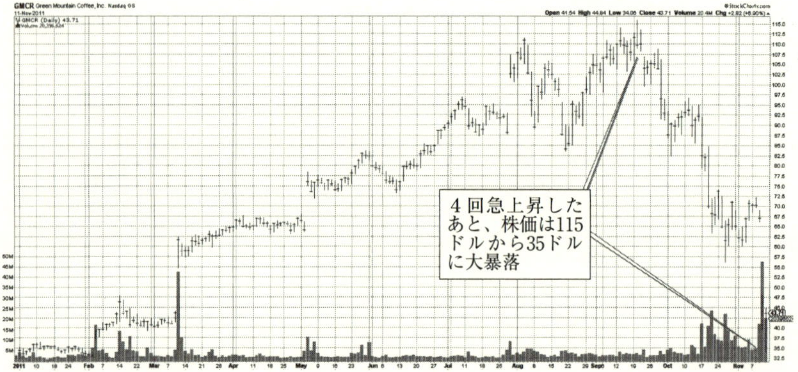
GMCR Green Mountain Coffee, Inc. Nasdaq GS
４回急上昇した
あと、株価は115
ドルから35ドル
に大暴落

するたびに価格が下がるのが望ましい。これまでに議論してきたインディケーターと同様、これは上昇のどの段階にあるかと、ほかのインディケーターも売りを示しているかによる。**図10.18**と**図10.19**は2011年からずっと観察してきたグリーン・マウンテン・コーヒー（GMCR）の例を示したものだ。

14. 同じグループの株が弱まったら売れ

あなたの株が大きな業種や業界に属している場合、そのグループのリーダー株となる株を常に監視し、弱気のサインが出ていないかチェックする。例えば、あなたの株が前の月に50％上昇し、今は次の上昇に備えて「一休み」しているとしよう。グループのリーダー株となる別の株を見ると、売られていることに気づく。こういう場合は注意が必要だ。あなたの株も次に売られる株になるかもしれないからだ。あなたの株も同じ動きをするファミリーの一員であることを忘れてはならない。

15. 上のトレンドラインを上回ったら売れ

長期にわたって上昇が続いたあと、上のトレンドラインまで行き、それまではそこから下落していたのに、それを初めて上回る。これは、上昇トレンドの終わりなのか、さらに大きな放物線状の上昇の始まりなのか分からないため、判断に困る。これは上のトレンドラインに達したときにどれくらい買われ過ぎているかに依存する。

私の経験則から言えば、トレンドラインを上回ると弱さの現われであることが多い。大きく放物線状に上昇したときには動きを逃したくないかもしれないが、私は上のトレンドラインを上回ったあと、それを下回って引けたら売ることにしている。**図10.20**と**図10.21**は2011年のW・R・グレースの日足チャートを示したものだ。トレーダーたちはこの「ブレイクアウト」で買ったが、私は買わなかった。

16. 上のボリンジャーバンドで売れ

これは下のボリンジャーバンドの買いシグナルの逆だ。株価が上の

図10.20

GRA W.R. Grace & Co. NYSE
©StockCharts.com
GRAは13カ月にわたって上昇（ちょっと長すぎか？）。そして、長期トレンドラインを上回る。これは警告のサイン？

図10.21

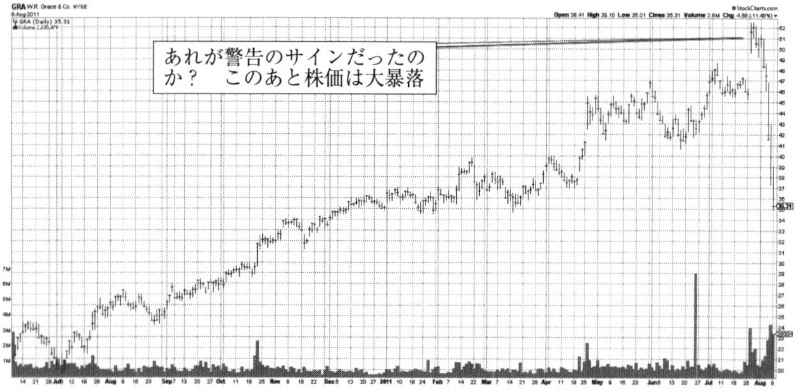
GRA W.R. Grace & Co. NYSE
©StockCharts.com
あれが警告のサインだったのか？　このあと株価は大暴落

ボリンジャーバンドを上回ったら、最初の終値がバンド内に戻るのを待って売る。

希土類鉱物の生産に湧いたMCPは2010年と2011年は非常にパワフルなモメンタム株だった。残念ながら、私はアジア旅行の最中で、このバッドボーイを逃してしまった。

図10.22

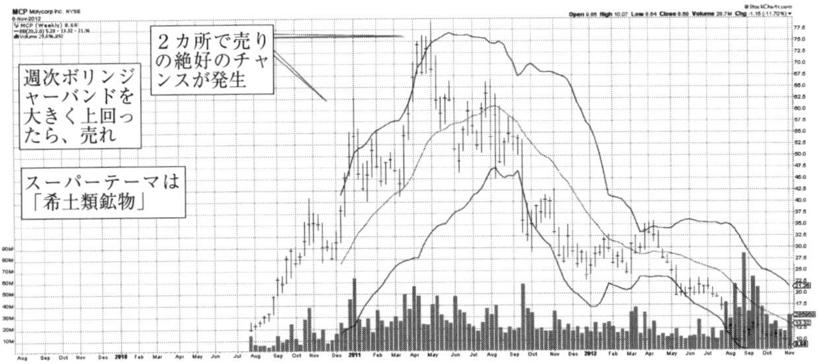
2カ所で売りの絶好のチャンスが発生
週次ボリンジャーバンドを大きく上回ったら、売れ
スーパーテーマは「希土類鉱物」

ファンダメンタルリスクで売る５つのスーパー法則

一般に、あなたの株が次のファンダメンタルの状態のいずれかになったら、売って、次のビッグウィナー探しへと移行するのがよい。

１．あなたの価格目標で売れ。あるいはリスク・リワードが不利になったら売れ

株が上昇し続けると、それは永遠に上昇し続け、以前は不可能だと思えた高値に達すると思ってしまうものだ。これはナンセンスだ。調査の結果、あなたの８ドルの株の適正価値は34ドルであることが分かったとしよう。この株が34ドルの価格目標に達したら、何か劇的なことが起こらないかぎり、売って後ろは振り返るな。この価格水準では、リスクはリワードに比べると非常に高い。こんなときは、ひと休みして、あなたに有利に偏った次のリスク・リワード・シナリオを探すことだ。そして、リスク・リワードがあなたに不利になるまで利を伸ばせ。

2．二次売り出しや私募が発表されたらためらわずに売れ

あなたの持っている株が二次売り出しや私募による増資を発表したら、売って、できるだけ早く安全な場所に逃げよ。経営陣の仕事はできるだけ高値で売り出しをすることである。売り出し価格までいくと、重役たち（実際にはスマートマネー）はそれ以上価格が上がるとは思わない。私は売り出しの利益が事業の大幅拡大に使われようと、市場での存在感を高めるために使われようと一切興味はない。

経営陣がどんなに強気な発言をしようと、すぐに売って、次に進むことだ。時代の流れに逆らえば、経費が増大し、空売り残高が大幅に増えるため、あなたにとって不利になる。それはそれとして、問題なのは、株式の増資を行うとモメンタムプレーヤーも何十億ドルものお金も逃げていってしまうことである。スマートマネーがあなたの側にいなければ、売り出しのあと6カ月間もその株を保有し続ける理由はほとんどない。

これまで長年にわたって保有したり、フォローしていた銘柄の多くが二次売り出しを発表した。OVEN、PEIX、MITK、MNGGF、NDAQ、TRMM、CVV、OMRI、WPRT……思い出せるだけでもこれだけある。売り出し後の6カ月間の業績が上がったものは1つもなかった。

3．良い決算発表が続き、それが終わったら売れ

あなたの株が前の四半期を下回る決算発表をしたら、すぐに売れ。モメンタムトレーダーは収益の勢いが終わりに近づいたらすぐに売る。もちろんこれには例外がある。決算発表と同時に受注残の急激な上昇を発表し、収益の落ち込みは一時的なもの、あるいは季節的なものだと言い、このあとの四半期では上昇すると言った場合、まだその株は

持っていてもよいだろう。

4．株式分割したら売れ

これは直感に反することかもしれない。投資家は株式分割が大好きだ。新たな投資家が安く買うので、株価は上昇する。これは良いとも悪いとも言えない。スーパーストックの最も重要な要素を思い出してもらいたい。それは浮動株が少ないことである。モメンタムプレーヤーは浮動株の少ない株に群がる。浮動株が少なければ価格を簡単に吊り上げることができるからだ。

株価が上昇し、浮動株が２倍あるいは３倍に増えたら、モメンタムトレーダーが株価を操作することは難しくなる。その結果、スマートマネーは勢いだけ持ってその場を去る。

一方、株価を上げるために株式併合が必要な会社は、おそらくは経営状態があまり芳しくないはずだ。こんな株は放っておくことだ。株式併合は死の接吻なのである。

5．インサイダーが大量に売ったら売れ

株価が大きく上昇したら、インサイダーによる売りが適度に増えるのが普通だ。注意しなければならないのは、１人以上のインサイダーが持っている自社株の大部分を売ったときである。これは将来的な会社の暗雲を予兆するものだ。

2005年、フォワード・インダストリーズ（FORD。私の保有している銘柄のなかで好きな銘柄の１つ）のCEO（最高経営責任者）は株価が1500％上昇したときに、それまで長く保有していた自社株の大部分を売った。彼はもう60代で定年が近いというのが表向きの理由だった。今にして思えば、彼は良いトレードをしたと思う。１年もしない

うちに、株価は95％も下落した。そう、95％もだ。

準重要な売りシグナル

次に示すものは必ずしも「すぐに売れ」というシグナルになるわけではないが、こういうシグナルを見たら、上昇の余地があるかどうか注意深く考えるべきである。

6．ニュースのヘッドラインで売れ

あなたの株が上昇しているかぎり、その株のことは秘密にしておきたいと思うはずだ。その株のことを知っているのは、あなたとわずかばかりの他人だけ。そう思いたいはずだ。しかし、あなたの株が突然フォーチュンやフォーブスといった全国誌に取り上げられたら、すぐにトレーダーたちが殺到する。長期にわたる上昇のあと大きなメディアに取り上げられたら、それは明確な売りのサインだ。

2011年、CVDエクイップメント（CVV）が大々的にメディアに取り上げられた。その会社の製品であるグラフェンがさまざまなアプリケーションの次なる大ブームになると報じられたからだ。投資家たちはその話に夢中になった（スーパーテーマ）。株価は１年で700％上昇したものの、その株のことはだれも知らない様子だった。CVVの経営は保守的で、誇大広告しようとはしなかった。報道発表もほとんどなかった。

CVVの１年にわたる上昇は2011年９月の２週間にわたる80％の上昇で絶頂を迎えた。９月の最初の週、ブルームバーグはその会社やテクノロジーやあまりよく知られていないグラフェンのさまざまなアプリケーションについて大々的に報じた。掲示板は一晩で新しい投資家たちであふれかえった。だれもが突然グラフェンのエキスパートにな

図10.23

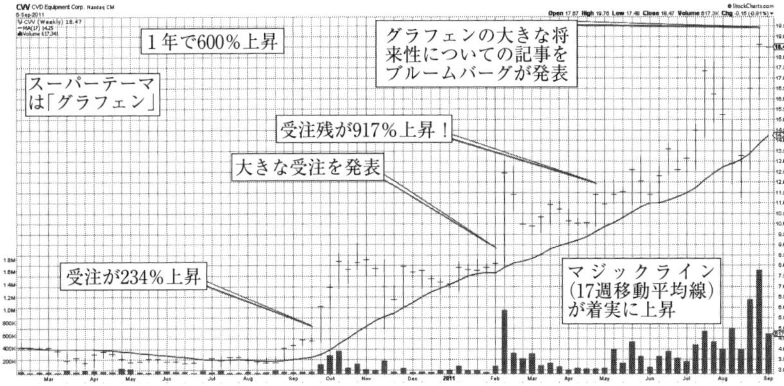
1年で600%上昇
スーパーテーマは「グラフェン」
グラフェンの大きな将来性についての記事をブルームバーグが発表
受注残が917%上昇！
大きな受注を発表
受注が234%上昇
マジックライン（17週移動平均線）が着実に上昇

図10.24

いきなり大暴落

った。

その報道から１日か２日で株価は最高値を記録した。そのあと、２週間で19.50ドルから12ドルに下落した。その報道が売りシグナルだったのである（**図10.23**、**図10.24**）。

7．掲示板が熱狂し始めたら売れ

「だれもが知っていることは間違っていることが多い」――ジム・ロジャーズ

本書で繰り返し述べてきたテーマは、売り買いはセンチメントによって判断せよ、ということである。これはチャートパターンに現れる場合もあれば、ほかのものに現れる場合もある。掲示板は株主全体のセンチメントを見るうえでは非常に役に立つ。掲示板の雰囲気が、静かで見識があり知的な性質から、大混乱して憶測が飛び交うようになったら、あなたのポジションに上昇余地があるかどうかは疑ってかからなければならない。大きな動き、つまり放物線状の動きは掲示板が熱狂の渦にあるときに発生するのは事実だが、こういった例はどちらかと言えば例外だ。だれもが、あなたが持っている株が100ドルになると思ったら、要注意だ。

8．事業を拡大したら売れ

これは百パーセント直感に反する。会社が生産量を増やすとき、バランスシートから利益を生むキャッシュを取り出して、新しいビルや設備を買う。ご存知のように、市場は先を見る。特に利益には敏感だ。100％の生産能力で稼動している会社はスケールメリットによりかなりの利益が出る。

会社が生産量を増やすと、新たな生産能力の多くは何カ月も、何四半期も、あるいは何年も利益を生まない。使われたキャッシュはもはや利息は生まず、生産量を増やしたことで費用は増える……その結果、利益は減少する。

私が過去に保有していた会社のいくつかは生産量の増加を発表した。

スパルタン・モーターズ（SPAR）、キシラテックス（XRTX）、フューウェイ・フィルムズ（FFHL）、キートロニック（KTCC）、CVDエクイップメント（CVV）などがそうだ。事業の拡大は株価の成長を止める。最良の株の操業率は四半期ごとに着実に上昇するが、その逆はない。

9．あなたが天才になったら売れ

これは非常に簡単な法則だ。センチメントは何物にも勝るということである。私たちは人生のなかですべてが自分の思いどおりに動いていると感じるときがある。鏡を見ると、先週よりもはるかによく見える。すれ違うだれもが振り向く。あなたの株もすべて順調に上昇している。あなたが友人に勧めた株も大きく動いている。まるであなたが触れるものは何でも金に変わってしまうように思える。自信がふつふつと湧いてくる。

こういったことが短期間のうちに起こったら、あなたの頭の中は大きな妄想の塊だ。これは私に何回起こっただろうか。数え切れないくらいだ。これは物事が急旋回するときである。

こんなときは感情指数を研ぎ澄まし、一歩後退して、あなたの高まった感情を見つめ直す必要がある。あなたの感情がこのように高まったときは、少し利食いして、物事が落ち着いたら再投資するのがよい。

10．紛らわしい決算報告が発表されたら売れ

前にも言ったように、決算報告は分かりにくいときがある。3カ月の典型的な四半期報告とは違って、前の6カ月、9カ月、12カ月の決算を発表するときもあれば、「1回限りの費用」や「1回限りの利益」を含めることで、本当の1株利益を分かりにくくすることもある。「1

回限り」のものは、有価証券の売却、レイオフによる損金処理、工場の閉鎖、古い在庫などから発生するものが多い。優れた会社は、従業員を解雇したり、工場を閉鎖したりはしないため、１回限りの損失を計上することはあまりない。

強い会社は一時的に利益を上げる１回限りの利益を計上することもあるが、これはすぐには売りシグナルにはならない。しかし、私の経験則で言えば、経営陣が短期間のうちに人工的に利益を吊り上げる目的で行う場合もあるので、こうしたニュースには注意が必要だ。もう１つ注意しなければならないのは、将来的な利益がこの人工的に吊り上げられた利益に比べてあまり印象的ではない場合である。

決算報告が紛らわしくて、理解するのに時間がかかるときは、ほかのトレーダーも紛らわしいと感じているため、投資先を変える可能性が高い。決算報告が疑わしいときは、逃げるに限る。

11. 欠損金をゼロにしたら売れ

会社が長期にわたって赤字の場合、その結果生じる欠損金は「繰越欠損金」と呼ばれるバランスシート上の資産になる。例えば、３年にわたって5000万ドルの赤字を出していた会社が黒字に転じたら、最初の5000万ドルの利益に対しては納税しなくてもよい。ただし、欠損金による法人所得税費用が繰り越された場合でも、実際には税金はかからない。

短期的にはこの会計処理によって１株利益は人工的に吊り上げられるため、投資家たちはその会社は実際よりも利益を出していると思ってしまう。その会社が「継続的」に利益を出せる（これは黒字に転じてから何四半期もたってからのこと）と判断した場合、会社は一括で繰越欠損金を使い切る。その結果、損益計算書上には１回限りの大きな利益が計上され、１株利益が上昇する。

あなたもご存知のとおり、私は１回限りの利益はあまり好きではない。これは継続的な利益の成長を阻害し、将来的な比較ができなくなるからだ。この会計処理の最悪の点は、会社が将来的に税金費用を控除し始めることである。その結果、将来的には１株利益は減少する。投資家たちは大きく吊り上げられた利益は今や過去のものであることを知っているので、売る。

12.　決算発表前の熱狂で売れ

決算発表で売れ。アーニングス・サプライズは大きな買い圧力を発生させる。逆に、決算前に株価が上昇し、みんな楽観的な決算予測を立てていたが、発表された決算が悪かった場合、失望感から大きく売られる。最も避けたいことは、決算前に掲示板が非常に楽観的になることだ。これはトラブル発生の予兆だ。

13.　広報活動が派手になったら売れ

広報活動に関する会社の性質の変化に注意せよ。１四半期に１～２回しかマスコミに対する発表をしなかった保守的な会社が、１週間に１～２回も発表し始めたら、私の辞書ではそれは危険を意味する。新たな顧客を獲得する可能性や10億ドルの市場機会を得る可能性があることをメディアへの発表で豪語するようになったら、それは懸念材料だ。

広報活動が派手になるということは、その会社は報告する重要なことは何もないことを意味する。経営陣は、自分たちが売る前に、あるいは株式の売り出しの前に株価や出来高を吊り上げようとしているのかもしれない。

堅実な会社は新たな顧客獲得の可能性など報じることはない。堅実な会社は、新しい顧客が売り上げの増大につながることが証明されないかぎり、新たな契約を発表することはない。堅実な会社は、四半期報告書や四半期ごとのカンファレンスコールで新たな顧客の獲得を示唆することはあっても、顧客名を出すことはない。

14. 噂で買って、ニュースで売れ

その会社が４カ月以内に斬新な製品を発表することを知ってその株を買い、その４カ月の間に株価が上昇し、いよいよ発表日がやってきたら、数日前とは言わないまでも、発表日に売ることである。前にも言ったように、市場は先を見る。重要なのは未来なのである。未来が訪れたら、あなたのエッジは消える。ニュースで売れとはそういうことである。

15. 株を宣伝するような会社は売れ

これはあまりないことだが、製品を推進するよりも株価を上げようとする会社がある。会社は株を宣伝すべきではない。堅実な会社なら、株価は勝手に上がるものだ。製品のマーケティングの成功こそが株価を上げる駆動力になるのだ。

ＬＪインターナショナル（JADE）やスポンジテック（SPNG）などの会社は数年ごとにあらゆるところで彼らの株を宣伝する。数年前、JADEがCNBCで株を宣伝していたのを思い出した。スポンジテックはメジャーリーグの球場のバナーなど、あらゆるところでティッカーシンボルを宣伝していた。これは確かではないが、最近彼らはCNBCでも株を宣伝しているのをだれかから聞いた。スポンジテックについて言えるのは、この会社は上場したその日からまったくのお笑い種でしかなかったということである。私の親しい友人の１人がスポンジテ

ックの詐欺事件についてインサイダーに話を聞いた。SEC（証券取引委員会）がなぜこんなに長く詐欺を野放しにしていたのか理解できない。スポンジテックは結局は上場廃止となり、SECはスポンジテックを不正のかどで起訴した。

16.「戦略的選択案」は売れ

こうした発表をするような会社は買わないように綿密に調査すべきではあるが、「戦略的選択案」を支援してもらうために投資銀行を雇ったと発表する会社は多い。「戦略的選択案」とは、つまるところ、会社を売りに出し、投資銀行が最も高い入札者を探すことを意味する。会社は「過小評価されている」から、と言い訳することが多い。

こんなニュースを聞くと、投資家たちは熱狂する。「何て素晴らしいニュースなんだ！」「この株は今の価格の３倍の価値がある。GEはきっと真の価値で買うはずだ」……。掲示板の熱狂はしばらく続く。これまでこうした「戦略的選択案」の発表を幾度となく見てきた。

私の記憶が正しければ、こうした会社が買われたことは１回もない。こうした発表は会社にとって死のスパイラルの始まりを意味する。投資銀行が行った唯一の「戦略的選択案」は、二次売り出しか「戦略的倒産」だ。結論――会社がこんな発表をしたら、すぐに逃げ出せ。

どう脱出するか

あなたの持っている株に売りシグナルが何回か出たら、どう脱出すればよいのだろうか。それは、「できるだけ早く売る」ことである。

第11章 スーパーストックの「不精な人向けガイド」

The "Lazy Man's Guide" to Superstocks

これまでパレートの法則に従ってとらえにくいスーパーストックについていろいろなことを見てきたが、スーパーストックのスーパー法則は時間をかけて習得すべきものだ。スーパーストックはかいつまんで言うと次のようになる。これはスーパーストックの要約と考えてもらうとよいだろう。

スーパーストックの構成要素

- 持続可能な収益と高い営業レバレッジ＋前年比で利益が上昇
- 強いベースを脱したあとの週次出来高が多く、大きな迎え角で30週移動平均線を上回る
- 株価が15ドルを下回り、年次PER（株価収益率）ランレートが10以下
- 浮動株が少なく、保守的な経営
- 大きなボーナス——インサイダーによる買いとスーパーテーマ

競合他社がほとんどおらず、負債が少なく、空売り残高が少なく、ティッカーシンボルが覚えやすく、アナリストがカバーしておらず、インサイダーによる株の所有率が高く、掲示板にモメンタムトレーダ

ーがいる株は成功する確率が高い。

いつ買うか――ハイリワード・ローリスクの仕掛け

スーパーストックを買うタイミングは、

- 決算発表のあとのブレイクアウトから２～３週間後に買え。ギャップへの試しや少ない出来高で値幅が狭くなるのを待て。
- 下のトレンドラインで買え。特に、出来高が少なく、値幅が狭ければなおよい。
- マジックラインでは積極的に買え。特に、最近の週次出来高が少なく、週足の値幅が狭ければなおよい。

いつ売るか

チャートはあらゆるものに勝る。ファンダメンタルズがどうであれ、チャートは売り時を明確に教えてくれる。以下は株価が長期にわたって上昇したあとの売りシグナルを示したものだ。

- マジックラインを上回ってから７～10週間あと
- ９カ月間上昇したとき
- 放物線状に上昇したとき
- 週足がギャップを空けて高値を更新したとき
- 週足がマジックラインを下回って引けたとき
- 長期にわたって上昇したあと、週足の値幅が最大になったとき
- 長期にわたって上昇したあと、マジックラインから４～５回目に上昇したとき

●週足の値幅が拡大し、出来高のボラティリティが高くなり、マジックラインを上回るか下回ったとき（特に、マジックラインが平坦化したり下落したときがよい）

同じセクターのほかの株を見るのも忘れないようにしよう。上のトレンドラインや上のボリンジャーバンドを下回ったときには注意が必要だ。

ハイリスクのチャートパターンに加え、次のどれかが発生すると、手仕舞えという明確な合図になる――株式の売り出し、連続して上昇していた利益上昇が止まる、株式分割、インサイダーによる大量の売り、メディアのヘッドライン、掲示板の熱狂、事業拡大、紛らわしい決算報告、派手な広報活動、株の宣伝、「戦略的選択案」。

第12章 私の人生を変え、あなたの人生を変えるかもしれない11のチャート

Eleven Charts That Changed My Life and May Change Yours

「目に見えるものや触れることができるものを信じるのは信念があるとは言えない。目に見えない世界を信じることこそが、勝利であり、祝福なのだ」――エイブラハム・リンカーン

この第12章は本書で最も重要な章かもしれない。市場で本気でお金儲けをしたいのなら、この章のチャートをしっかり学習してほしい。本章では次のことを見ていく。

●最高の決算報告
●パワフルな収益
●目標価格の算出
●ローリスクの買いポイント
●ハイリスクの売りポイント
●仕掛ける前に見たスーパー法則

この第12章はいわば本書の総まとめのような章だ。それぞれのチャートにはあふれんばかりの情報が詰まっている。それぞれのチャートは時間をかけてじっくり学習してもらいたい。チャートによって最初は難しいと思えるものもあるかもしれないが、できるだけシンプルにするように心がけた。チャートにはボンリンジャーバンド、トレンドライン、RSI（相対力指数）などは一切含めず、３つの重要なこと――出来高、価格、「マジックライン」――に注目する。

もう一度言っておくと、「マジックライン」はほとんどの場合は10

週移動平均線だ。

ほとんどのチャートには、株価のブレイクアウトの引き金になる決算発表が含まれている。リポートのキーワードには「　」を付けた。これは私が最初に注目した点だ。最高の決算報告は、売り上げや収益の成長を調べるには何を見ればよいのかを教えてくれるものだ。CEO（最高経営責任者）のコメントも入手できた場合は含めた。

最初のいくつかの例は細かく説明している。これは私の手法をより綿密に示すためだ。これらの例では、仲間のトレーダーに送った投資に関するｅメールも提示している。これを読めば、価格が大きく動く前に私が何を見たのかが分かるはずだ。これらのｅメールは私がまだ若かった何年も前に書いたものだ。これらのｅメールはほかのトレーダーと私との間の非公式のコミュニケーション手段として使った。

この章で紹介している銘柄は１万4972％という驚異的な上昇を見せた株を含めたビッグウィナーが多い。このほかのビッグウィナーにはANTP、INPH、MIND、TRLG、TRT、IDSAがある。残念ながら、ほかのビッグウィナーのなかには買収されたものもある。RURL、PARL、CADA、TGIS、IPSU、MUSA、TRCR、CKCM、LDSH、PWEIなどがそうだ。これらの銘柄に関してはチャートはもう存在していないようだ。

一言言い添えると、今述べた銘柄のすべてとは言わないまでもほとんどは、インサイダーによって大量に買われた。インサイダーの買いは将来的なバイアウトの可能性を示すもので、彼らの動きを見ていれば間違いはない。

１．ダイナミック・マテリアルズ（BOOM）

ダイナミック・マテリアルズ、2004年第３四半期の決算を発表

【2004年11月11日コロラド州ボールダー】ダイナミック・マテリアルズ（ナスダック、BOOM）、“DMC”は今日、2004年の第３四半期の決算を発表した。それによると、継続事業利益は113万5275ドルで、１希薄株当たりに換算すると0.22ドルだった。2003年の第３四半期の継続事業利益は35万8568ドルで、１希薄株当たりに換算すると0.07ドルだった。売り上げは1207万0114ドルで、2003年の第３四半期の売り上げ972万4125ドルより24％上昇した。

経営陣のコメント――DMCの社長兼CEOのイボン・カリューは、2004年の第３四半期の決算報告について次のように言った。「エクスプローシブ・メタルワーキング・グループのファンダメンタルズと短期的展望は非常に良く、2004年９月30日現在の**受注残**はこれまでで最高を記録した。グループは2004年の第４四半期は売り上げ、業績とも**さらに向上**すると考えている。この分だと2005年も好スタートを切れると思われる。さらに、AMKの売り上げと営業利益も第４四半期にはさらに**向上**すると思われる。AMKの顧客の2005年の新製品の製造計画と、商業用および軍用の航空エンジンの需要が上昇することが見込まれることからすれば、AMKの2005年の売り上げと業績は**かなり上昇**することが期待できる」

BOOMはスーパーストックの要素をすべて兼ね備えていた。

テクニカル

- ブレイクアウトの前のベースが非常に長い
- ブレイクアウトで出来高が急増
- 迎え角が大きい
- 株価は15ドルを下回る
- 30週移動平均線を上方にブレイクアウト

ファンダメンタル

●最近、インサイダーによって買われた
●受注残が上昇して、利益も上昇
●将来的にも利益の上昇が持続できると思われる
●仕掛け時の年次PER（株価収益率）は10倍
●前年比で利益が上昇
●営業レバレッジが大きい
●決算報告がトップ記事になる
●浮動株は500万株と少ない
●スーパーテーマがある――「爆発圧接金属」（これについてはだれも知らなかった）
●非常に保守的な経営で、広報活動も少ない

さらに、オプションの設定はなく、ニッチ産業なので競合もなく、負債はほとんどなく、空売り残高は少なく、ティッカーシンボルは覚えやすく、IBD（『インベスターズ・ビジネス・デイリー』）の数字も素晴らしく、アナリストのカバーもなく、掲示板にはスーパートレーダーがいる。この株はスーパーストックとしての要素をすべて備えていた。

注　BOOMはそのあと２対１の株式分割を行った。したがって、株価と１株利益は株式分割を反映するために２分の１に調整しなければならない。

以下は私がポジションを取る前に見たことを一字一句正確に記したものだ。

2005年１月13日　eメール　1/13/2005

今、この株が面白い。株価は17.50ドルから8.65ドルに下落。つまり

50％の下落だ。前の四半期のEPSは0.22ドルで、１株利益は前の４四半期で、損失→0.04ドル→0.11ドル→0.22ドルと上昇。受注残は前の４四半期で1170万ドル、1730万ドル、2110万ドル、2560万ドルと上昇。10qの報告書によれば、500万ドルの注文が第４四半期に出荷される予定。数字をざっと見たところでは、次の四半期の１株利益は0.27ドルから0.35ドルになることが期待できる。したがって株価は、モメンタムトレーダーが戻ってくるかどうかにもよるが、12ドルから28ドルになると予想する。前の四半期の数字が発表されると、株価は数日で3.75ドルから17.50ドルに上昇したため、モメンタムトレーダーはBOOMに飛びついた。ティッカーシンボルも覚えやすく、利益が大きく上昇したため、利益が印象的なものであれば彼ら（トレーダー）はきっと戻ってくるだろう。今朝CFO（最高財務責任者）から長々と話を聞いたのだが、すべて順調のようだ。懸念材料は彼らの生産能力だった。利益は生産能力によって制約されてしまうのではないかと思っていたが、問題はないようだ。彼らの生産能力には余裕がある。300％上昇したあと、大量のストックオプションが「イン・ザ・マネー」になることが心配だった。今の発行株数は520万株で、これは前の四半期から変わっていない。彼らの決算発表は通常は３月の第２週だ。そのCFOは、収益は上昇すると言った。早く発表したくてたまらない様子だった。私は確かな手ごたえを感じた。CEOは今日数千株を買い増ししたことを申告した。最後に、彼らは外部の投資家向け広報活動会社を雇うということだ。次期四半期には初めてのカンファレンスコールの開催を考えているという。

カンファレンスコールは、会社が印象的な数字を発表するときに開催することが多い。

経営陣のコメント――CEOは次にように言った。「エクスプローシブ・メタルワーキング・グループのファンダメンタルと短期的展望は非常に良く、2004年９月30日現在の受注残はこれまでで最高を記録し

図12.1　私が仕掛ける前に見たもの

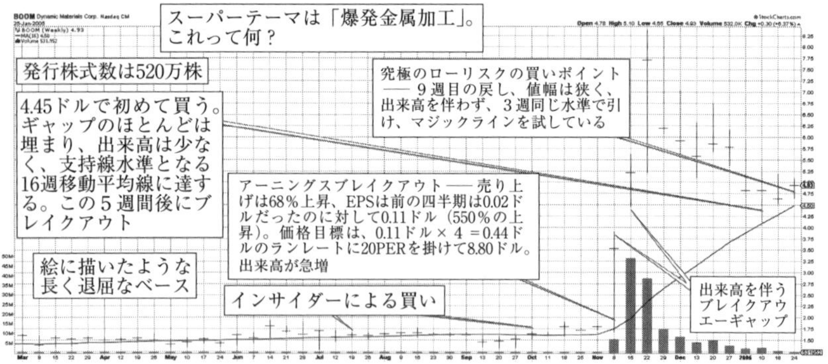

スーパーテーマは「爆発金属加工」。これって何？
発行株式数は520万株
4.45ドルで初めて買う。ギャップのほとんどは埋まり、出来高は少なく、支持線水準となる16週移動平均線に達する。この５週間後にブレイクアウト
究極のローリスクの買いポイント――９週目の戻し、値幅は狭く、出来高を伴わず、３週同じ水準で引け、マジックラインを試している
アーニングスブレイクアウト――売り上げは68％上昇、EPSは前の四半期は0.02ドルだったのに対して0.11ドル（550％の上昇）。価格目標は、0.11ドル×４＝0.44ドルのランレートに20PERを掛けて8.80ドル。出来高が急増
絵に描いたような長く退屈なベース
インサイダーによる買い
出来高を伴うブレイクアウエーギャップ

た。グループは2004年の第４四半期は売り上げ、業績ともさらに向上すると考えている。この分だと2005年も好スタートを切れると思われる。さらに、AMKの売り上げと営業利益も第４四半期にはさらに上昇すると思われる。AMKの顧客の2005年の新製品の製造計画と、民間および軍用の航空エンジンの需要が上昇することが見込まれることからすれば、AMKの2005年の売り上げと業績はかなり上昇することが期待できる」

彼らの主な事業は、爆発圧接クラッド金属プレートと、石油化学、化学処理、発電、民間航空機、防衛をはじめとするさまざまな産業用の金属製造だ。業界では今のところ世界一である。彼らの関連するセクターは今のところは非常に強い。メリルリンチは、化学・石油化学業界は2005～2006年期には1988年以来の水準に達するというリポートを発表した。もちろん、民間航空機と防衛は日々勢いを増している。今の私の唯一の懸念は、彼らの繰越欠損金だ。これは次の１～２四半期には表面化すると思っている。

BOOMは私の予想（0.27ドル～0.35ドル）を大きく上回り、次期四

図12.2　潜在的な買いポイント

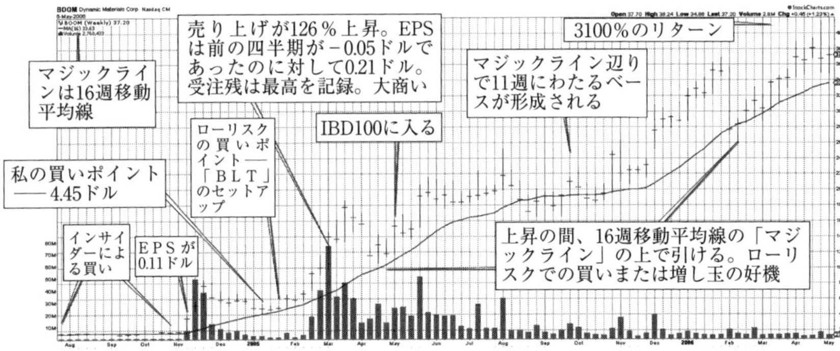
BOOM Dynamic Materials Corp. Nasdaq CM
売り上げが126％上昇。EPSは前の四半期が－0.05ドルであったのに対して0.21ドル。受注残は最高を記録。大商い
3100％のリターン
マジックラインは16週移動平均線
マジックライン辺りで11週にわたるベースが形成される
ローリスクの買いポイント――「ＢＬＴ」のセットアップ
IBD100に入る
私の買いポイント――4.45ドル
インサイダーによる買い
ＥＰＳが0.11ドル
上昇の間、16週移動平均線の「マジックライン」の上で引ける。ローリスクでの買いまたは増し玉の好機

図12.3　潜在的な売りポイント

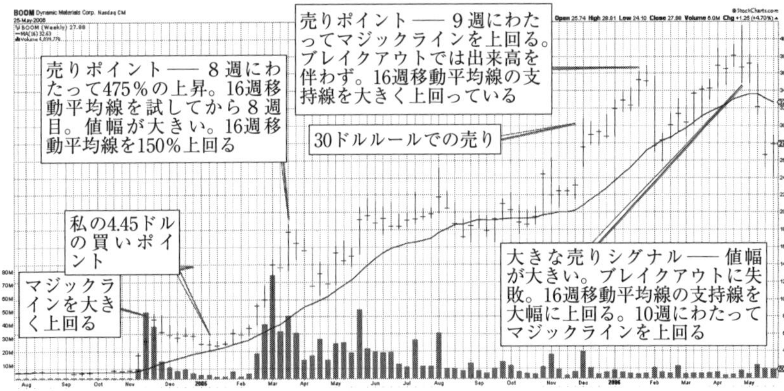
BOOM Dynamic Materials Corp. Nasdaq CM
売りポイント――９週にわたってマジックラインを上回る。ブレイクアウトでは出来高を伴わず。16週移動平均線の支持線を大きく上回っている
売りポイント――８週にわたって475％の上昇。16週移動平均線を試してから８週目。値幅が大きい。16週移動平均線を150％上回る
30ドルルールでの売り
私の4.45ドルの買いポイント
マジックラインを大きく上回る
大きな売りシグナル――値幅が大きい。ブレイクアウトに失敗。16週移動平均線の支持線を大幅に上回る。10週にわたってマジックラインを上回る

半期には0.41ドルの１株利益（EPS）を発表し、正真正銘のスーパーストックになった。

2．バイロファーマ（VPHM）

2005年の第１四半期の決算を発表。2005年のバンコシンとパルブレスの純売上高ガイダンスも上昇

【2005年５月３日ペンシルバニア州エクストン】バイロファーマ（ナスダック、VPHM）は今日、2005年３月31日に終わる第１四半期の決算を発表した。

2005年３月31日に終わる四半期

2005年３月31日に終わる四半期は、純利益は1740万ドル。2004年の同時期は1660万ドルの純損失だった。１株当たりの純利益は0.64ドルで、希薄株１株当たりの純利益は0.36ドル。2004年の同時期は１株当たり0.63ドルの純損失だった（希薄株も同じ）。

経営陣のコメント――CEOのマイケル・デ・ローゼンは次のように言った。「2005年の第１四半期は、すべての部門で利益を伸ばした。特に、バンコシンとパルブレスは好調だった。最も注目すべきことは、バンコシンの事業への統合である。私たちはバンコシンの医学教育をスタートさせた。また、バンコシンによって治療される病気の深刻さが増し、病気が拡大していることを示す大量のデータが業界リーダーによって提示された。おそらく最も重要なのは、この四半期がバンコシンの売り上げが最も伸びた四半期だったということである。純売上高は2100万ドルを超えた」（前年の売り上げはわずか170万ドルだったの対し、今年の売り上げは2700万ドルだった）。

VPHMのスーパー法則

テクニカル

●ブレイクアウトで出来高が増加

●迎え角が大きい

●株価は15ドルを下回る

●30週移動平均線をブレイクアウト（１週目は30週移動平均線で引け、

２週目は30週移動平均線を上回って引けた）

ファンダメンタル

- ●株価の上昇に伴うインサイダーの買い
- ●収益の伸び
- ●年次PERは10倍を下回る
- ●持続可能な収益（新薬）
- ●前年比で利益が上昇
- ●営業レバレッジが高い
- ●スーパーテーマがある――クロストリジウム・ディフィシレによる院内感染の治療に効果的
- ●保守的な経営

注　株式発行高が高く（5100万株）、負債は少なく、「教科書に出てくるような」ベースではない。

私のVPHMに対する思考の記録

5/26/05――今日VPHMを大量に買った。インサイダーによる買いが多く、完璧なチャートパターン。年末までには15ドルになるという予測。この前の決算発表は驚異的だった。キャッシュフローはプラス。希薄化はないということか……3.94で買う。

6/4/05――VPHMは完璧なバイオテク企業のように思える。高い利益が出ていて、１株利益も上昇。PERは非常に低く、富を稼ぎ出す新薬を開発中。インサイダーの買いもある。新薬は売り上げのおよそ10％（あてずっぽう）を占める大ヒット薬になるかもしれない。素晴らしいパートナーだ。

6/15/05——株価は30ドル近くまで上昇するかもしれない。開発中の薬が世に出れば、株価を大きく押し上げるに違いない。引き続きウオッチすることにしよう。

6/17/05——VPHMのリスク・リワードは買いに非常に有利な状態だ。今日1日、データ集めをやって、2006年の売り上げとEPSを予測してみた。これは大当たりになるぞ。最後のインサイダーが6.60で買って、9日移動平均線が6.22だから、今日の終値である6.38は押しになり、最高の買いポイントになるはずだ。明日押したら増し玉しよう。

6/20/05——今日は1日中、10qを調べたり、カンファレンスコールを見たり、プレゼンテーションを見たり、掲示板でおしゃべりしていた。私の2006年の売り上げとEPS予測は最高で、この会社が開発しているものも驚くべきものだ。これは2006年にはビッグウィナーになるに違いない。FORDなんてくそくらえだ。最後のインサイダーの買いは9日移動平均線から反発した6.60で行われたことを思い出そう。良い保ち合いが続いている。5月のバンコシンの売り上げは月曜日に「リーク」されるかもしれない。売り上げ発表は月の2週間目の月曜日に行われることが多い。私のリポートを見ると、2006年のEPSは1ドルを超え、PERは25から30、そして「風邪薬」がおそらくは認可される（北米でのロイヤルティーが得られる）。そうなれば、従来の評価法では評価できなくなる可能性がある。

8/8/05——テクニカルの観点から言えば、VPHMは20日移動平均線が強い支持線になってきた。20日移動平均線は今、11.50の水準にある。今日、株価は11.68まで下落した。株価が11.50辺りまで下落したら、そこが理想的な買いポイントになるだろう。バンコシンの売り上げが伸び、株価が10％上昇すれば、EPSは劇的に変わってくる可能性があ

図12.4　仕掛け前に見たもの

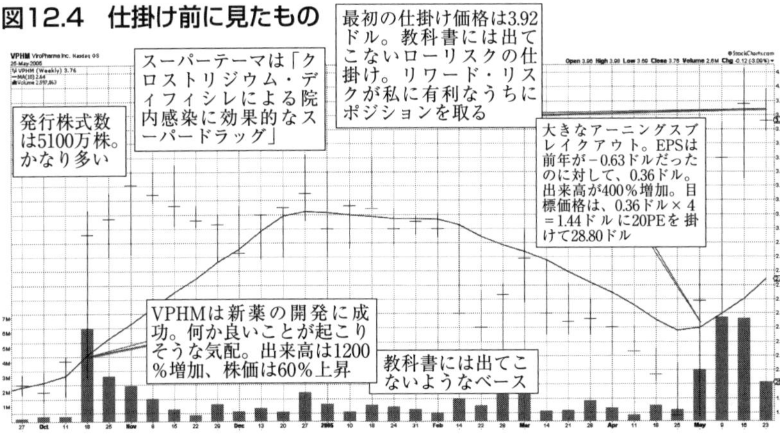
最初の仕掛け価格は3.92ドル。教科書には出てこないローリスクの仕掛け。リワード・リスクが私に有利なうちにポジションを取る
スーパーテーマは「クロストリジウム・ディフィシレによる院内感染に効果的なスーパードラッグ」
発行株式数は5100万株。かなり多い
大きなアーニングスブレイクアウト。EPSは前年が－0.63ドルだったのに対して、0.36ドル。出来高が400％増加。目標価格は、0.36ドル×4＝1.44ドルに20PEを掛けて28.80ドル
VPHMは新薬の開発に成功。何か良いことが起こりそうな気配。出来高は1200％増加、株価は60％上昇
教科書には出てこないようなベース

図12.5　潜在的な買いポイント

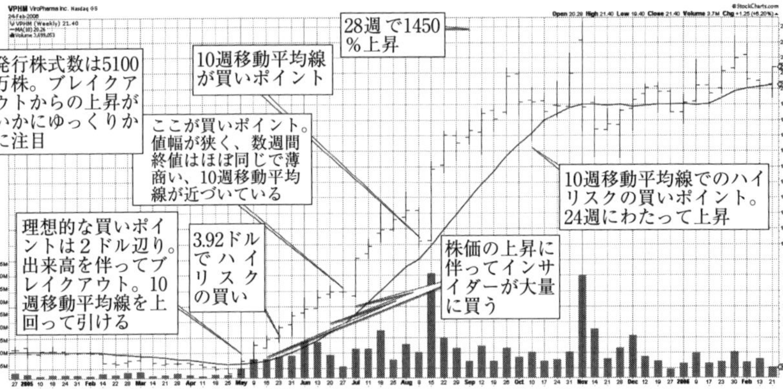
28週で1450％上昇
10週移動平均線が買いポイント
発行株式数は5100万株。ブレイクアウトからの上昇がいかにゆっくりかに注目
ここが買いポイント。値幅が狭く、数週間終値はほぼ同じで薄商い、10週移動平均線が近づいている
10週移動平均線でのハイリスクの買いポイント。24週にわたって上昇
理想的な買いポイントは2ドル辺り。出来高を伴ってブレイクアウト。10週移動平均線を上回って引ける
3.92ドルでハイリスクの買い
株価の上昇に伴ってインサイダーが大量に買う

る。次の12カ月のEPSは1.0から1.20というのが大方の見方だ。リザードは先週、EPSを0.84と予測して、価格目標を16～17に引き上げた。VPHMはバイオテク企業なのでリスクはほかの企業に比べると高いが、新薬や開発の遅れのほうが重要なので、それは二次的なことなのだろう。

図12.6　潜在的な売りポイント

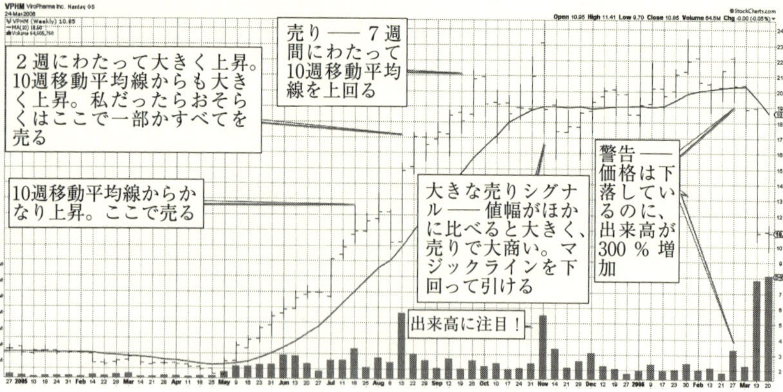
VPHM ViroPharma Inc. Nasdaq GS
売り ―― 7週間にわたって10週移動平均線を上回る
2週にわたって大きく上昇。10週移動平均線からも大きく上昇。私だったらおそらくはここで一部かすべてを売る
10週移動平均線からかなり上昇。ここで売る
大きな売りシグナル ―― 値幅がほかに比べると大きく、売りで大商い。マジックラインを下回って引ける
警告 ―― 価格は下落しているのに、出来高が300％増加
出来高に注目！

3．フォワード・インダストリーズ

フォワード・インダストリーズは2005年の第1四半期の決算を発表した。EPSは前年が0.03ドルだったのに対して0.21ドル。純売上高は98％伸びて890万ドル。

携帯電話関連商品の売り上げが急増。

【2005年1月20日フロリダ州ポンパノビーチ】カスタム携帯用ケース・ソルーションズの設計・販売のフォワード・インダストリーズ（ナスダック、FORD）は今日、2004年12月31日で終わる第1四半期の決算を発表した。

「純売上高が440万ドル（98％）伸びて890万ドル」

携帯電話関連商品の売り上げは350万ドル（166％）伸びて560万ドル。これはモトローラとノキアの携帯電話用インボックスの売り上げが伸びたことによる。

純利益は**6倍**伸びて記録的な137万ドルを計上（1希薄株当たり0.21ドル。前年は19万2000ドルで、1希薄株当たり0.03ドル）。

社長兼CEOのジェローム・E・ボールのコメント――「コストが比較的安定し、堅実な売り上げの伸びによって、営業経費（売り上げに対する比率）は前年同時期の28.9％から16.3％に減少した。これによって四半期の純利益は記録的な数字になった（**注　営業レバレッジが極端に高い！**）。……今年の全般的な見通しは非常に楽観的で、業績を発表するのが待ち遠しいくらいだ」。

テクニカル

●ブレイクアウトの前に長いベース
●ブレイクアウトで出来高が急増
●迎え角が大きい
●株価は15ドルを下回る
●ブレイクアウトで30週移動平均線を上回る

ファンダメンタル

●インサイダーによる買い
●収益の上昇――EPSが前年比で700％上昇（前年が0.03ドルで、今年が0.21ドル）
●年次PERは10倍を下回る
●持続可能な収益の伸び（少なくとも次の5四半期）
●前年比で利益が上昇
●決算報告がトップ記事になる
●営業レバレッジが非常に高い
●浮動株が少ない
●スーパーテーマがある――爆発的に売れている携帯電話（モトローラRAZR）の携帯用ケース

図12.7　仕掛け前の注目点

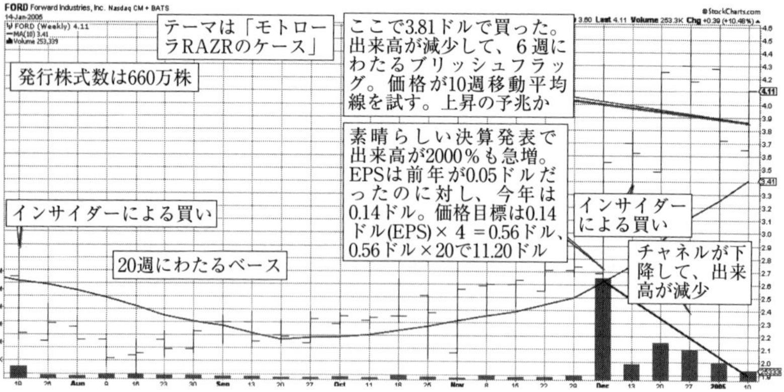

テーマは「モトローラRAZRのケース」
発行株式数は660万株
ここで3.81ドルで買った。出来高が減少して、6週にわたるブリッシュフラッグ。価格が10週移動平均線を試す。上昇の予兆か
素晴らしい決算発表で出来高が2000％も急増。EPSは前年が0.05ドルだったのに対し、今年は0.14ドル。価格目標は0.14ドル(EPS)×4＝0.56ドル、0.56ドル×20で11.20ドル
インサイダーによる買い
20週にわたるベース
インサイダーによる買い
チャネルが下降して、出来高が減少

図12.8　潜在的な買いポイント

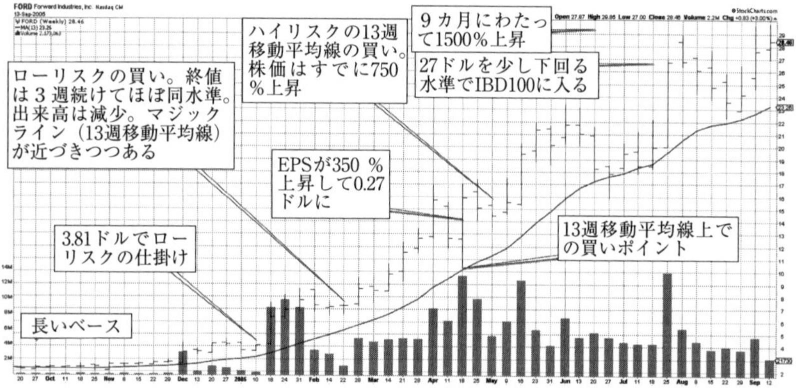

ハイリスクの13週移動平均線の買い。株価はすでに750％上昇
9カ月にわたって1500％上昇
27ドルを少し下回る水準でIBD100に入る
ローリスクの買い。終値は3週続けてほぼ同水準。出来高は減少。マジックライン（13週移動平均線）が近づきつつある
EPSが350％上昇して0.27ドルに
13週移動平均線上での買いポイント
3.81ドルでローリスクの仕掛け
長いベース

注　FORDは経営が保守的で、RAZR用ケースでは競合はおらず、負債はほとんどなく、ティッカーシンボルは覚えやすく、IBDの順位も高く、アナリストのカバーはなく、インサイダーによる株の保有率が高い。

図12.9　潜在的な売りポイント

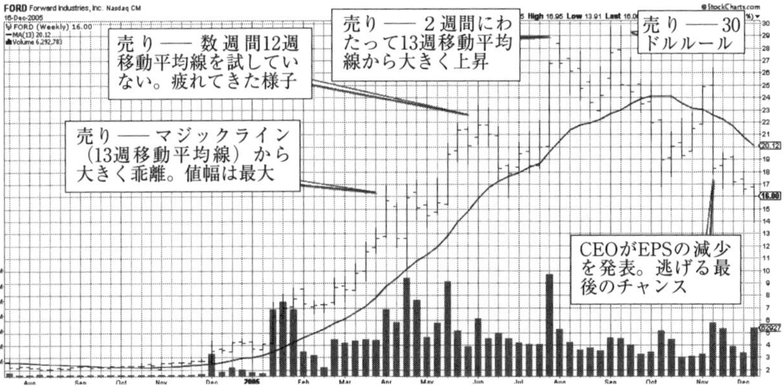
売り —— 数週間12週移動平均線を試していない。疲れてきた様子
売り —— 2週間にわたって13週移動平均線から大きく上昇
売り —— 30ドルルール
売り —— マジックライン（13週移動平均線）から大きく乖離。値幅は最大
CEOがEPSの減少を発表。逃げる最後のチャンス

4．DXPエンタープライゼズ（DXPE）

DXPエンタープライゼズは第2四半期の決算を発表。純利益は107％上昇。EPSは2倍。

【2005年7月20日テキサス州ヒューストン】DXPエンタープライゼズ（ナスダック、DXPE）は今日、2005年6月30日で終わる第2四半期の決算を発表した。**純利益は107％上昇**して、147万7000ドルだった。希薄株1株当たりのEPSは0.26ドル。2004年の第2四半期の純利益は71万4000ドルで、希薄株1株当たりのEPSは0.13ドルだった。売り上げは、前年同時期が4200万ドルだったのに対し、8.1％上昇して4550万ドルだった。粗利益は前年同時期から21.7％上昇。

社長兼CEOのデビッド・R・リトルのコメント ——「第2四半期もまた前四半期から引き続き売り上げが大きく伸び、**利益も伸びた**。2004年は利益率の低い売り上げが大きかったが、2005年はMROの売り上げが伸びた。今後も**現在のビジネス機会水準と増収増益能力を維持**できるように努めていきたい」。

図12.10　仕掛け前の注目点

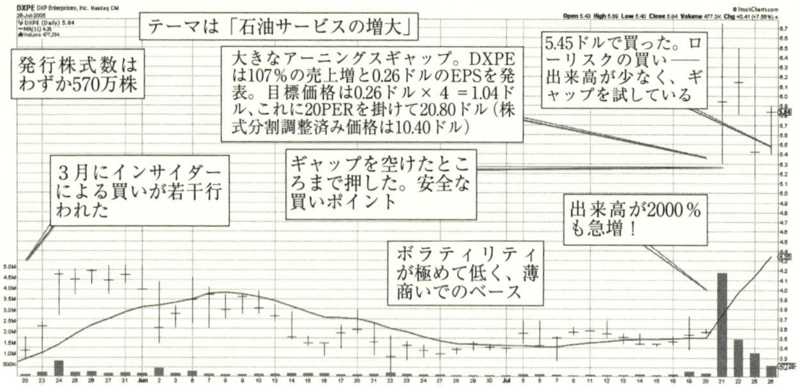

注　株式分割をした。

テクニカル

- ●ブレイクアウトの前に長いベース
- ●ブレイクアウトで出来高が2000％増加
- ●迎え角が大きい
- ●30週移動平均線を上方にブレイクアウト
- ●株価は15ドルを下回る

ファンダメンタル

- ●インサイダーによる買い
- ●利益の伸び（EPSは100％上昇）
- ●年次PERは10倍
- ●持続可能な利益
- ●前年比で利益が上昇
- ●浮動株が少ない
- ●分かりやすい決算発表

図12.11　潜在的な買いポイント

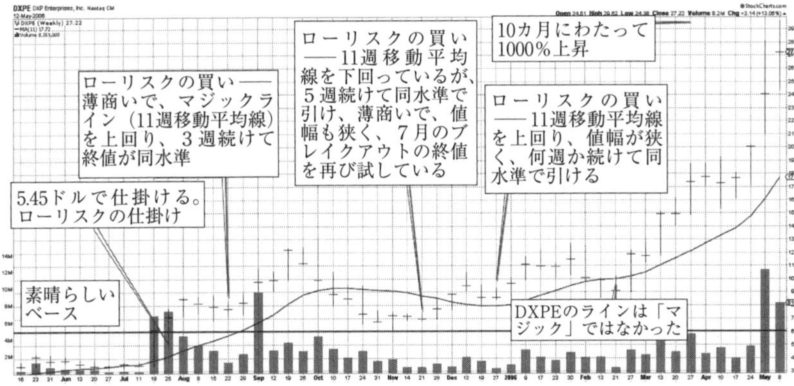
DXPE DXP Enterprises, Inc. Nasdaq CM
ローリスクの買い――薄商いで、マジックライン（11週移動平均線）を上回り、3週続けて終値が同水準
ローリスクの買い――11週移動平均線を下回っているが、5週続けて同水準で引け、薄商いで、値幅も狭く、7月のブレイクアウトの終値を再び試している
10カ月にわたって1000％上昇
ローリスクの買い――11週移動平均線を上回り、値幅が狭く、何週か続けて同水準で引ける
5.45ドルで仕掛ける。ローリスクの仕掛け
素晴らしいベース
DXPEのラインは「マジック」ではなかった

図12.12　潜在的な売りポイント

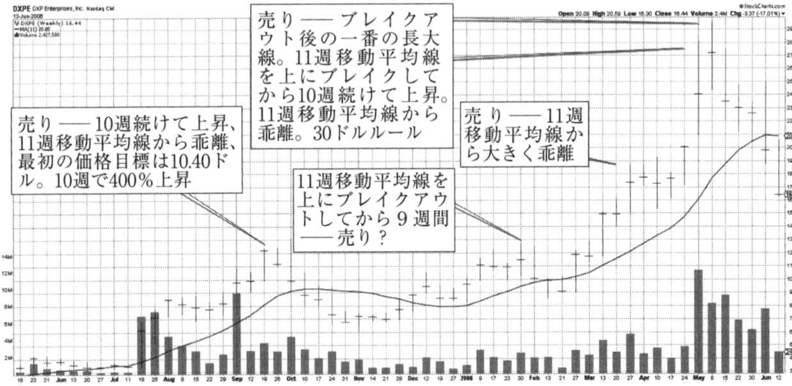
DXPE DXP Enterprises, Inc. Nasdaq CM
売り――ブレイクアウト後の一番の長大線。11週移動平均線を上にブレイクしてから10週続けて上昇。11週移動平均線から乖離。30ドルルール
売り――10週続けて上昇、11週移動平均線から乖離、最初の価格目標は10.40ドル。10週で400％上昇
売り――11週移動平均線から大きく乖離
11週移動平均線を上にブレイクアウトしてから9週間――売り？

●保守的な経営

注　負債が少なく、IBDでも高い評価を得、アナリストのカバーもない。

テーマは普通――「エネルギー産業用のポンプソリューション」。当時、石油サービスは新たな関心を呼んだ。

5．エア・メソッズ・コーポレーション（AIRM）

エア・メソッズは2005年第３四半期の決算を発表。EPSは0.50ドル、売り上げは31％伸びて9050万ドル。

【2005年11月９日コロラド州デンバー】エア・メソッズ・コーポレーション（ナスダック、AIRM）は今日、2005年９月30日に終わる四半期の決算を発表した。**売り上げ**は前年同時期の6890万ドルから**31％伸び**て9050万ドル。過去９カ月間の売り上げの伸びは20％で、2048万ドルから2467万ドルに増加した。

純利益は、前年同時期の150万ドル（普通株および希薄株のEPSは0.13ドル）から**2.7倍伸びて**550万ドルになった（普通株のEPSは0.50ドル、希薄株のEPSは0.47ドル）。

CEOのアーロン・トッドのコメント――「第２四半期は劣後債の借り換えによって**支払利息が減少**したことで利益が上昇した。この効果は次の３四半期にわたって続く……**第４四半期は10月に出来高が大幅に伸びたため、良いスタート**を切った」。

テクニカル

●仕掛ける前に９週間にわたるベース
●ブレイクアウトで出来高が450％増加
●迎え角はまずまず
●株価は15ドルを下回る
●30週移動平均線を上回る

ファンダメンタル

●インサイダーによる買い
●利益の大幅な伸び

図12.13　仕掛け前の注目点

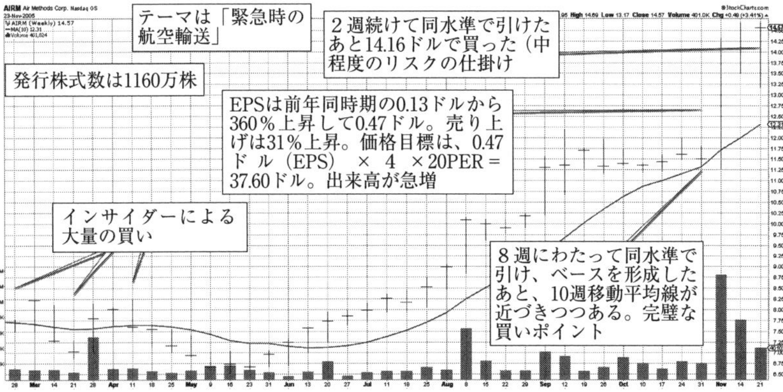
テーマは「緊急時の航空輸送」
2週続けて同水準で引けたあと14.16ドルで買った（中程度のリスクの仕掛け
発行株式数は1160万株
EPSは前年同時期の0.13ドルから360％上昇して0.47ドル。売り上げは31％上昇。価格目標は、0.47ドル（EPS）×4×20PER＝37.60ドル。出来高が急増
インサイダーによる大量の買い
8週にわたって同水準で引け、ベースを形成したあと、10週移動平均線が近づきつつある。完璧な買いポイント

図12.14　潜在的な買いポイント

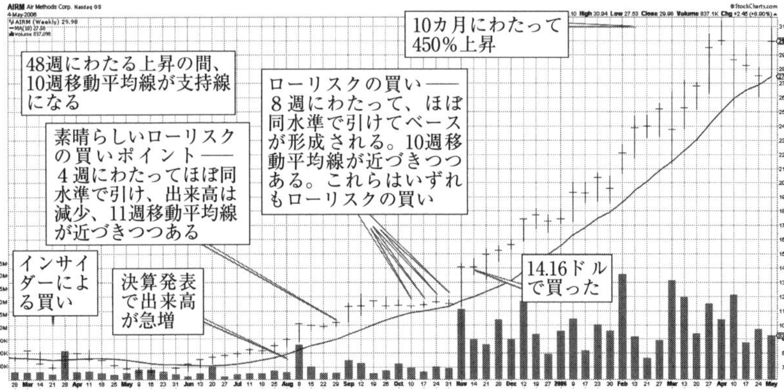
10カ月にわたって450％上昇
48週にわたる上昇の間、10週移動平均線が支持線になる
ローリスクの買い――8週にわたって、ほぼ同水準で引けてベースが形成される。10週移動平均線が近づきつつある。これらはいずれもローリスクの買い
素晴らしいローリスクの買いポイント――4週にわたってほぼ同水準で引け、出来高は減少、11週移動平均線が近づきつつある
インサイダーによる買い
決算発表で出来高が急増
14.16ドルで買った

●年次PERが10倍を下回る

●持続可能な利益

●前年比で利益が上昇

●営業レバレッジが高い

●浮動株が適度に少ない

●保守的な経営

●競合がおらず、負債はほとんどなく、IBDの順位も高く、オプショ

図12.15　潜在的な売りポイント

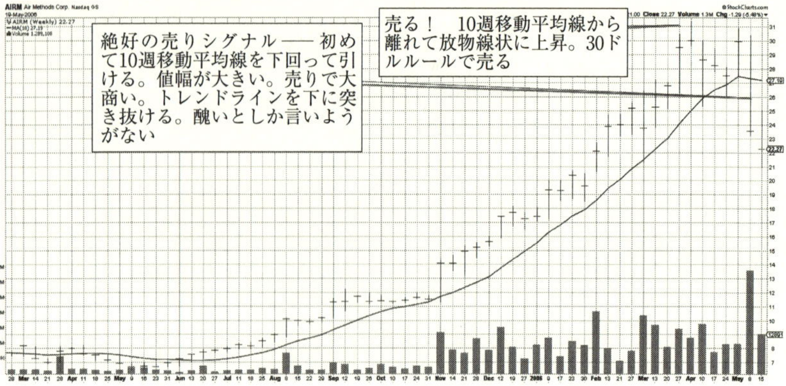
AIRM Air Methods Corp. Nasdaq GS
19-May-2006
AIRM (Weekly) 22.27
MA(10) 27.19
Volume 1,289,108
©StockCharts.com
Close 22.27 Volume 1.3M Chg -1.29 (-5.48%)
絶好の売りシグナル —— 初めて10週移動平均線を下回って引ける。値幅が大きい。売りで大商い。トレンドラインを下に突き抜ける。醜いとしか言いようがない
売る！　10週移動平均線から離れて放物線状に上昇。30ドルルールで売る

ンの設定はない

注　テーマはあまり良いとは言えない —— 緊急時の航空輸送

6．エンパイヤ・リソーシズ（ERSO）

エンパイヤ・リソーシズは第３四半期の決算を発表。

【2005年11月10日ニュージャージー州フォートリー】付加価値の高いアルミニウム半製品の販売を行っているエンパイヤ・リソーシズ（AMEX、ERSO）は今日、2005年９月に終わる３カ月および９カ月の純利益を発表した。３カ月の純利益は前年同時期の141万5000ドルから238万8000ドル、９カ月の純利益は361万4000ドルから713万4000ドルと大幅に上昇した。また、１株利益は完全希薄ベースで2004年が0.14ドル（３カ月）および0.36ドル（９カ月）であったのに対して、2005年は0.24ドルおよび0.72ドルと上昇した。

純売上高は2004年が5380万9000ドル（３カ月）および１億5959万9000ドル（９カ月）であったのに対して、2005年は9077万7000ドルお

図12.16　仕掛け前の注目点

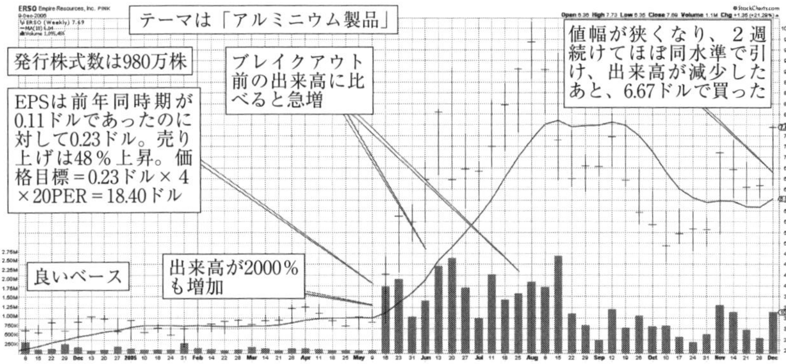
テーマは「アルミニウム製品」
発行株式数は980万株
EPSは前年同時期が0.11ドルであったのに対して0.23ドル。売り上げは48％上昇。価格目標＝0.23ドル×4×20PER＝18.40ドル
ブレイクアウト前の出来高に比べると急増
値幅が狭くなり、2週続けてほぼ同水準で引け、出来高が減少したあと、6.67ドルで買った
良いベース
出来高が2000％も増加

よび2億6023万7000ドルで、**前年比で**それぞれ**69％**および63％**上昇**した。

テクニカル

●2005年5月の最初のブレイクアウトでは出来高が2000％増加

●最初のブレイクアウトまでのベースが長い

●迎え角が大きい

●株価は15ドルを下回る

●30週移動平均線を上回る

ファンダメンタル

●利益が上昇

●年次PERは10倍を下回る

●持続可能な利益

●前年比で利益が上昇

●浮動株が少ない

●保守的な経営

図12.17　潜在的な買いポイント

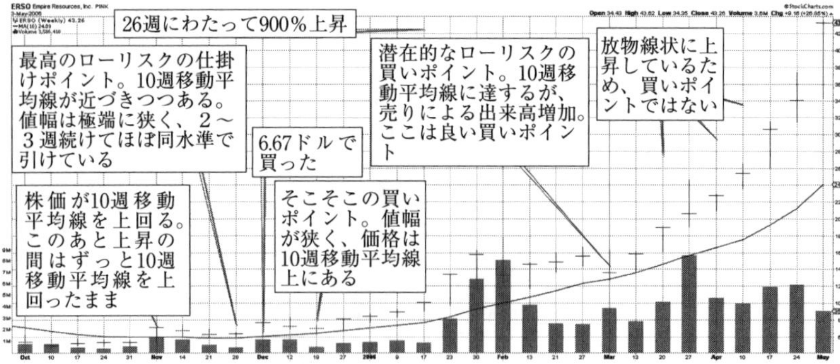
26週にわたって900％上昇
最高のローリスクの仕掛けポイント。10週移動平均線が近づきつつある。値幅は極端に狭く、２～３週続けてほぼ同水準で引けている
株価が10週移動平均線を上回る。このあと上昇の間はずっと10週移動平均線を上回ったまま
6.67ドルで買った
そこそこの買いポイント。値幅が狭く、価格は10週移動平均線上にある
潜在的なローリスクの買いポイント。10週移動平均線に達するが、売りによる出来高増加。ここは良い買いポイント
放物線状に上昇しているため、買いポイントではない

図12.18　潜在的な売りポイント

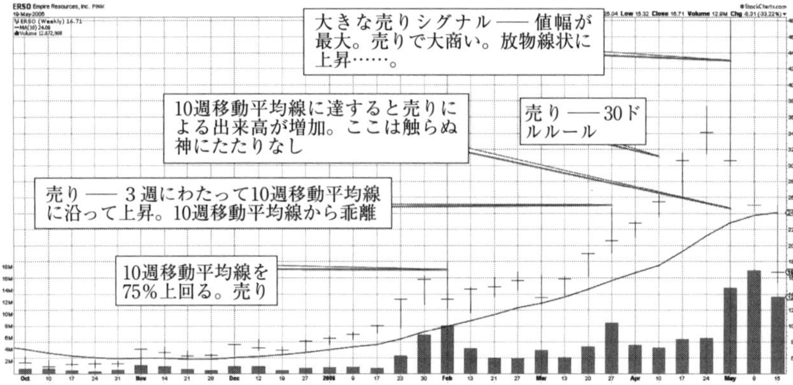
大きな売りシグナル――値幅が最大。売りで大商い。放物線状に上昇……。
10週移動平均線に達すると売りによる出来高が増加。ここは触らぬ神にたたりなし
売り――30ドルルール
売り――３週にわたって10週移動平均線に沿って上昇。10週移動平均線から乖離
10週移動平均線を75％上回る。売り

注　決算報告はトップ記事にはならなかった。特にこれといった要素はない。アルミニウムはあまり良いテーマではない。

７．アルディラ・コーポレーション（ALDA）

アルディラは2004年の第１四半期、好決算を発表。

【2004年４月28日カリフォルニア州ポーウエー】アルディラ（ナスダック、NMS、ALDA）は今日、2004年３月31日で終わる３カ月の決算を発表。純売上高は1530万ドル、純利益は230万ドル（１株当たり0.46ドル）だった。2003年同時期の純売上高は1020万ドル、純損失は16万9000ドル（１株当たり0.03ドルの損失）だった。

マシューソン氏のコメント――「2004年の第１四半期は好決算で、非常に喜ばしく思っている。ゴルフ業界によって主要商品のNVウッドシャフトが認められたため、**売り上げ**は前年比で**51％上昇**した。純利益の230万ドル（１株当たり0.46ドル）はこの８年の四半期で最高だった。売り上げ個数は11％伸び、**平均販売価格**は前年比で**37％上昇**している……**粗利益**は前年比で**40％上昇**（**総利益は252％上昇**）して610万ドルになった。前年同時期はそれぞれ17％と170万ドルだった……NVウッドシャフトの成功によって**新たな顧客を獲得**したため、すでに大きな顧客ベースはさらに広がった」。

テクニカル

●ブレイクアウトの前に良いベースが形成されている
●ブレイクアウトで出来高が大幅に増加
●迎え角が大きい
●株価は15ドルを下回る
●30週移動平均線を上にブレイクアウト

ファンダメンタル

●最近、インサイダーによる買いがあった
●利益の上昇。前年のEPSはマイナスだったの対し、今年のEPSは0.46ドル
●年次PERは仕掛け時で10倍
●前年比で利益が上昇

図12.19　仕掛け前の注目点

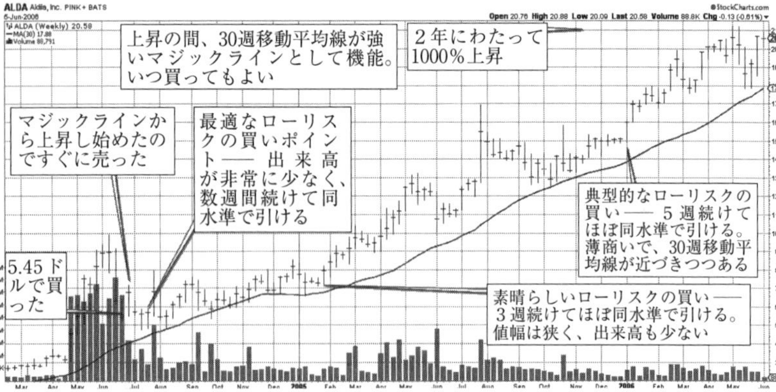
上昇の間、30週移動平均線が強いマジックラインとして機能。いつ買ってもよい
２年にわたって1000％上昇
マジックラインから上昇し始めたのですぐに売った
最適なローリスクの買いポイント―― 出来高が非常に少なく、数週間続けて同水準で引ける
典型的なローリスクの買い―― ５週続けてほぼ同水準で引ける。薄商いで、30週移動平均線が近づきつつある
5.45ドルで買った
素晴らしいローリスクの買い―― ３週続けてほぼ同水準で引ける。値幅は狭く、出来高も少ない

図12.20　潜在的な買いポイント

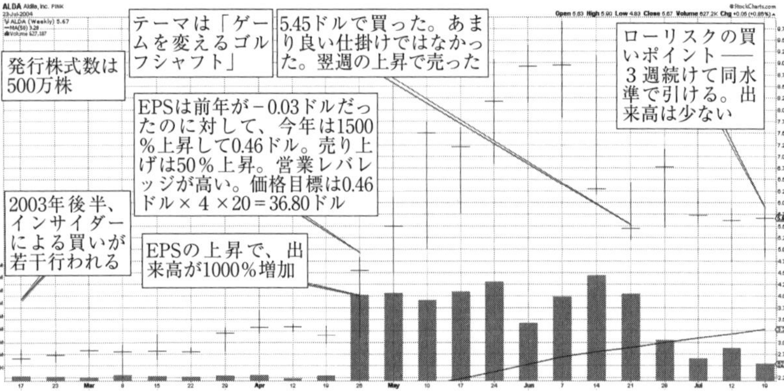
テーマは「ゲームを変えるゴルフシャフト」
5.45ドルで買った。あまり良い仕掛けではなかった。翌週の上昇で売った
ローリスクの買いポイント―― ３週続けて同水準で引ける。出来高は少ない
発行株式数は500万株
EPSは前年が－0.03ドルだったのに対して、今年は1500％上昇して0.46ドル。売り上げは50％上昇。営業レバレッジが高い。価格目標は0.46ドル×４×20＝36.80ドル
2003年後半、インサイダーによる買いが若干行われる
EPSの上昇で、出来高が1000％増加

●営業レバレッジが大きい

●決算報告が見出し記事になる

●浮動株は少ない（500万株）

●スーパーテーマがある――PGAプロが使う次世代ゴルフシャフト

●保守的な経営で、広報活動は少ない

図12.21　潜在的な売りポイント

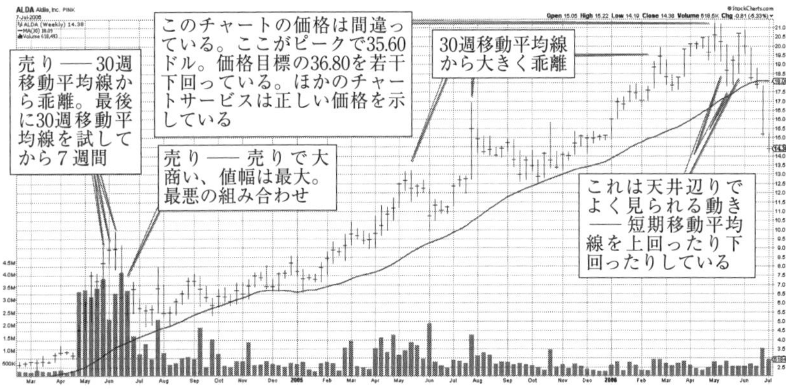
売り――30週移動平均線から乖離。最後に30週移動平均線を試してから７週間
このチャートの価格は間違っている。ここがピークで35.60ドル。価格目標の36.80を若干下回っている。ほかのチャートサービスは正しい価格を示している
売り――売りで大商い、値幅は最大。最悪の組み合わせ
30週移動平均線から大きく乖離
これは天井辺りでよく見られる動き――短期移動平均線を上回ったり下回ったりしている

8．フレイトカー・アメリカ（RAIL）

フレイトカー・アメリカは企業独自の試算による四半期の決算を発表。１株利益は0.90ドル、１株当たりの純利益は0.76ドル、受注残は１万5867ユニットに達した。

【2005年７月27日イリノイ州シカゴ】フレイトカー・アメリカ（ナスダック、RAIL）は今日、2005年６月30日に終わる３カ月の決算を発表した。2005年の第２四半期の売り上げは２億3070万ドル、一般株の純利益は910万ドル、希薄株は１株当たり0.76ドルだった。前年同時期の売り上げは9490万ドルで、一般株の純利益は430万ドル、希薄株は１株当たり0.63ドルだった……**当社独自の試算による１株利益は希薄株で0.90ドルで、前年同時期の１株利益は希薄株で0.11ドルの損失**だった。

会社のコメント――「第２四半期は北米の石炭鉄道車両セクターは依然として強く、新たな受注も獲得した。第２四半期の新型タイプの鉄道車両の**受注**は5104ユニットで、前年比で**60％上昇**した。さら

図12.22　仕掛け前の注目点

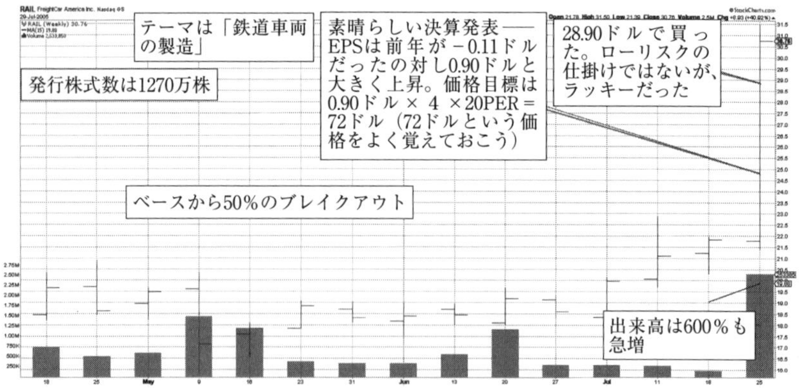

に、受注残は2005年６月30日現在で１万5867ユニットで、**前年比でほぼ2倍**近く。**生産量をさらに上げ**、増加した受注残に対応するつもりだ」。

テクニカル

●強いベースから30週移動平均線を上にブレイクアウト

●出来高は600％増加

●迎え角が大きい

注　株価は30ドルを下回らないが、EPSは0.90ドル

ファンダメンタル

●利益の上昇

●年次PERは10倍を下回る（仕掛け時のPERは８倍）

●持続可能な利益――受注残の増加（CEOのコメントを参照）

●前年比で利益が上昇

●受注残の増加

●保守的な経営

図12.23　潜在的な買いポイント

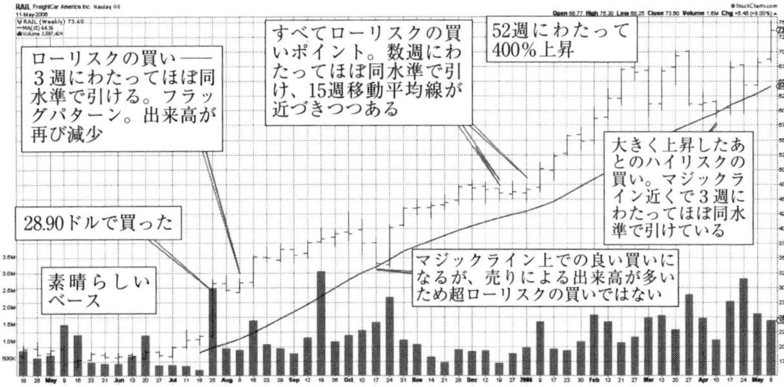

図12.24　潜在的な売りポイント

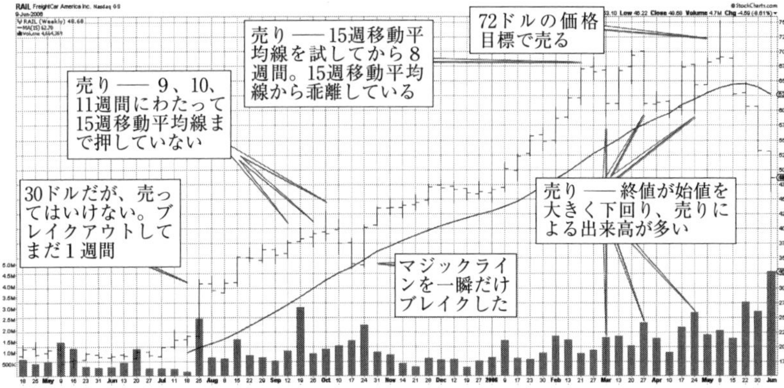

注　発行株式数は理想水準を若干上回る1270万株。景気改善と古い車両の交換により新たな車両の需要が伸びるというテーマには疑問あり

……そして、ルールは破られるためにある。

9．ローカル・コーポレーション（LOCM）

2004年のティッカーシンボルはINCXだった。
「スーパーテーマ＋極端に少ない浮動株＝モンスター」

LOCMは2004年10月18日に上場した。利益も取引実績もないため、ファンダメンタルズやテクニカルのスーパー法則についてコメントすることはできない。ただし、１つだけ大きなファンダメンタルな要素がある。それはこれまでになかった「ローカルサーチ」というスーパーテーマを持っていることである。また、この会社は「ベイビーグーグル」とも呼ばれている。当時はグーグルのサーチエンジンさえローカルサーチはなかった。投資家はその大きな可能性に期待していた。株価の動きが非常に大きいため、私は予想以上にアクティブにトレードした。最近の決算発表もなく、取り立てて言うほどのファンダメンタルやテクニカルな要素もないため、私の当時のｅメールを提示することにする。ほとんどはスーパーテーマについての議論だ。

「ベイビーグーグル」の短期トレード

11/01/04――これまでINCXは２回短期トレードを行った。それについての意見？　私の感触としては、10.73のギャップまたはおよそ10ドルの９日移動平均線から大きく上昇するのではないかと見ている。出来高は増えたり減ったりを繰り返している。

今日の午後、11ドルを下回る価格で再びポジションを取った。私の郵便番号でジャイロと鶏手羽肉を検索してみたら、検索結果に驚いた。何と場所の半数で鶏手羽肉がヒットしたのだ。テクノロジーが売り上げにつながるとは思わないが、これは画期的だ。私の予想では、この「ベイビーグーグル」と「ローカルサーチ」を短期間の間に多くの投

図12.25　潜在的な短期の買いポイント

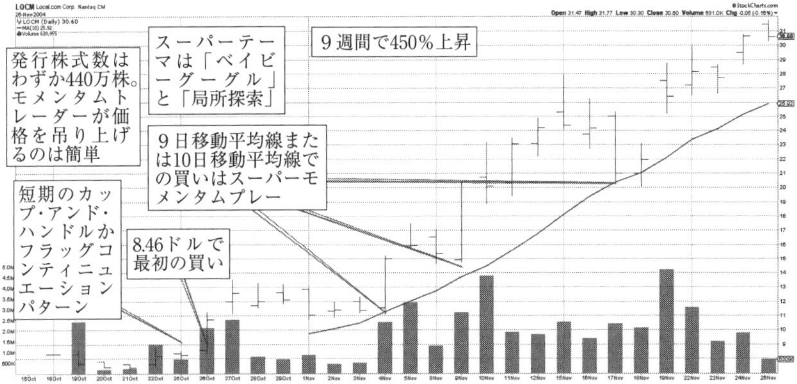
LOCM Local.com Corp. Nasdaq CM
26-Nov-2004
LOCM (Daily) 30.60
MA(10) 25.92
Volume 630,955
©StockCharts.com
Open 31.47 High 31.77 Low 30.30 Close 30.60 Volume 631.0K Chg -0.05 (-0.16%)
発行株式数はわずか440万株。モメンタムトレーダーが価格を吊り上げるのは簡単
スーパーテーマは「ベイビーグーグル」と「局所探索」
9週間で450%上昇
9日移動平均線または10日移動平均線での買いはスーパーモメンタムプレー
短期のカップ・アンド・ハンドルかフラッグコンティニュエーションパターン
8.46ドルで最初の買い
15Oct
18Oct
19Oct
20Oct
21Oct
22Oct
25Oct
26Oct
27Oct
28Oct
29Oct
1Nov
2Nov
3Nov
4Nov
5Nov
8Nov
9Nov
10Nov
11Nov
12Nov
15Nov
16Nov
17Nov
18Nov
19Nov
22Nov
23Nov
24Nov
26Nov

資家がフォローするだろう。これはいけるかもしれない。

11/8/04――INCXのことを最初にどこで聞いたかは覚えていないが、それを聞いたあと、私はINCXをウオッチしてきた。でも、買わなかった。5日目辺りから掲示板で活発に議論されるようになり、その夜1時間のうちに30の投稿があったのを見て、これはモンスターになると予感した。翌朝8.30～8.40ドルで全財産をつぎ込んだ。株価が12ドルを下回ると売り、11.80ドルで再び買い、13.10ドルで売った。グランドフィナーレでは、教科書に出てくるような完璧な保ち合いになると、11.11～11.39ドルでチップのすべて（アメリトレードの見合基金も含めて）を賭け、16.10～16.90ドルで売った。ギャップが埋まり、数日間保ち合いになって9日移動平均線が追いついたら再び仕掛けるつもりだ。私は株については感情的になることはないが、年に3回か4回は感情的になる。そんなときは自分の直感を信じて、大きく賭ける。30時間の調査を終え、これは賭ける価値のあるギャンブルになると思った。

図12.26　潜在的な短期の売りポイント

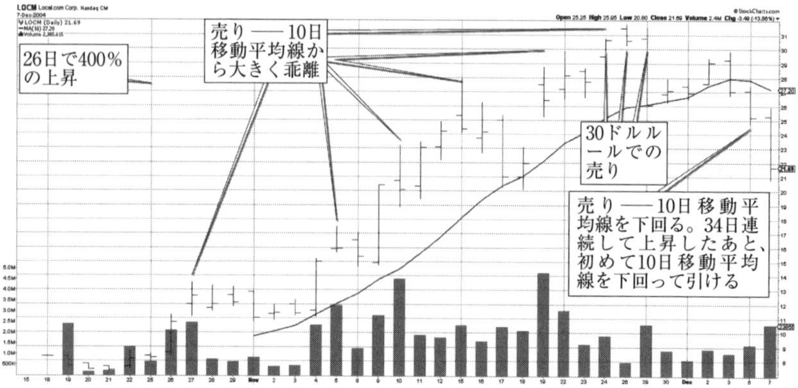
LOCM Local.com Corp. Nasdaq CM
7-Dec-2004
LOCM (Daily) 21.69
MA(10) 27.20
Volume 2,385,615
Open 25.25 High 25.95 Low 20.80 Close 21.69 Volume 2.4M Chg -3.49 (-13.86%)
©StockCharts.com
26日で400％
の上昇
売り――10日
移動平均線か
ら大きく乖離
30ドルル
ールでの
売り
売り――10日移動平
均線を下回る。34日連
続して上昇したあと、
初めて10日移動平均
線を下回って引ける

10．アップルコンピュータ（AAPL）

これはチャートの予測能力を示す絶好の例だ。私は2003年、２つの理由でAAPLを買った。２つの理由とは、超大型テーマと、出来高が急増して驚くほどのブレイクアウトを示したことだ。

テクニカル

●５カ月のベースからブレイクアウト

●出来高が500％増加

●迎え角が大きい

●30週移動平均線を上にブレイクアウト

ファンダメンタル

●ゲームを変える大きなテーマ――「iTunes」のリリース

図12.27　仕掛け前の注目点

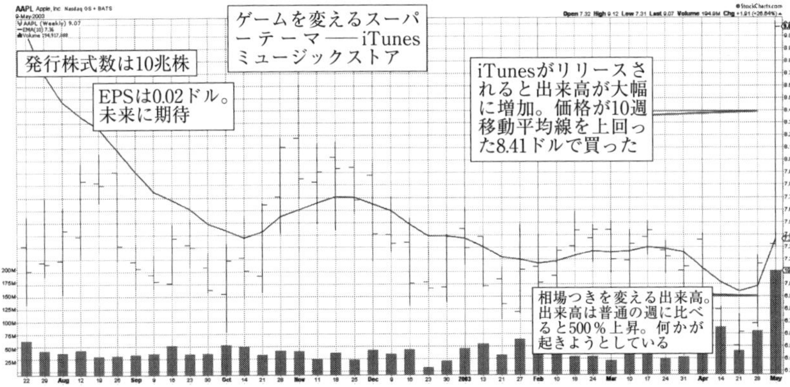
発行株式数は10兆株
ゲームを変えるスーパーテーマ――iTunesミュージックストア
EPSは0.02ドル。未来に期待
iTunesがリリースされると出来高が大幅に増加。価格が10週移動平均線を上回った8.41ドルで買った
相場つきを変える出来高。出来高は普通の週に比べると500％上昇。何かが起きようとしている

図12.28　あとは知ってのとおり……

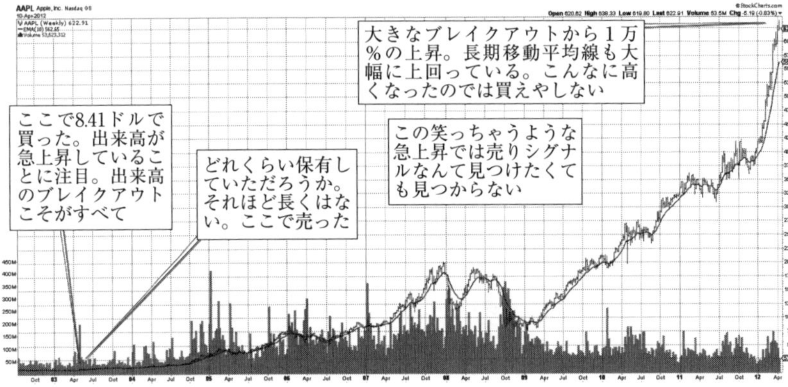
大きなブレイクアウトから１万％の上昇。長期移動平均線も大幅に上回っている。こんなに高くなったのでは買えやしない
ここで8.41ドルで買った。出来高が急上昇していることに注目。出来高のブレイクアウトこそがすべて
どれくらい保有していただろうか。それほど長くはない。ここで売った
この笑っちゃうような急上昇では売りシグナルなんて見つけたくても見つからない

11．選外佳作――TRMM

ATMマシンのTRMコーポレーション。

18カ月で１万800％上昇。

TRMMはほかの会社に買収されたので、最初はTRMMを例として載せるつもりはなかった。どのチャートサービス・データベースにも同社のチャートはもう存在しない。でも、一から始まる会社なので私はTRMMを買うことにした。この株は軌道に乗り、何十万ドルも儲けさせてくれた。そしてようやく１つのチャートを見つけることができた。しかし、チャートはこの１つだけだ。

TRMMは大幅な増収増益を発表

8/06/2003――TRMコーポレーション（ナスダック、TRMM）は今日、2003年６月30日に終わる四半期の決算を発表した。純利益は、前年同時期が40万4000ドルの損失（１株当たり0.06ドル、または優先配当金差し引き後１株当たり0.11ドルの損失）だったのに対し、2003年は115万ドル（１株当たり0.16ドル、または優先配当金差し引き後１株当たり0.11ドル）だった。2003年６月30日に終わる６カ月の純利益は、前年同時期が74万1000ドルの損失（１株当たり0.10ドル、または優先配当金差し引き後１株当たり0.21ドルの損失）だったの対し、2003年は190万ドル（１株当たり0.27ドル、または優先配当金差し引き後１株当たり0.16ドル）だった。純売上高は、前年から253万ドル（14.3%）伸びて、2022万ドルだった。

テクニカル

●珍しい「階段状」のベース
●ブレイクアウトで出来高が増加
●迎え角が急峻

ファンダメンタル

●インサイダーによる買いが連続的に行われる。これはいままでにない最高のケース。株価が0.25ドルから６ドルに徐々に上昇する間、彼らは買い続けた

図12.29

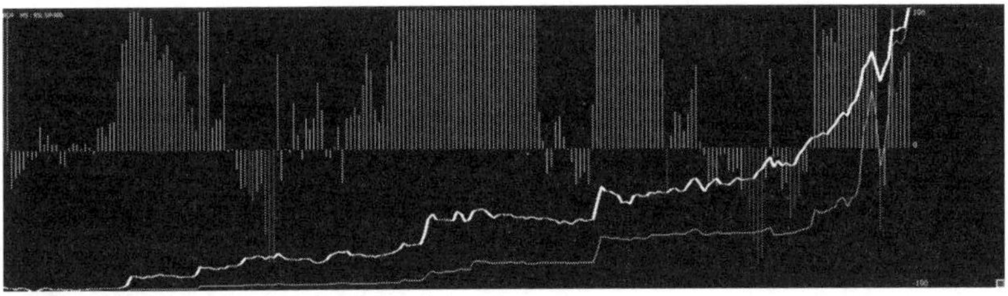

出所＝WordenBrothers, Inc.

●信じられないような利益の伸び。利益は、－0.54から、0.11ドル、0.16ドル、0.20ドル、0.26ドル、0.31ドルと上昇
●PERは10倍を下回る。仕掛け時の年次PERはおよそ６倍
●前年比で利益が上昇
●テーマ――世界最大のATMメーカー、トライントン・コーポレーションに対してATMの販売とサービスを提供することを契約
●営業レバレッジが高い
●発行株式数が少ない――700万株

残念ながら、ポジションを取ったときの、古いTRMMのアラートを見つけだすことはできなかった。TRMMのアラートはアラートを定期的に発信するようになる以前のものだからだ。

TRMMは0.25ドルから上昇して、１年半で27ドルになった。１万0800％の上昇だ。残念なことに、この株は４ドルを少し下回るまで発掘することはできなかった。

株価が27ドルに達すると、ものの数日で下落した。天井は25ドルから30ドルだったことに注意しよう。上昇の間ずっと持ち続け、そのあとの下落で船もろともに沈んだ。

株価は「階段状パターン」から放物線状になっていることに注目してほしい（白いライン）。

第13章 スーパーストックに関するお勧めの本とウェブサイト

Superstock Resources

真剣な投資家ならだれもがやるように、私は長年にわたって人気のあるトレードと投資の本をたくさん読んできた。もちろん、エドウィン・ルフェーブルの『欲望と幻想の市場――伝説の投機王リバモア』（東洋経済新報社）、ニコラス・ダーバスの**『私は株で200万ドル儲けた』**（パンローリング）、ベンジャミン・グレアムの**『賢明なる投資家』**（パンローリング）といった古典はすべて読んだ。経済的自由を追究するのなら、これらの本を読むことをお勧めしたいところだが、私の仕事はあなたがお金儲けするのを助けることである。

大金を儲けるためには、ほんの２～３のことだけに集中すればよい。ほかは放っておいてもよい。違いを生むわずかなことだけに集中することで、真の専門家になるという可能性が開けてくる。あなたの時間を本を読むことに費やせば、いろいろな手法は学べるかもしれないが、トレードのプロにはなれない。週末ハンプトンズに行き、国際人との交流の合間に娯楽本を読むのなら、『欲望と幻想の市場』を読むことだ。

しかしそれまでは、すべてのノイズは忘れよ。1980年代のボストン・セルティックスのように、あなたは基本に精通する必要がある。

そういうわけで、私がお勧めしたい本とウェブサイトをいくつか紹介することにしよう。なお、私は以下に紹介するものとは一切利害関係はないことを断っておきたい。

1．ウィリアム・オニールの『オニールの成長株発掘法』（パンローリング）

この本はナンバー１のお勧め本というだけではなく、ナンバー１、２、３、４、５、そして６のお勧め本だ。市場で大金を稼ぐのに本書は欠かせない。できれば、チャートが更新されている最新版（現在は2009年）を買ったほうがよいだろう。オニールの手法は、何十年も過去にさかのぼってビッグウィナーを見つけだしてきた。400ページほどの本だが、そのほとんどが基本について書かれている。彼の手法を習得すれば、99.9％の投資家を出し抜くことができるだろう。

とはいえ、私は彼の「ルール」に百パーセント同意しているわけではない。同意できないルールがたくさんある。例えば、私は会社の売り上げや収益が毎年Ｘ％上昇しなければならないとは思っていない。仕掛け時の株価が15ドルあるいは20ドルを上回っていなければならないというルールにも反対だ（これではパフォーマンスは崩壊する）。８％の損切りにも反対だし、52週の高値近くのピボットでのみ買うことにも反対だ。さらに、投資判断を株主資本利益率といった曖昧な統計量に基づいて行うことにも反対だ。

インベスターズ・ビジネス・デイリー紙（オニール自身が発行している新聞）を購読したことがあるかって？　１回もない。私の株がIBD100に入ったかどうか調べるために、これまで５～６回買ったことはあるが。彼らのウェブサイトを購読したことはあるかって？　これはイエスだ。数年前、１～２週間のお試し購読に登録したことがある。ただそれだけだ。私が彼らに属しているかって？　ノーだ。このカウボーイはだれにも属していない。

全体的には、この本はあなたが市場でお金儲けをするために知りたいことを教えてくれる。この本は抽象的な理論について書かれた本ではない。この本は毎年リターンが市場をアウトパフォームしている人が書いた本だ。この本で教える手法は筋が通っていて、お金儲けに役立つ。いたってシンプルな本だ。ほかの本は私には娯楽本としか思えない。この本は図書館に行けばただで借りられる。あるいは、アマゾンで古本を買ってもよい。この本を買って、読んで、勉強することだ。

2．マーク・ダグラスの『ゾーン 相場心理学入門』（パンローリング）

本書で何回も言ったように、市場をマスターするということは、あなたの感情をよく理解し、規律ある投資アプローチを身につけること。これに尽きる。ダグラスの本はトレードの心理と正しい考え方について書かれた本のなかでは絶品だ。心理学の本はいろいろあれど、あなたが必要なのはこの１冊だけだ。この本の基本を習得し、後ろは振り返るな。本当に必要なのはこの本だけである。ウィリアム・オニールの本だけでは素晴らしい結果を出すことはできない。本当の成功を目指すのなら、両方を読むことだ。図書館にないかチェックしてみよう。でも、もっとよいのは古本を探すことだ。そして、一生大事に手元においておくことだ。

3．WORDEN.COM

儲かる株やセクターを収集したら、次に必要となるのがそれらをモニターすることだ。株式をリストにして、それをチャーティングウェブサイトに手動でタイプ打ちするよりも、Wordenの「TC2000」のようなチャートサービスを利用すれば大幅な時間の節約になる。モニターしたい株式（何百あるいは何千）を入力したら、あとはスペースバーを押して１つずつスクロールするだけである。ほかのサイトでは10秒、20秒かかるものが、１～２秒でできてしまう。時間が節約できればゝ、その分を調査に回すことができる。

実を言うと、私はチャートサービスは使ったことがない。ほかにも良いサイトがあるに違いないが、人の話を聞いたり、自分の経験から言えば、Wordenのサービスはずば抜けている。最後にチェックしたときは利用料は1カ月30ドルだった。Wordenには無料サービスもある（http://www.freestockcharts.com/）。基本的な特徴は同じだが、広告が入っているところが違う。無料サービスの欠点は、有料サービスに比べると広告が入っている分、スピードが遅くなる点だ。とにかく一度試してみよう。

4．FILING4.COM

これは申告されたインサイダーによる買いのリストを無料で提供してくれるサービスだ。私は無料のサービスは大概のものは試してきたが、このサービスは最高だ。申告される株は毎日百社ほどあるため、全部目を通すのには若干時間がかかる。ある会社がインサイダーによって買われ、チャートパターンが良ければ、その会社のファンダメンタルズを調べてみるとよい。

5．FINVIZ.COM

ほとんどのスーパーストックは、ベースからブレイクアウトした日に「biggest gainers（最大上昇率）」リストに載る。あなたの仕事は最大上昇率リストを綿密にチェックして、収益やファンダメンタルズが良いためにさらに上昇する株があるかどうかを調べることである。こうしたリストを提供しているウェブサイトはほかにもあるが、ナビゲートが最も簡単なのは、http://finviz.com/ だろう。またこのサイトはさまざまな株式スクリーナーも提供しているため、あなたのテクニカル基準やファンダメンタル基準を満たす株を探すのに便利だ。いろいろなウェブサイトを紹介してあなたを迷わせてもいけないので、この1つだけを紹介しておく。

6．INVESTOPEDIA.COM

基本的なテクニカル分析のことを学びたいなら、http://www.investopedia.com/ がお勧めだ。基本的なテクニカルパターン、移動平均線、インディケーターの無料チュートリアルについては次のサイトにアクセスしてもらいたい――http://www.investopedia.com/university/technical/default.asp#axzz2AjNaZMEM。このサイトではテクニカル分析の基本について豊富な情報を提供している。

7．JESSESTINE.COM

私のウェブサイト（http://insiderbuysuperstocks.com/）を紹介しないのは無責任というものだろう。

トレードを始めるに当たってはまずは私のサイトを見てもらいたい。もっと情報が欲しいと思うかもしれないが、私が提供できるのはこれだけである。最良の株を見つけるには自分の足を使ってあれこれと動き回る以外にない。私のブックマークには無料および有料のウェブサイトが300以上登録されているし、ブロゴスフィアやツイッターには何百人という人々がいる。でも、そんなものは必要ではない。いったんファンダメンタルズをマスターすれば、こういったものはノイズでしかない。

第14章 私の失敗から学んだ偉大な教訓――何もかもさらけだそう

Major Lessons from My Failures, Warts and All

私がどうやって思いがけない利益を稼ぎ出したかについては、これまで話してきたとおりである。そこで今度は逆の視点、つまり失敗から物事を見てみることにしよう。2002年ころ、「私はこうやって稼いだ」というトレード本が何冊も出版された。これはウォール街のトップトレーダーがドットコムバブルが崩壊したとき50％、70％、あるいはそれ以上の損失を出したことを認めた直後のことだ。こうした「ハウツー」本をめくってみると、損失や失敗、あるいは株価の暴落をどう乗り切ったかといったことについては何一つ書かれていないことに気づいた。これらの本に書かれているのは、彼らの株（ほとんどがインターネット株）の素晴らしいパフォーマンスのことだけだった。ほとんどの本は、「経験がなくても、私のパフォーマンスを再現できる」ことを強調していた。

数年前、ジム・ローンのオーディオブックを聞いた。そのブックには今でも忘れられない部分がある。「成功産業は成功を学習することのみを重視する。失敗を学習する人はほとんどいない」というくだりだ。

若かりしころの意思決定によって20代の後半で人生が破綻したことについてローンは詳しく述べていた。人生でやってはいけないことを学ぶためなら、ホームレスにいくらでも払って話を聞くだろうと彼は話していた。こういった人から学べば、同じ過ちを繰り返さずに済んだはず、というのが彼の言いたいことである。

この世には陰と陽、正と誤、良い面と悪い面、高と低、夏と冬がある。だから私も、成功の原理や法則だけでなく、失敗から学んだ貴重な教訓についても話すことにした。何千時間というハードワークを無駄にした話、筆舌には尽くしがたい苦痛、何百万ドルもの授業料を払った話など、いろいろなエピソードを交えながら私が学んだ教訓を紹介していきたいと思う。

私と同じ失敗を繰り返さないためにもこれらの話からいろいろなことを学んでほしい。トップトレーダーたちはポートフォリオの大きな損失から多くのことを学んだが、あなたはそんな失敗を経験する必要はない。私の失敗から学べば、あなたは同じ過ちを犯すことはない。

1.「耳寄り情報」には耳を貸すな。よく知らないバイオテクのペニー株には手を出すな

私が初めて投資したのは16年ほど前のことだ。私が犯したのは１つ、２つの大罪ではない。私は４つも大罪を犯してしまった。最初の大罪は、耳寄り情報に耳を傾けたこと。２番目の大罪は、その耳寄り情報に従って、まったく知らない会社に投資したこと。３番目の大罪は、それがたまたまペニー株だったこと。そして、４番目の大罪は、それは最もリスクの高い投資だったことだ。それは初期のバイオテク会社だった。最初の投資で、私は口座資産のすべてを失った。

2．人の話はむやみに信じるな

だれにとってもかけがえのない人は「心の友」であり、これに勝るものはない。子供、ペット、お気に入りのセーター、最初に買った車、

そして（ゴクリ）あなたの会社についても同じことが言える。だれもが人の言葉をうのみにする。それで幸せになれるのならそれで構わない。幸せであることが最も重要なのだから。しかし、だれも認めようとはしないが、無数の選択肢が与えられれば、もっと良いものがあるかもしれない。

これをあなたが働いている会社の株に置き換えて考えてみよう。最良の投資は、あなたの会社の株を買うことだ。リスク・リターンは1対100万である。しかし、みんなだまされてしまう。その会社で働いているから、その株が最良の株であり、保有するならこの株だと心底信じてしまうのだ。エンロン、ワールドコム、コダック、タイムワーナーはひところは従業員から見れば世界一の株だった。私は２回目の投資で人の言葉をうのみにして、自分の会社の株にすべてをつぎ込んだ。その結果、最後の１ペニーまで失った。これ以上言う必要はないだろう。

3. ニュースでトレードするな。あなたの知らないCNBCの「ホットな株」は買うな

1998年の３度目の投資では、CNBCで推奨されたボラティリティの高い「ホットな株」を買った。テレビの語り手が褒めちぎっていたことを除いて、私はそれらの株について何一つ知らなかった。私の頭の中はくるくると回り始めた。「やつらは実績があり、全国放送で筋の通ったことをしゃべってる。彼らは明らかに私よりも知識がある。彼らが株価が２倍になると言っているんだ。買わなきゃ損だ」。“専門家”の話に耳を傾け、CNBCで流されるティカーのなかでアクティブと思えるものは何だって買って、売った。こういったトレードが２～３カ月続いた。今回はすべてを失っただけじゃない。すべてと600ドル失った。

4．デイトレードはするな、絶対に！

デイトレードとは、機関車の前で１ペニー拾うようなものだ。デイトレードは、１分ごと、１時間ごと、あるいは毎日株価とにらめっこしながらタイミングを計ろうとするものだ。長期デイトレーダーの99.9999％は損をする。たとえデイトレードで若干のお金を儲けたとしても、デイトレードはおそらくはこの地球上で最もストレスがたまり、精神的にも感情的にも満たされない活動だ。マーク・バートンのことはご存知だろうか。そう、デイトレードで大きな損実を出し、将来を悲観して、1999年にアトランタで銃乱射事件を起こした男だ。私も過去15年にわたって何回もデイトレードをやってきた。成功したときでも、自分のやっていることに満足できず、精神的にまいってしまった。

これに対して、丹念に調べ上げた株を買い、数週間あるいは数カ月間保有するときには、夜はぐっすりと眠れるし、満足感もある。しかも、デイトレードの1000倍の成功率だ。ポートフォリオが７桁になったとき、それは私がただ静かに座って何もしなかったからだ。

5．「ピラミッディング」（株価の上昇に伴って増し玉する）はやるな。過度なレバレッジは使うな

これは“グル”の多くが本で説くのとはまったく逆だ。彼らは「勝ちトレードには増し玉せよ」と言う。もちろん、勝ちトレードに増し玉すれば奇跡が起こることもある。しかし、増し玉しすぎれば悲惨なことになりかねない。私はこれについてはよく知っている。リスク・リワード・レシオが極端に悪くなったときに増し玉したことがあるが、いくつかのケースでは全滅した。数カ月かけて利益が初めて100万ドルの大台に乗ったというのに、リスクがリワードを大幅に上回ったと

きに天井近くで増し玉したため、わずか１日でそのすべてを失った。

今はローリスクの買いポイントでポジションを建てたら、レバレッジを使うことにしている。ポジションが上昇してもリスクを増やすことはしない。これは崩壊へのレシピにほかならない。リスクが最小のときに増し玉を勧める人はほとんどいない。彼らは逆を勧める。だれもがやっていることをやってはならない。

６．「フィーチャー・クリープ」はどんなことがあっても避けよ

「フィーチャー・クリープ」はあなたの投資が時間とともにどんどん複雑になっていくときに発生する。トレードを始めたころは、インベスターズ・ビジネス・デイリー紙を読むだけで成功した。すると、ブルームバーグ、ゼロヘッジ、バロンズや「Big Mike's Jersey Shore Boiler Room Stock Emporium」なんかを毎週何時間も見るようになる。あなたは最初は価格、出来高、ファンダメンタルズだけを集中して見ていたはずだ。なのに突然、OBV、SLOストキャスティックス、フィボナッチ水準、ボリンジャーバンド、RSI、MACD、ケルトナーチャネル、ピボットポイント、一目均衡表を凝視している自分に気づきこん睡状態に陥る。

それまでは自分で株を選んでいた。ある日、クレジットカードの請求書を見ると、30のニュースレターサービスに１カ月で2000ドルも使っていることに気づく。これまでは10インチのノートパソコンを使ってコーヒーショップでビッグウィナーを探していたのに、気づくと、おしゃれなオフィスで５台のディスプレイが目の前にある。

実は、上記のエピソードはすべて私に起こったことだ。これらはすべて、過剰な思考とオーバートレードを引き起こすものだ。2006年から2008年までの間に20億ドルもトレードしていたのだ。20億ドルだ。

2008年に一息つくまでには、私のトレードは非常に複雑化していた。バカげているとしか言いようがない。フィーチャー・クリープはあなたのリターンもあなたの精神もむしばむ。レオナルド・ダ・ビンチの言葉はこのことを最もよく言い当てている――「シンプルさは究極の洗練である」。トレードはシンプルに。長期的に利益を得るにはこれが一番だ。

7.「市場はトレード」するな

私のトレードが過度に複雑化してくると、QQQ（ナスダック100）、SPY（S&P500）、IWM（ラッセル2000小型株）、EEM（エマージング市場）といったETF（上場投信）を集中的にトレードするようになった。理論的には、やみくもにトレードしても50％の確率で成功する。でも、ETFに投資すると、およそ80％は損をしていたように思う。なぜだか分かるだろうか。エッジもなければ、トレードに対する確信も持てないからだ。

これらは「だれも」が投資する「主流」の投資ビークルだ。「だれも」はごく平均的で、可もなく不可もない人々だ。「だれも」「主流」「メディア」は私たちの投資にとって最大の敵であることは言うまでもない。

ポジションを裏付ける調査をしなければ、価格目標もなく、価値が上昇するという確信も持てない。株価が平均を中心に大きく上下動すると、何が起こるだろうか。これらのビークルは損を出し始めるのだ。確信が持てなければ、売って損をするだけである。私はこれを何度も繰り返した。教訓から学ばなかったのである。よく知っている株で、リスク・リワード・レシオがあなたに有利な株の価格に投資することだ。

8．成功しないトレーダーと一緒にトレードするな

世界で最良のトレーダーたちと一緒にトレードしたことがある。同じ志を持ったトレーダーたちとアイデアをやり取りしているときに得られる自信とインスピレーションほど素晴らしいものはない。情報のやりとりと身につけた規律からは本当に得るものが多い。

残念ながら、この16年間を振り返ると、好ましくない状況にはまって立ち往生することもあった。成功の恐怖によって支配される「ノイズ」の多い状態。つまり、メディアが誘発する恐怖という雲のなかに包まれることで安心感を感じる「ニュースジャンキー」になっている状態だ。投資家のなかにはこの雲からほんの１メートル先にある大きな機会に気づかない人もいる。安心ゾーンからわずか１メートルしか離れていないところに大きな機会があるというに、それに気づかないのだ。何があっても正しくありたいと思っているトレーダーもいれば、５分間のエクスタシー――集団のなかで正しくあることから得られるエクスタシー――から瞬間的な喜びを得るために大きな利益をみすみす棒に振るトレーダーもいる。長年にわたって遭遇してきたトレード環境の大部分がこうだった。

私のトレードは、甘い「ストーリー」や「ニュース」といったバカげたものの先を読むことができる成功するトレーダーたちと一緒にトレードするとき大きな成果を上げた。私のトレードは自分ひとりでトレードするときも大きな成果を上げた。しかし、トレーダーの大部分が感情に流され、意思決定が他人によって左右されるグループのなかでは、私のトレードはあまりうまくいかなかった。

9．流動性の低い株はトレードするな。頑固になるな

2007年、フーウェイ・フィルムズ（FFHL）という中国株に夢中になるという愚を犯した。ほかの中国株同様、フーウェイは収益が異常に高く、PER（株価収益率）は異常に低かった。決算報告のあと大きなポジションを取った。買ってから数日もすると、出来高は完全に枯渇し、ポジションを手仕舞いすることができなくなった。少しずつ売るのは絶対に嫌だった。出来高が戻れば、そのうちに高値で手仕舞いできるだろうと高をくくっていた。出来高は戻るには戻ったが、数カ月あとになってからで、会社があまり良くない決算を発表したときだった。最終的には手仕舞いすることができたが、67万5824ドルという大きな損失を出した。ポートフォリオの残りはうまくいっていたのが不幸中の幸いだった。

タイミングよくポジションを手仕舞いできないような株は買うな。私と同じような状況になったとき、「買って、期待する」のはやめよう。事態が好転することを期待してはならない。すぐに売ることだ。何日かかってもよい。100株ずつ手仕舞いするのに10日かかっても構わない。とにかく売ることだ。１つのポジションで何十万ドルもの損失を出すまで放置してはならない。

10．市場の方向性についての予測に振り回されるな

他人の話を聞いたり、テクニカルチャートに夢中になっているとき、ときとして自分の市場の方向性についての考え方が投資の意思決定に影響を及ぼすことがある。市場が反転するのではないかという恐れから、ビッグウィナーを逃してしまったのだ。2009年の春、当時広まっ

ていた意見（集団思考）を聞いたがために、軽率にも500％～1000％のウィナーを逃してしまった。この教訓から学べることがあるとするならば、市場は私たちが思っていることと逆のことをやる、ということである。

主要な市場の転換点（これについては付録を参照してもらいたい）以外は、市場についての日々の意見が成果をもたらすことはない。あなたが市場は下がると思えば、下がらない可能性が高い。下がったとしても知ったことではない。損切りを入れ、次なるローリスクの仕掛け機会が現れたら買うだけである。

11．勝ちトレードは放すな

「金持ち」になることではなく、「正しい」ことを選んでしまう症候群の犠牲になったことが何回かある。スーパーストックは数百％も上昇すると私の経験が教えてくれたとしても、私は感情に負けて小さな利益でそのポジションを手仕舞いしてしまうだろう。ポジションを取ったら、大きな売りシグナルが出るまで思いを巡らせてはならない。売りシグナルが出るまで人生を楽しもう。

12．売り方を学べ。売り方を学べ。とにかく、売り方を学べ

最高のファンダメンタルなストーリーを発見したり、一獲千金になるパターンを見つけることに関しては、初期の段階で知り尽くしていた。全然分からないのは売り方だった。いつ売ればよいのか分からないため、適当に売って大損して、口座が閉鎖に追い込まれたことは何度もある。放物線パターン？　「すごいじゃないか。これはきっとブレイクアウトして、もっと上昇するってことだな」と私は思った。死

の接吻がどういう意味なのかまったく分かっていなかったわけである。そして、私はすべてを失った。

本書を通じて何回も言ってきたように、売り方を知ることは、何をいつ買うかよりもはるかに重要だ。しかし、売り方を学ぼうとする投資家はほとんどいない。私が何を言いたいかは分かっていると思う。だれもがやることをやってはならない、だれもがやらないことをやらなければならない、ということである。つまり、売り方を学べということである。ハイリスクの状況で売ることは、輝かしいキャリアを作るのである。

13. 「やってはいけないこと」リスト

規律を失うな！
レバレッジを掛けすぎる！
「ギャンブル」はするな！
ヒーローになろうとするな！
「市場」をトレードするな！
オプションに投資するな！
「生活の糧」にならない戦略に投資するな！
「リベンジトレード」は絶対にするな！

手短に言えば、2008年の大暴落のとき、私はどういうわけだか「規律」を失い、上のルールのすべてを破った。すべての話を詳しくするつもりはないが、悲劇的な過ちを繰り返し、その結果、ものの数日で資産の70％にあたる数百万ドルを失ったと言えば十分だろう。

大暴落の前、口座資産の一部を失ったので、投資は控えていた。しかし、事の次第が明らかになると、前の損失を取り戻すために「リベンジ」して、９桁の利益を稼ぎだしてやろうという気持ちになった。

そのためには「レバレッジ」を掛けて「ギャンブル」をする必要があると思った。どういうわけだかそのときはギャンブルする気満々だった。コンピューター、ニュースレター、データサービス（集団思考）がギャンブルしろとけしかけてきたのだ。

私は自信過剰の「ヒーロー」になり、資産のすべてをレバレッジの掛かった「ブロードマーケット」ETFと「オプション」に投資し、私の時の試練を経た成功する「生活の糧になる戦略」と決別した。そのあとのことは言うまでもないだろう。読者のみんなにはこんなことをしてほしくない。

14．大局的に考えることを忘れるな

宇宙の時間の流れのなかでは口座残高の変動がいかにちっぽけなものかを知る必要がある。

1996年、アトランタオリンピックでの運命的な夜のことは忘れられない。私は同僚とベンチで話をしていた。同僚の名前は覚えているかな？　リチャード・ジュウェルだ。ベンチを離れて４分後、ベンチの下に隠されていたバッグが爆発して、２人死亡、111人がケガをした。

1996年の春、インドのデリーで勉強をしていたときのことだ。遅刻してタージマハル行きのバス「２」に乗ってしまった。運命の定めとでも言うのだろうか、バス「１」は道路を外れて横転し、５人が死亡、仲間の学生の十数人がケガをした。

1999年、ある日の午後に目覚めた私は、致死量のGHB（信じられないことに、これは合法で筋肉増強剤としてGNC［ビタミン剤やサプリメントのチェーン店］で売られていたのだ）を摂取したというのに命が助かったなんて奇跡だと医者に言われた。

「多発性硬化症」の経験についても事欠かない。2006年には肺がんが15日間にわたって私を恐怖のどん底に突き落とし、メキシコでは刑

務所でひと晩を過ごした。このほかにも死にそうなハプニングに世界の各地で十数回出くわした。私の言いたいことは、まばたきをする間にこの偉大な地球をあとにできる（死ぬ）ということである。大局的に見れば、私たちの口座残高なんて大きな流れのなかではつゆほどの意味もないということを忘れてはならない。

最新情報　2012年12月11日の夜、本書の「レビューエディション」を友人や家族に初めて送った。これは私が本を書いたことを世界に向けて発信したことを意味する。ものすごく興奮した。

ご存じのとおり、本書では「季節」や「サイクル」についての話が多い。

待望の本書の「ソフトリリース」の36時間あと、フロリダ州サラソータで長いランニングに出かけた。ランニングが終わりに近づいたとき、大きな交差点の横断歩道で速度を落とし、歩いて渡った。交差点から18メートルほど行ったところで、加速した車が私に後ろからぶつかってきたのだ。

人生から放り出されてもかならず立ち直れることを教えてくれたのは市場だ。このときも例外ではない。

市場は大局的に見ることが重要だ。たった１日だけ見てあれこれと思い悩むのはやめよう。

第15章 大きな成功を手に入れるために、人とは別の方法でやらなければならない16のこと

Top Sixteen Things You Must Do Differently to Achieve Massive Success

本書も終わりに近づいた。私が強調したいのは、投資の世界では他人と別の方法で物事をやることがいかに重要であるかということである。これは非常に重要なことなので何回も繰り返す。だれもが知っていることは知る価値はない。だれもがやることはやる価値はない。自立して、自分の考えに従って生きることが重要だ。他人をアウトパフォームするためには、他人と別の方法で投資することが重要なのである。

投資で大きな成功を収めるために他人と違った投資スタイルを模索するうえで役立つ方法をまとめてみた。

1．とにかく売る方法を研究せよ

株はどんな株でもどんな価格でも買うことができる。どんな株を買おうと、どんな価格で買おうと問題ではない。投資家として成功するうえで重要なのは、売る価格である。ほとんどの投資家は何を買うか、いつ買うかを研究するのに99％の時間を費やす。売りについては漠然と、株価が上がったら将来のどこかで売ろうと思うだけだ。本書のチャートで見てきたように、株価はハイリスクの売りポイントに達したら、数時間あるいは数日のうちに大暴落することもある。売りについ

て真剣にならなければ、恐怖が売りシグナルになったときだれもと同じように売るため、利益のほとんどを失い続けることになる。恐怖は利益の出る売りシグナルではないのだ。

2．週足チャートと月足チャートに注目せよ

大部分の投資家は株を買うとき、ローリスクのタイミングというものを考えない。「私はX株が好きだ……だからX株を買う」。これが大部分の投資家の心理だ。買うタイミングを「考える」投資家は、時間足チャートや日足チャートに注目する。究極の判断基準となるチャート――週足チャート――に基づいて投資の意思決定を行う投資家はごくわずかだ。スマートマネー、つまり10億ドル規模のヘッジファンドや機関投資家たちは売買の意思決定を週足チャートや月足チャートに基づいて行う。なぜなら週足チャートと月足チャートは予測能力に優れているため、短期のチャートよりもはるかに信頼がおけるからだ。私は月足チャートでブレイクアウトが起こりそうだと思ったら、その株を必死で保持する。こういった長期のブレイクアウトは規模の大きなブレイクアウトになる可能性が高いからだ。

3．週足チャートの退屈で買え

トレーダーたちは、興奮が絶頂に達するブレイクアウトで買えと教えられる。しかし、ブレイクアウトの多くは失敗するため、ブレイクアウトの「追跡者」は損切りせざるを得なくなる。退屈で、出来高とボラティリティが最小のときにポジションを仕掛けることを考える投資家はほとんどいない。ほとんどの投資家はすでに上昇が始まった株を買うことですぐに満足したいのだ。成功する投資家は、だれも見たり話したりしないときに静かに大きなポジションを構築しているので

ある。日足チャートの興奮で買うよりも、ボラティリティ（価格レンジ）が落ち着き、出来高が数週間前よりもかなり減少したときに、高確率でローリスクの週足チャートでの仕掛けに集中したほうがよい。あなたの株についてはだれも話題にすることはない。数週間、じっと我慢して待たなければならないかもしれないが、こういった状況ではリスク・リワードはあなたにとって有利になる。「出来高が薄く、レンジが狭い」ときに、「静かだが極端」なチャートパターンで買おう。

4.「マジックライン」で「1つ」になる

機関投資家を除いて、ほとんどの株にはそれぞれの「マジックライン」があることを知っている投資家はほとんどいない。株価が長期にわたって追随して動く長期移動平均線があることを彼らは知らない。マジックラインは通常は10週単純移動平均線だが、もっと短期のあるいは長期の移動平均線である場合もある。12週移動平均線、17週移動平均線、20週移動平均線、30週移動平均線などいろいろだ。最良の仕掛け機会が発生するのは、退屈（出来高が少ない）と低いボラティリティ（価格レンジが狭い）がこれらのマジックラインと交差するときである。こうした機会で仕掛けると、魔法のような結果を得ることができる。しかし、ほとんどの投資家はこういったことは知らない。

5.小型株に注目せよ

「安全性」、人気、よく知られていることから、大型株を買う投資家が多い。CNBCで毎日１日中議論の的になるのがこういった株である。GE、マイクロソフト、AT&T、インテルが12カ月で20％動けば、その年は「モンスターイヤー」とみなされる。最良の株は「１週間」で20％動く小型株だ。大型株やETF（上場投信）には何の情報エッジもない。こうしたエッジが見つかるのは小型株の世界なのである。

6．すべてが整うまで待て

ほとんどの投資家は、その会社やその製品が「好き」という理由ですぐに投資する。あるいは、テクニカルインディケーターが「投資せよ」と言えば投資する。あるいは、その会社が「成長」していて、「ファンダメンタルズが信頼できる」という理由で投資する人もいる。また、習慣で投資する人もいる。彼らは忙しくしていたいために市場で何かしなければならないと思ってしまうのだ。これらは長期的に見るとリターンが主要な平均株価とほぼ同程度になる平均的な投資家の性質だ。ホームランを打つ方法は１つしかない。テクニカルなスーパー法則のほとんどを満たし、ファンダメンタルな法則のほとんどを満たし、市場状態が自分に有利になるまで、待って待って待ち続けることである。すべてがあなたに有利な状態になるまで待てば、大成功を収める確率は天井知らずに上昇する。鉄は熱いうちに打つに限る。

7．投資信託のファンドマネジャーのように投資するな

投資信託は「組み入れ比率を高位に維持」することを要求される。資産の５％以上をキャッシュで持っていることはほとんどない。目論見書に「高位に維持する」とうたっているから、これは仕方のないことだ。さらに投資信託のマネジャーは「キャッシュ」をアウトパフォームすることで給料をもらっているので、大きなキャッシュポジションを持っていれば投資家の顰蹙を買うことになる。平均的な投資家も彼らと似たようなことを考える。常に投資していなければならないと感じてしまうのだ。キャッシュで持って、市場の上昇を「見逃す」こ

とは、彼らにとって違和感があるのだ。しかし、最良の投資家はキャッシュで持っている時間帯が長い。キャッシュもれっきとしたポジションであり、非常に「パワフル」なポジションになることもあるのだ。状況が許せば、できるだけキャッシュで持ち、球がストライクゾーンに入ってきたときに備えて力をためておくことだ。ほとんどの時間を活動しないでいることで、ときとして大胆なポートフォリオを組むことが可能になる。最良の機会だけをとらえるのだ。目的はできるだけ多くのお金を稼ぐことにある。「高位に組み入れる」ことが目的ではない。

8．「島」で投資せよ

太平洋のど真ん中にある島に降ろされたと想像してみよう。その島にはCNBCもなければ、ブルームバーグもツイッターもフェースブックもない。eメールも記事も友だちの意見もマスメディアもない。しかし、電気はあり、１台のノートパソコンがあり、パワフルなチャートパターンプログラム（例えば、Worden）にも、SEC（証券取引委員会）の報告書（インサイダー取引、決算報告、主要開発など）にもアクセス可能だとする。食物がないという小さな問題はさておき、あなたが以前は不可能だと思えた前の投資リターンをアウトパフォームすることについては私にはみじんの疑いもない。すべての「ノイズ」を取っ払えば、大きな成功への可能性が開けるのだ。投資家の99.99999％は「ノイズ」を取っ払うことができない。ノイズは常習的なもので、私たちの成功にとって有害以外の何物でもない。ノイズは無視して、自分自身で判断しよう。さあ、ひもでも木でもパドルでもなんでもよい。その島に漕ぎ出せ。

9.「スイングトレーダー」になれ

ほとんどの投資家は長期の「バイ・アンド・ホルダー（買い持ち）」だ。彼らのリターンは大きな市場指数の動きに依存する。長期的に見れば成功するが、彼らのリターンは「ゆっくりと少しずつ」しか上昇しない。この対極には、数分ごとに、数時間ごとに、あるいは数日ごとに売買を繰り返すデイトレーダーがいる。彼らは大きな感情の浮き沈みを経験し、長期的には損をする。スイートスポットはこの中間にある。記録的な利益を得る投資家は、数週間あるいは数カ月単位で売買のタイミングを計ってトレードする「スイングトレーダー」だ。その株がビッグウィナーになることが確実な場合、彼らは１年以上ポジションを保持する「ポジショントレーダー」になることもある。

10. ３ドルから15ドルの「スイートスポット」で買え

投資家は大きく３つに分けられる――「ペニー株」を買う人、15ドルか20ドル以上の株（IBDで推奨されている株）にのみ投資する人、どんな価格でも買う人。しかし、３ドルから15ドルの「スイートスポット」の成長株に投資する人はほとんどいない。私のビッグウィナーのほとんどは３ドルから15ドルの価格帯から上昇し始めた。この閾値を超えると、「大数の法則」が働き、あなたの潜在的なリターンは厳しく制限されることになる。さらに、IBD100に入るころには、すでに上昇したあとであることが多い。

11．主流のETFや投資信託ではなく、個別株を買え

近年、ETFや投資信託の人気が高まってきた。これらは投資の方程式から思考を完全に取り除いてしまう。投資判断をする時間がない人にはよいアピールになる。それはそれでよいとして、市場を打ち負かすには、特定の株式のことをじっくりと調べることは不可欠だ。これは成功するうえで極めて重要だ。情報裁定は市場のあらゆる場所に存在する。リスク・リワードの不均衡を利用する唯一の方法は、個別株に投資することである。

12．「知っているもの」に投資するのはやめよ

ピーター・リンチの集団思考はもうたくさんだ。知り尽くしているからと言ってあなたの会社に投資するのはやめよ。大量に飲むからといってコカ・コーラに投資するのはやめよ。それがないと楽しみがなくなるからといってフェイスブックに投資するのはやめよ。そのクーポンが「好き」だからと言って、グルーポンに投資していないのを願うばかりだ。まだだれも知らない将来的なテーマに投資せよ。もしそれが新しいもので、あなたはそれについて何も知らないのなら、他人もそれを知らない可能性が高い。将来的にこのテーマを他人が「発見」すれば、彼らの投資資産はこの新しい「絶対に持っておきたい」トレンドにドッと流れ込むだろう。

13．チャートを見よ

ほとんどの投資家はチャートを全然見ない。彼らは長期的に「堅実」なファンダメンタルズに投資する。彼らは株価がその「ファンダメン

タルズ」に追いつく前におそらくは何年にもわたって損する。これを防ぐためには、見込みのあるチャートパターンに注目することが重要だ。会社のファンダメンタルズを調べるのは、有望なチャートパターンを見たあとだ。この順を逆にしてはならない。価格の上昇によってお金を儲けることに集中すべきである。ほかの人とは違って、あなたの目的は、あなたの愛するファンダメンタルズの強い会社に「ほんわかとした気持ち」を感じることではないのだから。

14．センチメントに敏感になれ

ほとんどの投資家は感情に支配される。他人の意見を聞いて、強い高揚感で買ってしまうのだ。そして、大衆に従って恐怖で売ってしまう。トレードは感情とは切り離して考えなければならない。感情に打ち勝つことができるようになれば、退屈で買って高揚感で売るようになる。しかし、これができる投資家はほとんどいない。何十億というお金を儲けている投資家は世界が危機に瀕しているときに買う人だ。彼らは2009年春の「銀行の国有化」の危機のなかで買った人だ。歴史上、最も胸が高鳴るニュース――オサマ・ビン・ラディンの殺害――が発表されたとき、持っているものをすべて売った人だ。この出来事は2011年の「財政の崖」が発生するまではニュースのトップを走り続けた。この時期の私の考えについては付録Aを参照してもらいたい。

15．株価が上昇したら売れ

どの本も、どのグルも、どの論文も損切りを重視する。だれもがこの魔法の価格で売るようにプログラミングされているかのようだ。何にしても、人生に入ってくるものは私たちが継続的に注目しているものである。この損切りに心を奪われているため、価格は必ずその水準に達する。ほとんどの投資家はトレードを仕掛けたら、株価が上昇しているときに売ることは考えない。彼らが考えるのは、下落しているときに売ることである。たとえ株価が20％上昇しても、ほとんどの投資家はそのポジションにしがみつき、古い損切り価格で損切りするまで保有し続ける。株価が上昇しているときに売ることを少しでも考える投資家はほとんどいない。高揚感に包まれ、テクニカル的に極端な状態になると、彼らは「今回だけは違う」と思うのだ。「今回」はいつもと同じなのだ。人と違うことをする勇気を持とう。だれもが株価が崩壊すると売る。あなたは株価の上昇で売る人になれ。

16．マスメディアとは決別し、今日、独立を宣言せよ

私たちは集団思考、ニュース、マスメディアに流されがちだ。お金を稼ぐ唯一の方法は、他人の意見に左右されずに投資判断を行うことである。メディアは意見など提供してはくれない。メディアは、あなたがやるべきことと反対のことをやるように仕向けるだけである。同様に、「だれも」があなたの意見に賛成したり、あなたが「ほかのだれも」の意見に賛成したりしたときには、素早く逃げるに限る。マスメディアがパッケージングしたものを消費するとき、あなたは自分の心に対するコントロールを徐々に失っていくことを忘れてはならない。テレビを見ることで、あるいは何時間もコンピューターの前に座り続けることで、あなたは何かを創造しただろうか。何かをやっただろうか。楽しいことはあっただろうか。あなたの人生は良くなっただろうか。常にメディアにさらされ続けると、あなたは生気を奪われてもぬけの殻になる。次にソファーに座るとき、座る前はいかに心地良かったか、いかに素晴らしい人生だったかを問うてみよう。5時間後に同じ質問をしてみる。気持ちが落ち込むのはソファー病だということに

気づくはずだ。

人と違うことをやるには、

- ●「分散化、分散化、分散化」――違う。大きなエッジを与えてくれる最良の株のみに投資せよ。そして、その株を知り尽くし、いつでも売る準備をしておけ。
- ●「ピラミッディング」――違う。株価が上昇しているときには増し玉するな。リスク・リワードはあなたに不利な状況にシフトしている。
- ●「すべてのインディケーターを学べ」――違う。アプローチはできるだけシンプルにし、価格、出来高、マジックラインを読むことに長けよ。
- ●「効率的市場仮説を学べ」――違う。情報裁定はどこにでも存在する。あなたは市場を打ち負かすことができるのだ。
- ●「金融を学べ」――違う。心理学を学べ。市場は社会的な雰囲気と人間の行動によって成り立つもの。フロイトを読め。操作された経済リポートは読んではならない。
- ●「できるだけ多くの情報を集めよ」――違う。単純なのが一番。情報源の有効性に疑問を持て。入力が減れば、出力は増える。
- ●「鷹のようにあなたの株をウオッチせよ」――違う。執着するのはやめよ。やるべきことをやって、損切りを入れたら、人生を楽しもう。鷹のように見張っていれば、活力が失われるだけだ。
- ●「長期キャピタルゲインを目指せ」――違う。ビッグウィナーが現れるのは１年に１回あるかないかだ。あなたの長期キャピタルゲインの窓が開くころには、株値は元に戻っているかもしれない。
- ●「経済リポート、政府のデータ、"マクロニュース"を読め」――違う。勝つ株を探せ。経済学者や政府が出すデータはあなたが負けるように操作されているのだ。

●「あらゆるアプローチを学べ」――違う。焦点を一点に定めよ。1つの手法を習得し、それをだれよりもうまくやれるようになれ。
●「ブレイクアウトでのみ買え！」――違う。だれもがこう教わる。私のビッグウィナーは、大きな注目を浴びた「ブレイクアウト」よりもあとの、価格がかなり下がったローリスクの買いだった。だれもが「ストップアウトに引っかかって」損をしたときに買え。
●「どんなことがあっても投資せよ」――違う。会社で何かが変わったり、あなたの株の動きが悪かったりと、いろいろあるだろうが、とにかくすぐに考えを変えることができるようにしておくことだ。瞬時に売れるように心の準備をしておくことだ。これを実行するのは難しい。ジョン・ケネス・ガルブレイスの言葉はこのことをうまく言い当てている――「心のあり方を変えるか、その必要がないことを証明するかという選択を迫られると、ほぼ全員が必要のないことの証明にとりかかる」。

第16章
行く人の少ない道

The Road Less Traveled

「問題はだれが許してくれるかではない。だれが止めてくれるかだ」――アイン・ランド

この「行く人の少ない道」もついに最終章となった。ここまでたどりついた自分に拍手を送ろう。私の個人的な話や細かいチャート、メディアに対する批判によくぞ、お付き合いいただいた。ここまで読んでくれたのだから、あなたはきっと投資が大好きに違いない。今あなたは、過去を振り返るだけの市場の歴史家の影から外に飛び出す準備が整った。今あなたは、未来を見つめ、市場に対するビジョンを持って踏み出そうとしているはずだ。

本書を執筆することは私に大きな満足感を与えてくれた。本書を書く一瞬一瞬が喜びだった。自己を深く反省する旅でもあった。長い間忘れていた投資ルールやストーリーがよみがえってきた。このプロセスを通して、かつてないほどエネルギッシュになり、市場で最もエキサイティングな機会を追究しようという気持ちになった。読者のみんなとともに旅をしてきたわけだが、本書を読んでみんなは自分の金銭的宿命をコントロールし、将来的に金銭的な独立を目指すことによって一層やる気を出してくれたのではないかと思っている。

あなたには今知識がある。その知識を実践と応用を通して英知へと変えられるかどうかはあなた次第だ。行動を起こし、機運のマジックをつかむまで、人生において重要なことを何一つ成し遂げられないことを忘れないでほしい。

学び続けることが重要だ。心理学を学び、試行錯誤を通して学び、市場の勝者（株式と投資家）から学べ。成功水準に達したら――動きを止めるな。絶対に動きを止めてはならない。動き続けるのだ。自分の思考を磨くのだ。間違いを犯すことを恐れるな。生涯にわたって追究し続けよ。投資に情熱を燃やすのだ。

他人からだけ学ぶのはやめよ。自分の成功と失敗から学ぶのだ。私は自分の経験をもう少し早くに学んでいればよかったと思う。この経験からどれほど多くのことを学んだだろうか。

あなたの過去の投資の成功と失敗から学ぶとき、記憶に頼ってはならない。「マーケットメモ」を付けよ。本書は私が長年にわたって蓄積してきた個人的なメモがなければ書くのは不可能だっただろう。集中的に取り組むべき自分自身の「生活の糧」になる戦略を開発することをぜひともお勧めする。重要なのは経験だ。経験を積めば積むほどどんどんよくなっていくはずだ。

市場をマスターすることを今日決意せよ。走り続けよ。マーケットマラソンにフィニッシュラインはない。価値あるものはあなたの安心ゾーンを出たところから数メートルのところにあることを忘れてはならない。ムハメド・アリの言葉を思い出そう――「私はトレーニングが大嫌いだった。でも、『やめるな。今苦労すれば、残りの人生をチャンピオンとして過ごせるのだ』と常に自分自身に言い聞かせてきた」。

頑張ってやってみようじゃないか。今決心するのだ。

あなたの偉大さへの追究に幸あらんことを。

ジェシー・スタイン

追伸

気軽に連絡してほしい。質問、コメント、アイデアがあればjesse@jessestine.com までメールしてほしい。また、「フレンド＆ファミリー」メールの会員になりたい人はウェブサイト（http://insiderbuysuperstocks.com/）にアクセスしてほしい。また会えるのを楽しみにしている。

最後に、ナディーン・ステアが85歳のときに書いた詩を贈る。

人生をもう一度やり直すとしたら、
今度はもっとたくさん失敗したい。
そして肩の力を抜いて生きる。もっと柔軟になる。
今度の旅よりももっとおかしなことをたくさんする。
あまり深刻にならない。もっとリスクを冒す。
もっと山に登って、もっと川で泳ぐ。
アイスクリームを食べる量は増やし、豆類の摂取量は減らす。
問題は増えるかもしれないが、想像上の問題は減るだろう。
私は毎日常に良識ある人生をまともに生きてきた人間だから。

もちろん、バカげたことも少しはやった。
もし生まれ変わることがあったら、
バカげたことをもっとたくさんやりたい。
何年も先のことを考えて生きる代わりに、
その瞬間だけに生きたい。
私はどこに行くにもいつも万全の準備を整えて
出かけるのが常だった。
体温計や湯たんぽ、レインコート、パラシュートなしには
どこにも行かなかったものだ。

人生をやり直すとしたら、もっと身軽な旅をしたい。
もう一度生き直すとしたら、
春はもっと早くから裸足で歩き出し、
秋にはもっと遅くまで裸足でいる。
もっとたくさんダンスに出かける。
もっとたくさんメリーゴーラウンドに乗る。
もっとたくさんのディジーを摘む。

付録A ── 世界のメジャーな変曲点の見つけ方

そして、私の秘密のインディケーター ── 危険を回避するための「炭鉱のカナリア」

市場というものは私たちが予測するのとはまったく逆のことをやる、ということについてはすでに述べたとおりである。しかし、市場が長期にわたって動いたあとは変曲点を見つけるのはかなり簡単になる。底や天井の価格を言い当てるのは、底や天井の時期を言い当てるよりもはるかに簡単だ。たとえ天井や底を付けたと思っても、市場が反転するまでには数週間から数カ月かかることがある。市場が大きく反転するとき、その目的は、その動きから利益を得られる人をできるだけ少なくすることである。これを踏まえると、たとえ今が底だ、あるいは天井だと思っても、私たちが忘れてしまったときに、つまり、私たちが予期しないときに、市場はいきなり反転するのである。

1．「炭鉱のカナリア」

長年にわたって市場でやってきて気づいたことは、私のポートフォリオは市場が大きく下落する前にパフォーマンスが非常に悪くなる傾向があるということである。大暴落の前、市場がゆっくりと上昇し続けていても、私のポジションは次々とストップロスに引っかかり、市場からの撤退を余儀なくされる。これに気づくまでに数年を要した。最高の動きをしているモメンタム株、つまりスーパーストックのほぼすべては市場が暴落する前に下落するのである。私のポートフォリオはそういった株によって構成されているため、市場が暴落する１～６日前、私の口座は大きな打撃を受けた。理由はいたって簡単だ。ベストパフォーマーは経験豊富な投資家によって保有されているからである。彼らは「最も賢明な人々」で、大衆が手仕舞いする数時間から数日前に手仕舞いするのである。これが私の「炭鉱のカナリア」インディケーターだ。

一般に、「インプレー」にあるモメンタム株は常に12銘柄くらいはある。これらの株は大きく動いた株で、トレードコミュニティーもよく知っている。これらの株が突然大きく下落したら、守りの姿勢に入るのが最も良い。そのほかの市場は次の１～６日でこれらの株に追随する（つまり、下落する）可能性が高い。

一方、市場の底を見つけようとする場合、一般市場が底を付ける前に、それまでの主要株が低い水準で堅実なベースを形成する。一般市場が暴落すると、最良の株は（すでに大きく下落したあとなので）パワフルな反転パターンを描くことが多い。これは、市場が反転するときに市場をアウトパフォームする準備をするためだ。

2．1000ポイントが大暴落の合図

迫り来る市場の暴落を予測する最も信頼のおける方法は、ダウがその34週移動平均線に対してどの位置にあるかを見ることである。34週移動平均線を750～1200ポイント上回ると、突然大暴落してだれもが驚く。最近、メディアはこれらの大暴落を世界のどこかで危機が発生しているせいだとしてきた。平均回帰に対するメディアの主張の主な理由を聞くと、大笑いしてしまう。メディアはチャートパターン、標準偏差、平均回帰の力学をもっと学ぶべきだろう。主要な平均株価が長期移動平均線（この場合は34週移動平均線）を大きく上回ると、いずれは平均に引き戻される。上昇、回帰、上昇、回帰……、これを繰り返すのだ。覚えておいてほしいのは、グローバルなメディアの危機は指数が持続不可能なほどに買われ過ぎ状態になってから数日以内に

図A.1　ダウ平均

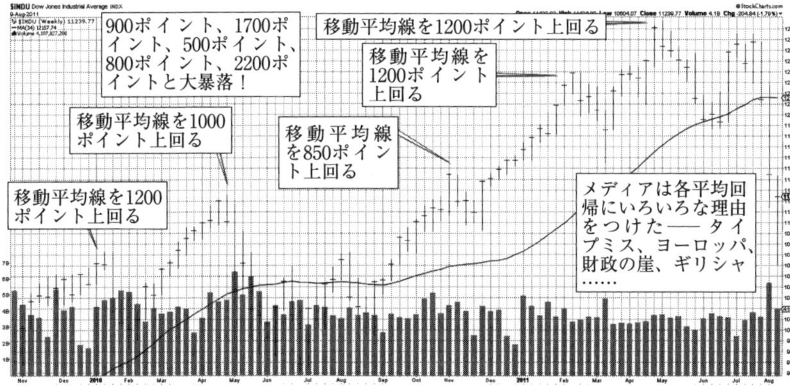
900ポイント、1700ポイント、500ポイント、800ポイント、2200ポイントと大暴落！
移動平均線を1200ポイント上回る
移動平均線を1200ポイント上回る
移動平均線を1000ポイント上回る
移動平均線を850ポイント上回る
移動平均線を1200ポイント上回る
メディアは各平均回帰にいろいろな理由をつけた――タイプミス、ヨーロッパ、財政の崖、ギリシャ……

図A.2　ダウ平均

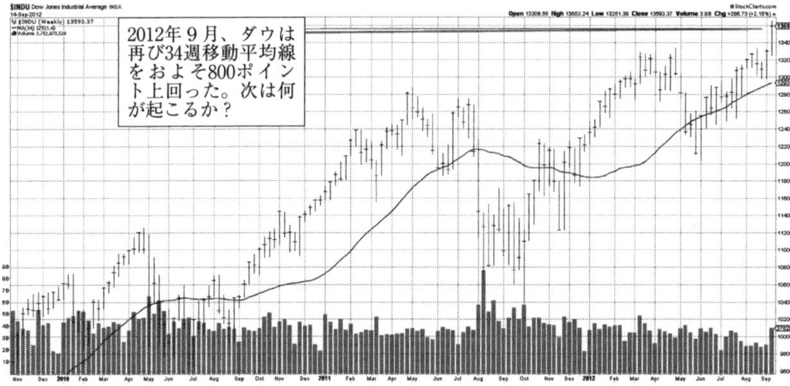
2012年９月、ダウは再び34週移動平均線をおよそ800ポイント上回った。次は何が起こるか？

発生するということである。

3．SOXシグナル

これまでトレードをやってきて、私は半導体指数は市場全体の先行指数になることに気づいた。朝、市場は下落しているが半導体指数（SOX）は上昇しているとき、市場全体はやがては反転して上昇する可能性が高い。同様に、市場は上昇していてもSOXが下落しているときは、市場全体は反転して下落する可能性が高い。

この原理は長期的にも通用する。チャートパターンを見るとき、一般市場は目に見える反転パターンを示していなくても、半導体指数が上昇や下落をしていれば、市場もやがて反転して上昇したり、下落する。したがって、私は天井や底を見つけるときは半導体指数を見ることにしている。

4．グローバル市場

市場の天井や底を見つけるとき、ほとんどの人はS&P500やダウ、あるいはナスダックを見る傾向がある。最近気づいたのだが、中国、インド、ブラジルなどのグローバル市場は、たとえ米国で明確な反転のサインが出ていなくても、世界市場の転換期を示す合図になるということである。私は転換点を見つけるとき、米国市場と一致しているかどうかよりも、グローバル市場と一致しているかどうかを重視する。平均的な投資家はダウ、S&P500、ナスダックなどを重視する傾向があるが、私が注目するのは別の場所だ。

5．そのほかに見るべきインディケーター

天井や底を見つけるとき、上記の要素以外に私が見るものはVIX、クレディスイスの「恐怖指数」、NYMO、株価が上昇あるいは下落する前に出来高が90％以上上昇するか、20日および100日プット・コール・レシオが低いこと、「ROBO（Retail Only, Buy to Open。小口投資家のプットの買いまたはコールの買い）」ダム・マネー・オプション・インディケーター、大口投機家の大きなポジション、「スマートマネー」と「ダムマネー」の確信の差などだ。星の数ほどあるインディケーターのなかで、市場の転換点を予測するのに最も効果的なのがこれらの

インディケーターだ。一般に、これらのインディケーターのすべてが比較的短時間で極値に達したとき、市場は転換する可能性が高い。極値に達したら次の数週間以内に市場は下落し始める。ほかにも似たようなインディケーターはたくさんあるが、これらのインディケーターに比べるとさほど重要ではない。これらのインディケーターについては本書の範疇を超えるのでこれ以上議論することはないが、こうしたインディケーターについてはウェブサイトや本を参照してもらいたい。センチメントの極値や転換点を見つける方法について書かれた最良のウェブサイトは、http://sentimentrader.com/ だ。

近い将来の変曲点についての私のアラート

このあと示す「フレンド&ファミリー」アラートは、市場の大きな転換点が発生する前に私がどういった状況に注目するかについて述べたものだ。2009年のグローバル市場の歴史的な安値以外は、読者の記憶に新しい2011年と2012年のものに限定した。「フレンド&ファミリー」アラートで私が注目するのは、個別株ではなく、市場全体と特定のセクターについてである。ただし、市場が上昇しているときには個別株について述べることもある。アラートは定期的に発信するものではない。何カ月も発信しないこともあれば、状況によっては、数日間で数回発信することもある。

これらのアラートは未編集のｅメールの形態で友人や家族に発信したり、公開フォーラムに投稿する。私の意見はすべてテクニカルインディケーターに基づくものだが、読者の混乱を避けるためにテクニカルインディケーターについての議論は最小限にとどめた。

もう１つ言い添えておきたいのは、私のアラートは校正されておらず、意識の流れに沿って素早く書いたものがほとんどで、正式なニュースレターのようなものではない。したがって、スペルミスや文法上の間違いなどがあった場合はどうかご勘弁のほどを。

市場最大の底を予測する

これは2009年春の矢先に起こったことだ。当時、私は市場は40％から45％上方に回帰すると予測した。しかし、上昇はそれ以上に大きかった。

3/01/09

「主要市場と銀行株が底を付ける。史上最大の底になる予感」（ｅメールのタイトル）

銀行株

これは私の投資命題と言ってもよい。下に示した複数のインディケーターによれば、遅くても３月15日までには大底に達すると思われる。Sentimentraderによれば、15日目よりも１日目で底を付ける可能性が高い。私の予想によれば、主要平均の３～５カ月のリターンは40％から45％になる。もちろん今はまだ下げ相場にある。銀行株は正のダイバージェンスで明確な下降ブリッシュウェッジを描いている。これにはがっかりしたが、やがては私たちの期待に沿う動きをするはずだ。そうなれば、いくつかの銀行株は今年の夏までには200％、300％、400％、500％上昇するはずだ。原油とのハネムーンも続いている。鉄も大好きだ。以前、FAS（ディレクシオン・デイリー・ファイナンシャル・ブル3X）についてのｅメールを配信したが、これは銀行株プレーについて書いたものだ。RF（リジョンズ・ファイナンシャル）にも注目し始めた。SFI（サクション・ファイナンシャル）のチャートも興味深い。最後に、ウルトラダウETFのDDMも好きだ。ダウはほとんどが売られ過ぎ状態にあり、ダウの構成株の多くでセットアップが発生しているようだ。

次のウェブサイトは税理士が銀行の利益の急上昇について書いた興味深い論文だ。

http://seekingalpha.com/artcile/123194-the-end-of-the-credit-crisis?source=article_sb_popular」

次のｅメールは私が市場の大きな変曲点を予測するときに見るインディケーターを示したものだ。個々のテクニカルインディケーターについて詳しく述べている個所は数カ所あるが、これはその１つだ。これらのインディケーターのほとんどが極値に達しているが、もうこれ以上は下落しそうにない。示したリンクは今は無効になっている可能性が高い。結局のところ、指数はもう２～３日売りが続き、インディケーターはこぞって極値に達した。

3/05/09

「ボトムインディケーター」（ｅメールのタイトル）

プット・コール・レシオの10日移動平均はなぜこんなに低いのか。本来なら1.25であるべきなのに、今は0.94だ。ページ中央　http://stockcharts.com/def/servlet/Favorites.CServlet?obj=ID369857&cmd=show[s137347942]&disp=O

ドルチャートは最高値に達しているように思える。

S&PのNDX（ナスダック100指数オプション）に対するアウトパフォーマンスはとてつもなく大きい。S&Pがアウトパフォームするか、NDXが暴落するかだ。ページの一番下　http://stockcharts.com/def/servlet/Favorites.CServlet?obj=ID369857&cmd=show[s147501686]&disp=O

XLEは前の安値を試す。以前の底からさらに下落。

NYSEは1000を超えた水準で安値を更新するはず（今日は770辺り）。

２月から３月の月足チャートのギャップは埋める必要ありか。月足チャートで埋まらないギャップはない。

日々のプット・コール・レシオは１を下回っている。本当は1.20以上になるべき。

指数はボリンジャーバンドを下方にブレイクしてほしいところ。

ダウのMACDは前の正のダイバージェンスをブレイク。

VIXのスパイクはどこ？

BKXはチャネルの底。

XBDは前のチャネルを再び試したあと、チャネルから下落。

年足チャートでXBDのダブルボトムが発生してほしい。

SOXXもダブルボトムが欲しいところ。

NDXもダブルボトムが欲しい。

RUTは前の安値を再び試したあと、下落。

SPXも前の安値を再び試したあと、下落。

NAADのMACDは－3000から－4000になるはず（今は－2500）。最後のチャート……http://stockcharts.com/def/servlet/Favorites.CServlet?obj=ID369857&cmd=show[s157306645]&disp=O」

ナスダック・サメーション指数のMACDは－200になるはず（今は

図A.3　ナスダック

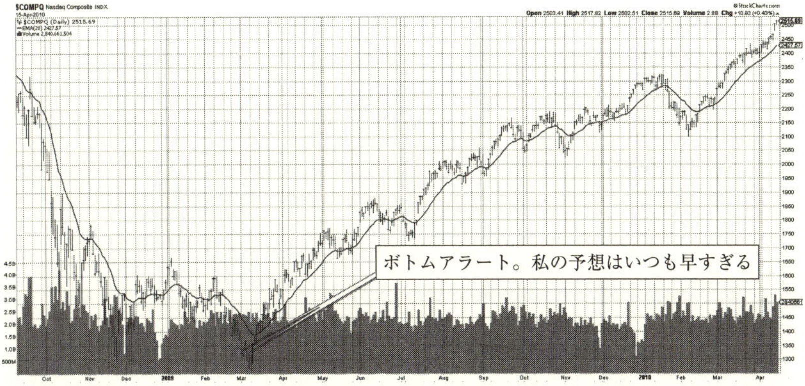
$COMPQ Nasdaq Composite INDX
15-Apr-2010
$COMPQ (Daily) 2515.69
EMA(20) 2427.57
Volume 2,840,661,504
ボトムアラート。私の予想はいつも早すぎる

図A.4　BKX

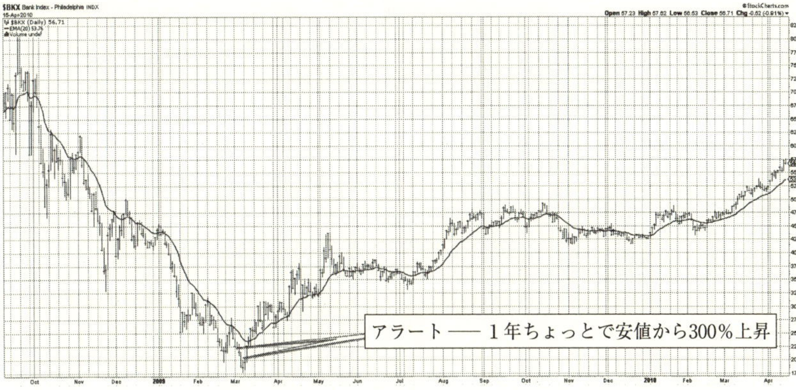
$BKX Bank Index - Philadelphia INDX
15-Apr-2010
$BKX (Daily) 56.71
EMA(20) 53.76
Volume undef
アラート ―― 1年ちょっとで安値から300％上昇

－100）http://stockcharts.com/def/servlet/Favorites.CServlet?obj=ID369857&cmd=show[s129947560]&disp=O

5日後、2009年の安値を付けてから1～2日後にこのeメールを配信し、市場が上昇するとどんな銘柄が急騰するかを示した。そのほとんどが短期間で人生を変えるほどのリターンを提供してくれた。

3/10/09

「市場が上昇したときの私の好みの銘柄」（ｅメールのタイトル）

C（$1）――新たな簿価は４ドル。大手銀行のなかでは資本金が最も多い。多くの銀行のPBR（株価純資産倍率）は1.5倍。

CENX――アルミにレバレッジを効かせる。アルミ価格が８週間前の水準に戻れば、株価は10倍になる。

FAS――財務の数値が３倍。

MTL――製鉄――ロシアの企業。大暴落以来初めて50日移動平均線を上回る。

LCC――運送業界は底を付けたようだ。運送指数にレバレッジを効かせる。

AMR――上と同じ。

KWK

RF

MBI――PBRは株式市場で最低。値洗い調整では0.7といったところ。

TCK――このチャートは最高。

このリストにはテクノロジー株はないが、テクノロジー株は市場が上昇しようと下落しようとパフォーマンスはあまりよくないように思える。

図A.5　CENX

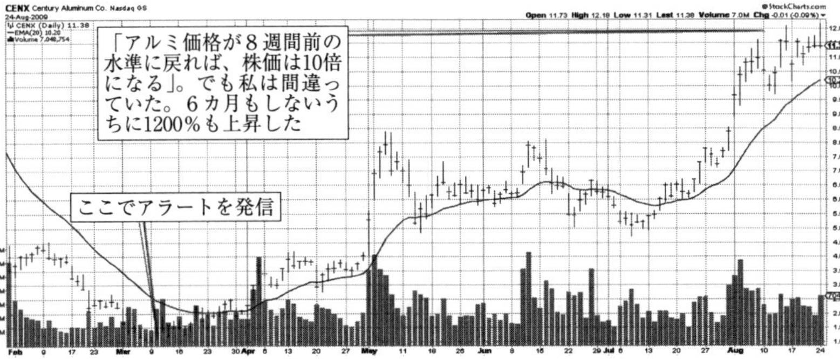

図A.6　KWK

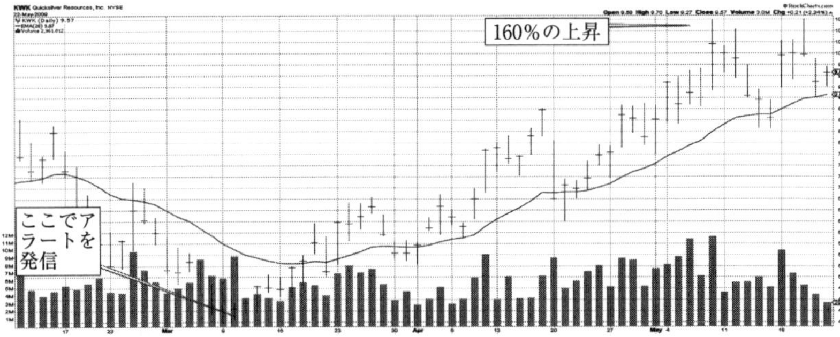

図A.7　FAS

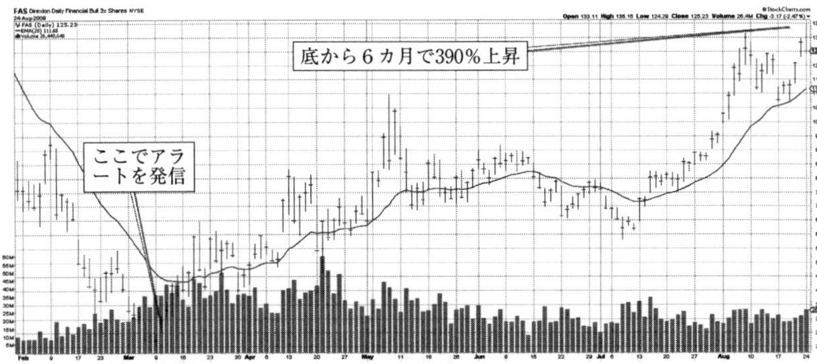

図A.8　MTL

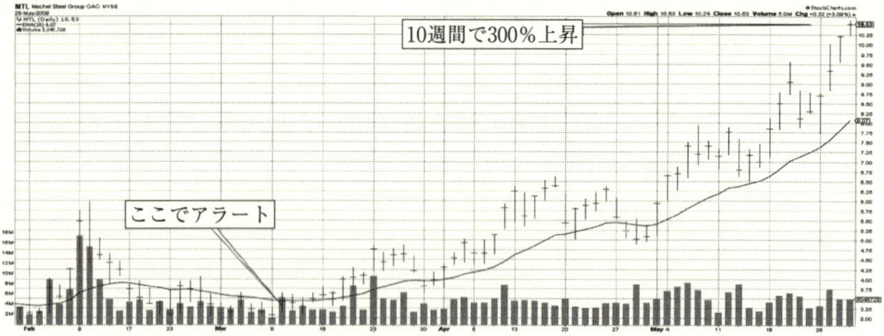
10週間で300％上昇
ここでアラート

図A.9　LCC

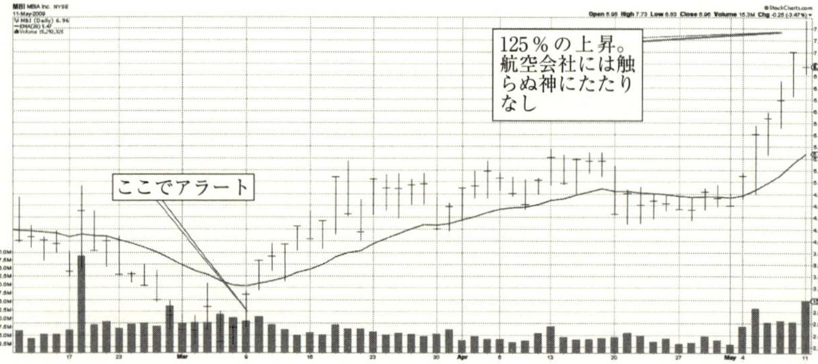
125％の上昇。
航空会社には触
らぬ神にたたり
なし
ここでアラート

図A.10　MBI

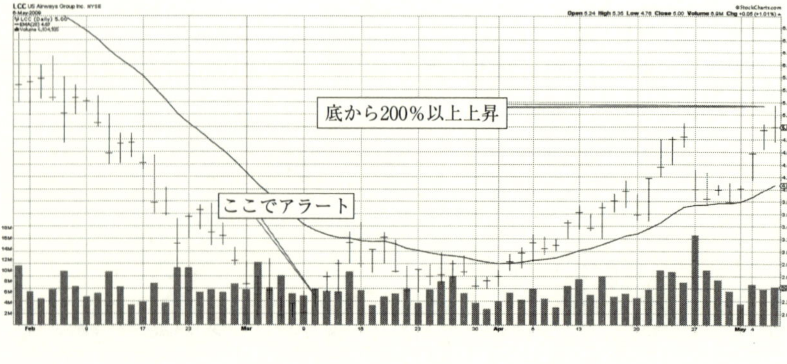
底から200％以上上昇
ここでアラート

図A.11　TCK

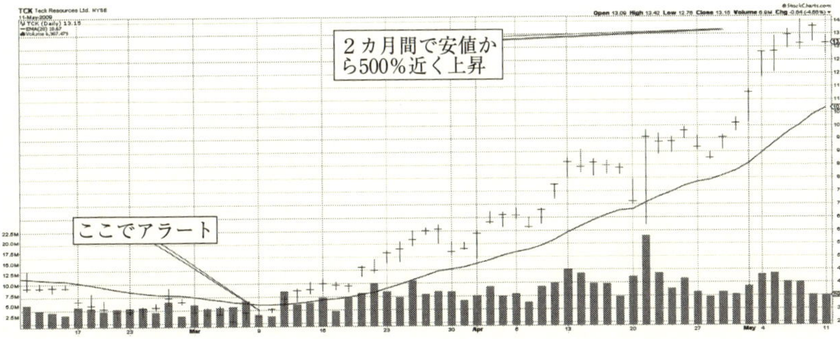
2カ月間で安値から500%近く上昇
ここでアラート

図A.12　RF

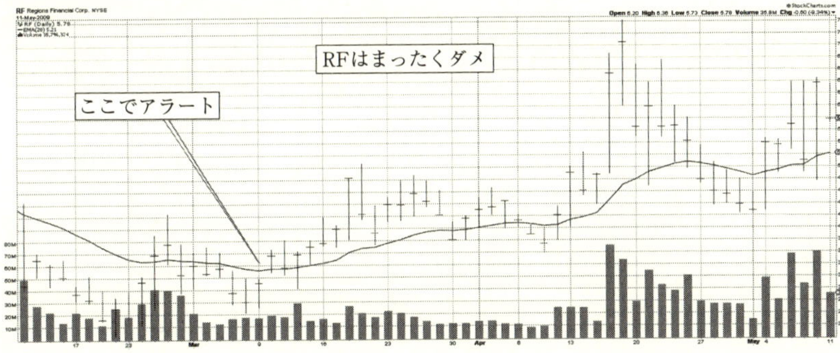
RFはまったくダメ
ここでアラート

ビッグBLT（Bin Laden Top）

テクニカルインディケーターが2011年の晩春大きく上昇すると、私は真剣に考え始めた。ビン・ラディンの死亡が報道されると、リワードは尽き、市場リスクはウナギ登りに上昇することを確信した。

4/29/2011

やあ、みんな！

2009年に安値を付けてから、市場は上昇傾向にあった。ダウはほとんどの間34週移動平均線に沿って動いていた。ダウは３回34週移動平均線を上回って「極値」に達した。次の数週間にわたって、移動平均線と反応との間にはズレが生じるだろう。

01/2010 ―― 34週移動平均線を1000ポイント上回る。そのあと、数週間で800ポイント下落。

04/2010 ―― 34週移動平均線を850ポイント上回る。２週間で1300ポイント下落。

02/2011 ―― 34週移動平均線を1150ポイント上回る。３週間で900ポイント下落。

今日 ―― 34週移動平均線を1070ポイント上回る。

下記のアラートでは「炭鉱のカナリア」について議論している。モメンタム株は一般市場が上昇しているときに下落し始める。この日のビン・ラディン死亡のニュースによって、市場はこの先数カ月以内に天井を付けるだろう。これは2300ポイントの大暴落前の最後の気勢だった。

5/2/2011――ビン・ラディンの天井

「ビン・ラディンの天井！」（eメールのタイトル）

大きなモメンタム株はこの日は大きく下落した。REDFは13.5％の下落、TZOOは５％、MOBIは21％、PLABは５％、APKTは5.5％、SFLYは2.3％、LULUは3.8％、ARUNは４％、OPEN、NFLX、MITKにいたっては生き残りが不可能な状態にまで下落した。

私の経験で言えば、このタイプの動きは３～４日のうちに大きく戻す可能性が高い。プロトレーダーは手仕舞いするが、大きなファンドは手仕舞いすることなく主要な指数を買い支えるからだ。

大きな安値ではひどいニュースで買われ、天井では信じられないようなニュースで売られる。国全体が歓喜にわくようなニュースは見当たらない。

ビン・ラディンの天井と同時に発生したのは、米ドルの大きな反転のセットアップだった。覚えているだろうか。この時期、「米ドルの死」という集団思考が流行した。どういった外貨がグローバルな「準備通貨」としての地位を引き継ぐのかについてだれもがいきなり専門家になった。このドルのグループ思考の真っただ中、ドルはパワフルに上昇する時期が近づいていることを合図していた。ドルは株式市場とは逆相関にあることは覚えているだろうか。これは私のビン・ラディンの天井の前提とぴったり一致する。

5/2/2011

2011年４月26日、米ドルのパブリックオピニオンは18.8％。これはチャートの歴史上最低の水準だ。これはドルの転換点を示す下のボリ

図A.13　ドルインデックス

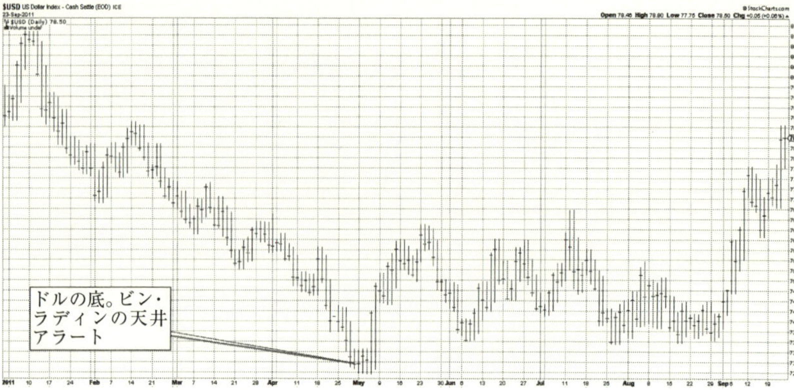

図A.14　ダウ平均

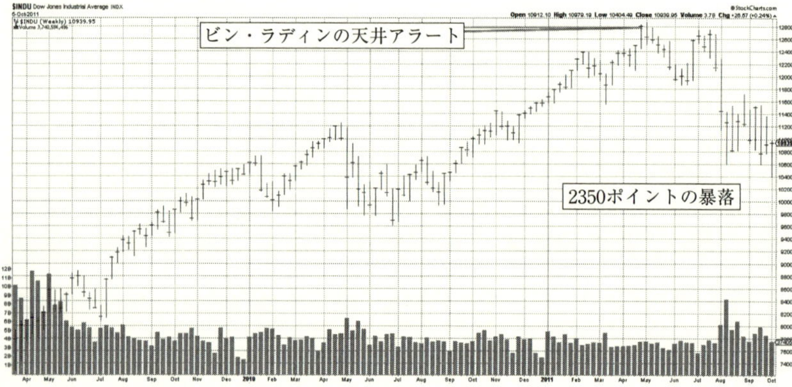

ンジャーバンドよりも低い水準だった。

IMO（インペリアル・オイル）はドルと市場の大きな変曲点を示している。

2011年の1900ポイントの「財政の崖」の前に見たもの

次に示すのは2011年の大暴落、いわゆる「2011年の財政の崖」の前に見たものである。炭鉱のカナリア・インディケーターに注目しよう。これはとても便利なインディケーターだ。私はキャッシュのままでいるようにと口を酸っぱくして言った。これらのアラートは10日にわたる1900ポイントの大暴落が始まる前日に書いたものだ。

7/26/2011

最近は新しいビジネスに忙しく、市場にかかわっている時間があまりなかった。しかし、債務の上限に関する議論は株式市場には影響を及ぼさないとするヘッドラインをこの２日間で４回見た。この行き詰まった状況でなぜ株式市場が強いままでいられるだろうか。このカオスのなかで市場はどれだけ「強く」いられるだろうか。私はこれをセットアップと見る。

先行インディケーターはTZOO、NFLX、CVV、REDF、SIFY、MITK、X、STLDだった（先行インディケーターとなるこれらのコモディティー株はMCPとREEなどを除けばすべて下落していた）。通常、先行インディケーターとなるこれらのモメンタム株は市場が大きく下落する２～６日前に下落する。この下落は４日前に始まっていたようだ。

このなかで私の好きな株もいくつかあるが、すべては３時間で1000ポイント以上下落する（いわゆる、「フラッシュクラッシュ［瞬間暴落］」）ダメな株ばかりだ。私はこれからラオスに行くが、ナスダックが上方にブレイクアウトして、次の６カ月にわたって1000ポイント上昇するのを願うばかりだ。

ところで、20%の年次リターンを求める人には私は「バイ・アンド・ホールド」はお勧めしない。

7/26/2011

カオスのなかでは株は“安全”だとだれもが言っている。

長期的に見れば、IWM、RUT、SPX、DJIAなどの指数では非常に大きな、繰り返すが、とても大きな、ヘッド・アンド・ショルダーズ・パターンが週足や月足チャートで形成されている。もし、もし、もしも、このパターンが崩壊し始めれば、大きく下落するだろう。ブルサイドでは、私たちは複数年にわたるカップ・アンド・ショルダーの先端にいる。この先、上方に大きくブレイクアウトするはずだ。先行インディケーターは売られている、しかもかなり激しく。これらのモメンタム株は少しばかり売られているのとは訳が違う。大きく売られている。したがって、まだ買う気はない。ここで買ったり、売ったりしなければならない理由は「まったくない」。買えば市場は暴落するだろうし、売れば市場は急騰するだろう。今はサイドラインに下がって静かに待つのが一番だ。CNBCやCNNやバロンズでも見ていればよい。そして、苦労して稼いだお金はSPXが1000になろうと1500になろうと、1～2カ月かけてじっくり投資すればよい。

7/26/2011

そして、5月の最初のトレード日以来ずっと話してきた“BLT”のことを忘れないでほしい。これは今でも有効だ。

図A.15　ダウ平均

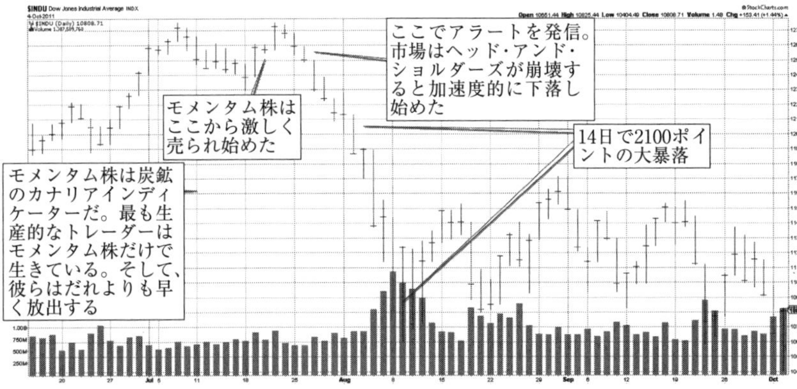

750ポイントの下落の前日、再び「カナリア」が騒ぎ出す

このアラートは３日にわたって750ポイント下落し始める前日に書いたものだ。文章にはなっていないが、数字に注目してほしい。わたしには炭鉱でカナリアが騒いでいるように聞こえる。

私の今日の「momoウオッチリスト」から

JVA　－14%

CVV　－10%

VHC　－6.0%

OPEN　－4.0%

TZOO　－2.0%

IDCC　－2.5%

MCP　－1.5%

LULU　－1.0%

NFLX　－1.0%

注　これは問題だった。なぜなら市場は上昇していたからだ。

図A.16　ダウ平均

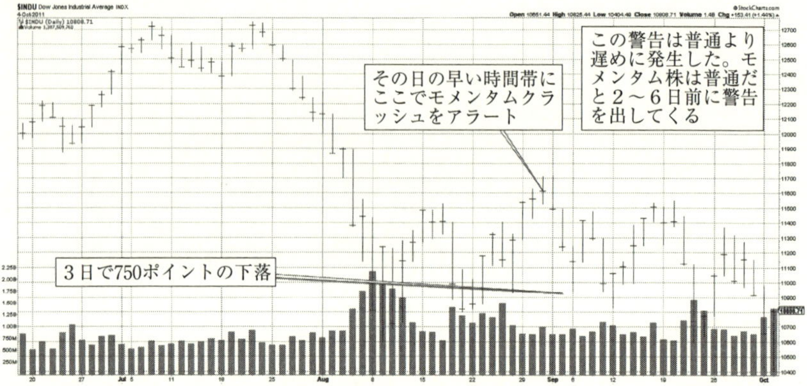

この警告は普通より遅めに発生した。モメンタム株は普通だと２～６日前に警告を出してくる
その日の早い時間帯にここでモメンタムクラッシュをアラート
３日で750ポイントの下落

1100ポイントの大暴落の前に、連続して炭鉱のカナリアアラートを発信

これら４つのアラートは10日にわたる1100ポイントの大暴落が始まる前の数日にわたって発信したものだ。

9/16/2011

私の超売られ過ぎウオッチリストは市場が崩壊する前にいつもざわめく。ウオッチリストは以下のとおり。

PCX	－10％
FRO	－4.5％
TEX	－4.0％
MTL	－3.0％

BAS　　－3.5％
TZOO　　相変わらずいつもどおり

momo株の身の毛もよだつパフォーマンスはまだ続く――CVV、MITK、NFLX、OPEN……。

9/19/2011

ウオッチリストが金曜日に大きく下げたことは述べたが、今日もまたそれ以上下落した。

MTL　　－６％
FRO　　－６％
PCX　　－４％
TBSI　　－10％
TEX　　－４％
BAS　　－５％

9/20/2011

非常警戒銘柄。

７月17日（ころ）以来、こんなものは見たことがない。これは「市場が２～４日以内に崩壊」と言った日よりも悪い。市場がほとんど動かないのに、今日momoは完璧に崩壊。プットは買わないが、次の６日にわたっては警戒が必要。

MCP　　－22％

REDF	−11%
JVA	−10%
NFLX	−９%
TZOO	−13%
DTLK	−９%
VHC	−８%
IDCC	−６%
LNKD	−６%
STMP	−５%
OPEN	−４%
LULU	−３%
PANL	−５%
MITK	−３%

これに加え……、

PCX	−９%
MTL	−５%
FCX	−４%
X	−３%
AKS	−３%

リストはまだまだ続く……。

9/20/2011

歴史に鑑みれば、“トレードビークル”が完全に崩壊したあと、明日あるいは木曜日には保ち合いになるか上昇するはず。歴史が繰り返すのならば（歴史は私のトレードキャリアの間は繰り返されてきた）、木曜日、金曜日、あるいは月曜日からメルトダウンが始まる可能性が高い。

図A.17　ダウ平均

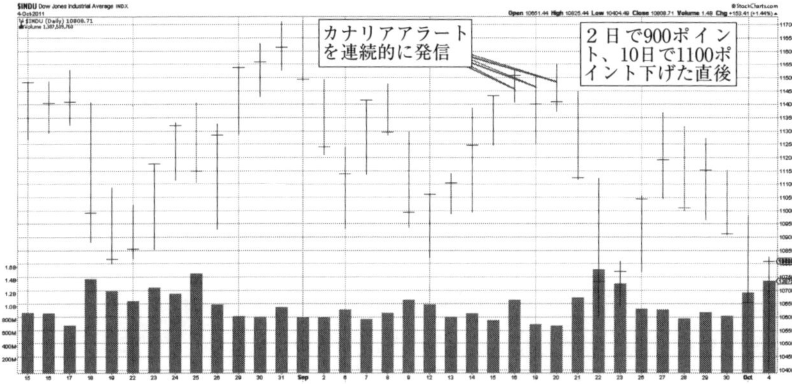

５月の欧州危機の前にカナリアが鳴き、ヘッド・アンド・ショルダーズ・パターンが発生

次のアラートは2012年５月に再び欧州危機が発生する直前に発信したものだ。SOXは市場全体が動く前に動くことを覚えておこう。

5/03/2012

しばらく市場を見ていないので、このうわさが本当かどうかは分からない。RUT（小型株）やSOX（半導体）などの主要な指数でヘッド・アンド・ショルダーズ・パターンが崩壊し始めたのは明らかなので、注意が必要だ。FRB（連邦準備制度理事会）はいつでも自分たちのやりたいことをやるということを肝に銘じておかなければならない。

併せて、QE3の議論にも注目したい。オバマの望みがかなう方法は１つだけ（QEに先んじて市場の崩壊を人々に知らせること）。私のためにしっかり仕事をしてくれ……。

5/05/2012

SOXとRUTでヘッド・アンド・ショルダーズ・パターンが形成された。11月にクロスオーバーして以来、階段状に上昇してきたS&Pは月曜日には13週移動平均線を下回って寄り付くことが予想される。市場は今崩壊状態にある。どれくらい下落するのかは分からないが、ヘッド・アンド・ショルダーズ・パターンが急激に形成されているため、次の１～２週間は公園を散歩して、屋根裏から古いニンテンドーNESでも引っ張りだしてくることにしよう。ヘッド・アンド・ショルダーズ・パターンはあとになってからでないとはっきりとしないのが普通だ。

図A.18　ダウ平均

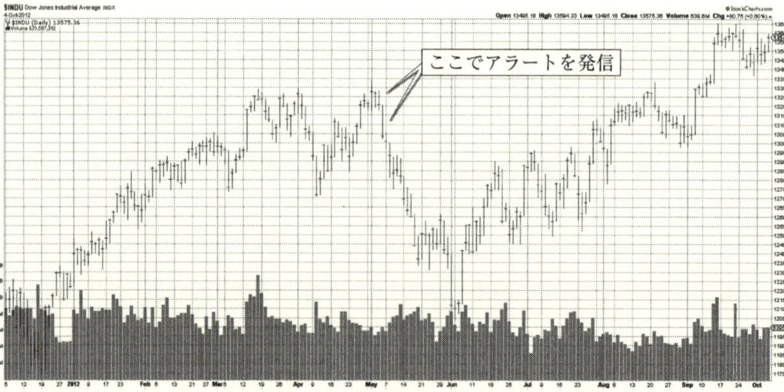

初期のシグナルは、いくつかの主要銘柄が過去数日で30％、40％、

50％下落したことだった（炭鉱のカナリア）。いつものように大暴落になるのか。それは分からない。しかし、インディケーターが珍しく足並みをそろえ始めたら、人生において本当に重要なことに素早く焦点をシフトさせ、市場はお休みするのが一番だ。

欧州で「カオス」が発生したときに見た一条の光

ウォール街がパニックに陥っているときには大きな底に向けて準備しよう。

マスメディアがEUの「大崩壊」は世界を崩壊に導くと言い、CNBCが初めて日曜日の夜に緊急特別番組（「大混乱のマーケット」）を組み、元ゴールドマンサックスの社員がアルマゲドン論文を配布したとき、私は次のミニブル相場に向けて着々と準備を進めていた。

5/21/2012

WPRTはV字型の底を形成。次の１～２カ月の間に80％動くことが予想される。激しく売られたIBD銘柄は市場が底を付けたあと大きく上昇する傾向がある。

底を付けたあと明確なチャネルで激しく売られる株を買え。持ちこたえた株は（ウォール街の従来の教えとは逆に）将来的には市場を下回る。

5/30/2012

ドル、国債、ユーロのチャートを見れば見るほど、ファンドがドルや債券を安全な場所から移行するための「ブラックスワン」（だれもが予期しないこと）の上昇イベントを引き起こす可能性が高いことをより一層強く確信した。一般市場の株式チャートはそういったイベントのシグナルは出していないが、債券とドルの力学を考えると、マネーは株式市場にどっと流れ込むだろう。

5/31/2012

人間は長きにわたってパニックに陥ることがある。不安が広がり、私たちを徐々に混乱させる。そんなとき私たちは、「知ったこっちゃない」と言って、普段の生活に戻り、メディアが投げかけるつまらないことは一切無視する。

私たちは昨日と今日、その時点に達したと思う。

5/31/2012

CRB（コモディティー指数）の暴落パターンはそろそろ完成したようだ。コモディティーに関連するものは大きく戻す可能性がある（コモディティーはゆくゆくは上昇する）。

S&Pの週次のスローストキャスティックスはこの12年で８回売られ過ぎ状態になった。

03/2001 ―― ３週間にわたる20％の上昇
09/2001 ―― ６週間にわたる22％の上昇
05/2002 ―― １週間にわたる５％の上昇
03/2003 ―― 大きなブル相場の始まり
06/2007 ―― ６週間にわたる18％の上昇
01/2008 ―― ２週間にわたる10％の上昇
05/2008 ―― ２週間にわたる９％の上昇
03/2009 ―― ４週間にわたる25％の上昇

6/04/2012

大きな買い機会は目の前まで来ているという私の主張をだれも信じてくれないので、私はやや感情的になっている。

この先何年かは、日曜日の夜にCNBCが特別番組を組んだ「大混乱のマーケット」（ダウが１万1985で安値を付けた）のことは人々の語り草になるだろう。

彼らは言うだろう。ドルは中国と日本（貿易通貨をドルからほかの通貨に移行する）によって崩壊することは明らかだと。

彼らは言うだろう。米国債券はバブル状態で、数十年来のチャネルを超えて上昇するだろうと。

彼らは言うだろう。QE3は３週間後に実施されるだろうと。少なくともトレーダーはそう思っている。

彼らは言うだろう。世界市場はもう13週も連続して下げ続けていると。

彼らは言うだろう。世界のコモディティー市場は大暴落の最終段階に入ったと。

彼らは言うだろう。欧州中央銀行やEUはギリシャやスペインについて間もなく発表するだろうと。

彼らは言うだろう。プット・コール・レシオ、週次のストキャスティックス、メディアの大暴落に対する妄想、スマート・ダム・レシオ、50日移動平均線を下回る銘柄のパーセンテージ（87％）、ナスダック・サメーション指数などを見て、市場は大きく上昇するだろうと。

彼らは言うだろう。アイアンマンはつまらない映画だと。

彼らは言うだろう。大統領（オバマ）、ベン（バーナンキFRB議長）、ティム（ガイトナー財務長官）は再選の前に市場を上昇させる必要があったと。

6/05/2012

だれもがいかに悲観的であったかを示すために、次の５人について再び投稿した。彼らの何人かは何十年にもわたってビジネスを営んできたが、高確率の反転パターンとテクニカルインディケーターの極値を信じる集団思考にいまだに振り回されている。

1．「リチャード・ラッセル」――「ベア相場は続く。しかも長く」
2．ゲイリー・シリング――「S&P800」
3．ムハメド・エルエリアン――「投資家は自分のお金の利益率だけでなく、リターンも心配すべきだ」
4．フィナンシャル・タイムズ――「欧州には欧州版リーマンショックが必要だ」
5．シュピーゲル（独週刊誌）――「大口投資家は彼らのお金をどこに投資すればよいのか分からない」

図A.19　ダウ平均

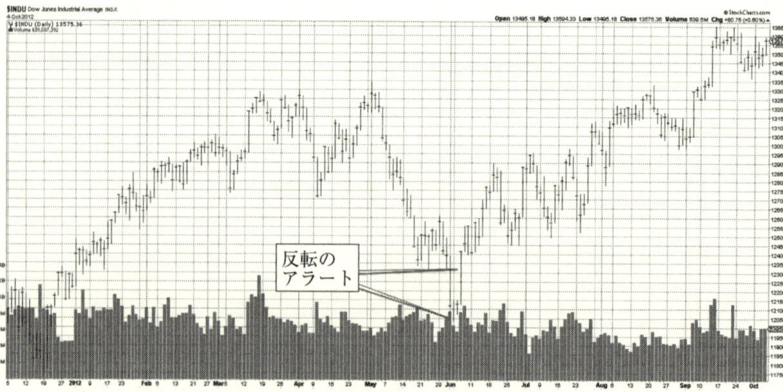

私の2012年の顔が青ざめるグローバル予測――パート2

６月に大底を付けた直後、2012年の年次予測パート２と題してこのｅメールを配信した（「顔が青ざめるグローバル市場予測」）。

6/13/2012

これは私の2012年の「顔が青ざめるグローバルな上昇」の続編だ。私の2012年の予測については付録Ｂを参照してもらいたい。

「顔が青ざめるグローバル予測――パート２」（ｅメールのタイトル）

やあ、みんな！

今夜、３週間前に配信した私の弱気なｅメールについて質問をもらった。あれから状況は大きく変わったようだ。しばらくの間は長期オシレーターの多くは売られ過ぎ状態にあった。簡単に言えば、近い将来大きなグローバルな上昇が始まるということである。

①②③④⑤債券の放物線状の動き。最初のチャート（図示せず）は1980年からの債券のブル相場を示している。ブル相場はパニック買いによって放物線状の動きになり、それが上のチャネルを上回ると終焉する。これは２週間前に見たものだ。30年以上のチャネルを上回る垂直状態の放物線状の動きによれば、これは債券の30年にわたるブル相場の終焉であることは確かだ。これは大きな悪影響を及ぼす。住宅ローン金利の上昇を除けば、お金は債券から株式に流れるだろう。

⑥私が最初に「顔が青ざめるグローバル予測」のｅメールを配信した

12月下旬（実際には１月２日)、世界市場のいくつかが同時に底を付けた。スペイン、ギリシャ、ブラジルなどがそうだ。インドは複数年にわたる非常にブリッシュなダブルボトムを形成しつつある。

⑦2008年を除き、原油は長年のなかで今が最も売られ過ぎ状態にある（いくつかのインディケーターがこれを示している)。しかし、この売られ過ぎ状態からはすぐに脱し、ロシアやブラジルなどのレバレッジの効いた原油市場は大きく上昇するはずだ。

⑧コモディティー（CRB-Chart #2）はこの10年でRSIが売られ過ぎ状態になったことが２回ある。２回とも数年にわたる大きなブル相場につながった。

図A.20　ダウ平均

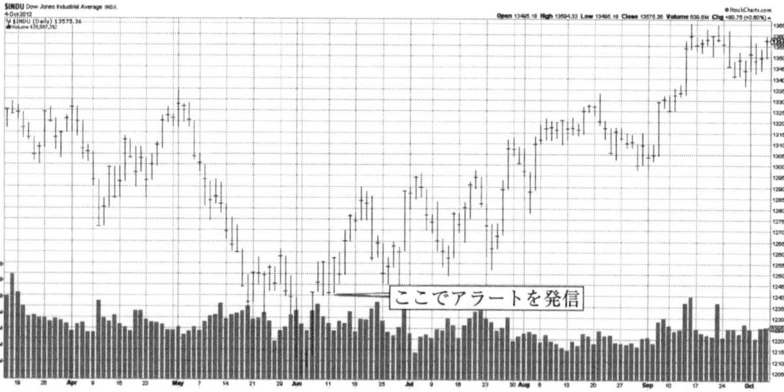

⑨センチメントが極値に達している。ベスポークの金融パニックニュースヘッドライン・インディケーターが２週間前にシグナルを出し、市場が大底を付ける前に金融パニックニュースヘッドライン・インディケーターが極値に達した。さらに、私の記憶のなかでは初めて、平均的なニュースレターの推奨がショート40％に達した（残念ながらリンクはない)。これは非常に珍しいことだ。私は意識的に金融

のヘッドラインは読まないことにしている（変曲点の近くでは読むが）ので、欧州で何が起こっているのかは分からないが、通りで流血事件が起こっているようだ。最後は、ダウ先物が１万1980に達し、センチメントが三つ巴で極値に達したときのCNBCスペシャル番組「大混乱のマーケット」で締めくくりたいと思う。

⑩NGについては長期投資家にとっては好ましい状況のように思える。ダムマネーのリバウンドプレーヤーはほとんどが手仕舞いさせられた。

これは大きなブル相場の始まりではないかもしれないが、少なくとも戻りはありそうだ。

忘れてはならないのは、①オバマが再選される必要がある、②中国と日本が貿易通貨を米ドルから別の通貨に移行するため、ドルに対する弱気の集団思考が発生する、③QE3のワイルドカード――である。

債券バブル後に500％上昇するグローバル市場はどこ？

このアラートはギリシャの回復についての長期的予測として発信したものだ。ギリシャは９週間で50％も上昇した。これは素晴らしいことだが、私の予測は複数年にわたる長期の平均回帰プレーについてである。ここで議論しているのは史上最大の隠れたグローバルな刺激剤だ。ファーストソーラー（FSLR）とソーラーセクターについても述べている。最後に、私は米国はなぜわざわざ2012年に選挙を行うのか分からない。

8/15/2012

「債券バブル後に500％上昇する市場はどこ？」（ｅメールのタイトル）

最新情報

●ご存知のように、32年にわたるグローバルな債券バブルがこの１週間で見事にはじけた。
●この32年間にわたって、30年物国債は上のトレンドラインに６回接触した。そのあとのダウ平均の12カ月のリターンは50％だった。
●FSLRは月足チャートでブレイクアウトした。２週間で50％上昇。私が話したソーラーセクターのテーマがついに始まった。
●資源関連のエマージング市場が上昇し始めた。
●鉄が上昇し始めた（でも、私はもはや強気ではない）。
●金鉱株は予想どおり金を大きくアウトパフォームした。
●石炭は活気がない。小規模企業は下降トレンドラインがブレイクされれば翌年は大きく上昇するはず。
●チャートだけ見れば、ギリシャは次の１～２年はグローバル市場を大きくアウトパフォームするはず。５月と６月に大きな月次リバーサルのハンマー足が発生。２番目のハンマー足は最初のハンマー足を切り下げて大きく反転。これはパニック売りを示している。月足チャートは強い正のダイバージェンスを示しており、５つの波も完成させている。ギリシャは12カ月以内に平均回帰だけで、今日の終値である621から1451に簡単に到達するはずだ。さらに１～２年後には2938に達する可能性が高い。これは500％の上昇だ。
●もしあなたが投資する「ファンダメンタルな理由」が欲しいメディア信奉者なら。今、ギリシャは1989年水準で取引されている。ギリシャの1989年のGDPは730億ドルで、今のGDPは3000億ドルだ。価格がニュースを作る。ギリシャ市場は上昇しているので、メディアはGDPの数値の上昇に注目するだろう。前年比GDPは３四半期前で－８％だったが、上昇傾向にある。翌年かその次の年あたりでGDPの成長率が０％になれば、市場は現在価格の２～３倍になるはずだ。

●海運セクターはギリシャと高い相関性を持つ。バルティックドライ指数・S&P500レシオは史上最低だ。これはもう上昇するしかない。

●32年にわたる金利のベア相場の終焉は史上最大の隠されたグローバルな刺激剤だ。何兆というお金が債券からほかに流れだすだろう。

●私は短期的には強気ではない。これは次の１～３年にわたって展開する大きなマクロテーマだ。

●ところで、失業率はどれくらい悪いのだろうか。住宅もさえない。欧州はもう終わっている。米国の財政の崖は？　これらメディアのテーマはダムマネーを市場から締め出すのに不可欠だ。歴史を見ると、市場の最大の上昇のほとんどは「懸念の壁」をよじ登ってきた。

●12月から言っているように、彼らは何としてでも選挙をやろうとしているが、私にはその意味が分からない。私はけっしてバカではないのだが……。

図A.21　ATG

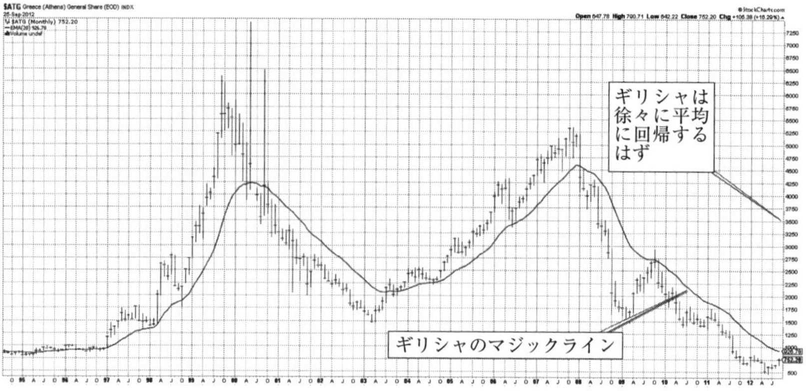
ギリシャは徐々に平均に回帰するはず
ギリシャのマジックライン

チャートは株式のためだけのものじゃない……2012年の選挙

このアラートは、すべての市場は人間の感情に基づいていることを示すためだ。株式チャートを扱おうが、債券チャートを扱おうが、選挙チャートを扱おうが、すべては同じだ。私がこのアラートを発信したのは10月10日で、一般大衆は大統領候補ではミット・ロムニーがリードしていると信じていた。でも私のチャートはそう言ってはいなかった。残念ながら、2012年の選挙に向けての世論を示すチャートは見つけることができなかった。

10/07/2012

「選挙チャート」（eメールのタイトル）

これは市場の最新情報ではなく、単なるエンターテインメントとして読んでもらいたい。そう、楽しみながらね。ロムニーがリードしているというヘッドラインをいくつか見た。そこでチャートを見てみた。チャートは100％人間の感情、人間の本質、人間の行動などを反映したものだ。有史以来、人間の感情は100％予測可能なパターンで繰り返してきた。選挙も100％が感情だ。

選挙チャートは、２年間のベースをブレイクアウトすると、指数関数的な出来高で（オバマにとって）教科書に出てくるような「ブレイクアウト」パターンを描いている。50％から60％（オバマが勝つ確率）の２年間のベースを見てみよう。チャートが60％の閾値をブレイクアウトするときの出来高を見てみよう。

チャートは下のボリンジャーバンドと一致するブレイクアウトのピボットポイントを再び試している。例のごとく、チャートは４～５日か２～３日で出来高を伴って上方に反転するはずだ。60％を下回ったら、私はモメンタム株（オバマ）は売り、ロムニーを買う。そのときまでは非常に強気なパターンだ。残念ながら、オバマの株主は100で売らなければならない。

コモディティーの大きな天井と底の見つけ方――2011年の銀の大きな天井を示すインディケーター

米ドル「安」という集団思考によって世界が銀投資に乗り出そうとしているとき、すぐにでもはじけそうな巨大なバブルを見た。銀に賭けていない人が大金を儲けようとしていた。以下に示すのは私のテクニカル的な考えと、暴落がどれくらい大きなものになるかを示したものだ。

4/21/2011

BTW（ところで)、

2004年４月、銀は200日移動平均線を51％上回って引けた。翌月には8.50ドルから5.45ドルに下落。

2006年５月、銀は200日移動平均線を68％上回って引けた。銀は１カ月で15.21ドルから9.48ドルに下落。

2008年３月、銀は200日移動平均線を47％上回って引けた。銀は１カ月で21.44ドルから16.06ドルに下落、半年で8.40ドルに下落……

今日の終値？　200日移動平均線を68％上回って引けた。明日の始値？　終値の70％というところか。

ドルが、必ず起こるが今はまだ不可能に思える（上方への）10％のリトレースを起こすとき、銀やほかのコモディティーでは「衝撃と畏怖」を見るだろう。価格が200日移動平均線を65％上回っていた２日前、クレイマーは銀を買え、と叫んでいた。

今は銀が50ドルに達したとき、ゴールドマンが銀を「確信的な買い」リストに載せるのを待つしかない……彼らの「推奨」から４週間後？

価格は30ドルになっているだろう。

4/21/2011

銀の掲示板に投稿する。書いた言葉は――まったくの無法地帯。

銀は今日、27ドルの200日移動平均線を記録的な72％も上回る水準で引けた（およそ46ドル）。

2002年に戻ると、50％上回っていたすべてのケースでは１カ月で200日移動平均線に接触した。

4/28/2011

銀のさらなる統計量――200日移動平均線を75％上回って引ける。

今週の初めには82.4％上回った（以前の放物線状の動きは47％、51％、72％上回った）。ここで１つ面白いことを発見。銀の平均的な週次の出来高が１億2000万枚ということだ。以前の記録的な週次の出来高は３億5000万枚だった。１日を残して、今週は８億5000万～８億7500万枚のペースで動いている。意外なのは、これほどの出来高を伴いながら、銀は3.79％（今週）しか上昇していない。今週は47ドル辺りで引けるのではないかと思っている。

図A.22　銀

原油の底予測

2009年２月、文字どおり市場には原油が「有り余って」いた。だれも欲しがらない何百万バレルという原油を積み込んだタンカーが世界中の港に停泊していた。アナリストは１バレル15ドル～20ドルに戻ると予測した。私はこれを大きな機会と見た。次のアラートは私がそのときに見たことを書いたものだ。残念ながらリンクはすでに無効だ。

2/22/09

タイトル――UCO銀行と原油の底？　先週、原油が大底を付けた理由

●週足チャートでDTO（原油インバース）が天井を付ける。
●コンタンゴ（順ザヤ）バブルがはじけたか？
●USOが週足チャートでブリッシュハンマー　http://www.fxwords.com/b/bullish-hammer-candlestick.html
●原油の月足チャートが８カ月続けて下落。USO原油が３月に２月の高値をブレイクすれば、USOは35～40になると思われる。
●原油が上昇すれば、世界の株式市場もおそらくは上昇する。RSXは最もレバレッジの効いた市場だ（経済が崩壊しているのだからあまり意味はない。だが、チャートはチャートだ）。
●原油チャート。10ページを参照。　http://stockcharts.com/def/servlet/Favorites.CServlet?obj=ID369857&cmd=show[S122127438]&disp=O
●原油と逆相関にあるドルはダブルトップになると思われる。もしこの週の立会日数が通常どおりだったら、USOの週次の出来高は市場最高記録を打ち立てていただろう。UCOボードからの興味深い投稿を紹介しよう――「納会を迎えたばかりの３月限と４月限の間には実質的に順ザヤではない。昨日、３月限が39.48で納会を迎えたとき、４月限は40.03だった。およそ1.4％の順ザヤだ。先月は違った。１月20日に２月限が38.74で納会を迎えたとき、３月限は40.84で終え、およそ5.4％の順ザヤが発生した。さらに２月の間は期近（３月限）と４月限との間には常に６～８ドルの差があった。これはおよそ15～20％の順ザヤに当たる。

UCO銀行は今５月限を保有しているので、再び順ザヤになり、

期近（4月限）が1バレル当たり39ドルから40ドルで推移すれば、5月限は15～20%上昇し、2月の間は期近と次の限月との間のスプレッドに一致する。これは、期近は動かずにUSO価格が30～40%上昇することを意味する。

図A.23　原油

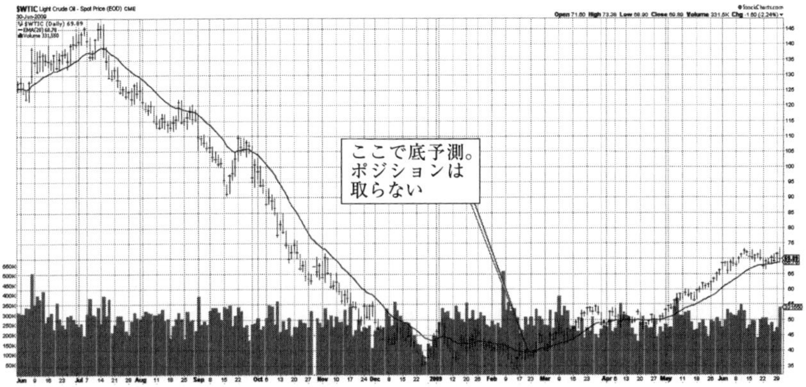

まとめ――順ザヤから稼ぐ方法がある。1つの方法は、期近物が動かずに順ザヤが拡大することを期待して、期近が納会を迎えた直後にUCOを保有するというものだ。UCOは週の終わりには8.00～8.10になると思う。今週だけで25%の上昇だ。その間、期近は40ドルを超えることはないと思っている。

天然ガスの記録的な底――天然ガスのスーパーサイクル

これらのeメールは長くなりすぎたので一部カットした。

4/05/2012

「最大のブル相場が数日以内に始まる」（e メールのタイトル）
ブエノスアイレス　4/05/12

図A.24　天然ガス

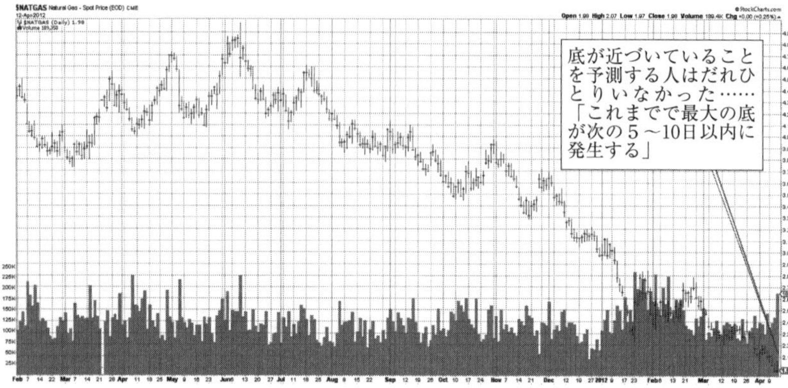
$NATGAS Natural Gas - Spot Price (EOD) CME
12-Apr-2012
Open 1.98 High 2.07 Low 1.97 Close 1.98 Volume 189.4K Chg +0.00 (+0.25%)
底が近づいていることを予測する人はだれひとりいなかった……「これまでで最大の底が次の５～10日以内に発生する」

何百時間にも及ぶ南米のバスの旅から帰ってきて、少し休養を取っているところだ。私の記憶が正しければ、この２～３年で天然ガストレードを２～３回勧めたはずだ。今、天然ガスへの投資を勧める。

- チャートによれば、次の５～10日の間に天然ガスの息を飲むほどの上昇が始まるだろう。これは最近見てきた一般市場やコモディティーの上昇とはまったく違う。
- 今の天然ガスのパターンは、長期の下降ブリッシュウェッジで、出来高は減少している。これまで似たようなパターンをトレードしたことはあるが、上方への爆発は歴史的なものになるだろう。
- チャートを12年さかのぼると、天然ガスは月次ボリンジャーバンドを５回上回ったことがある。ボリンジャーバンドを上方にブレイクするたびに、大きく反転して再びバンド内に戻った。今回初めて下の月次ボリンジャーバンドを下回り、5カ月続けて下回ったままだ。バンドの水準は2.12だ。長期的に見れば、どの測度（RSI、ストキャスティックス、ROC）を見ても史上最大の売られ過ぎ状態にある。月次ベース（ボリンジャーバンド）で再び仕掛けた場合、5カ月後には、長期的な反転がこれまでの最大規模で発生するだろう。ところで、バンドは標準偏差を示しているにすぎず、ほとんどのものは長期的に見れば平均に回帰する。

●天然ガスのつなぎ足は昨年の夏からのエリオットの第5波が完成しようとしている。完成されれば、第5波からの反転は短期的な大きな動きになる。

●2008年、天然ガスが14ドル辺りを探っているときのリグカウントは1650だった。今日の午後の時点では、リグクロージャーがその数を上回り、リグカウントは647になった。将来的には需給関係が大きく逆転し、価格は実質的に一晩で飛躍的に上昇するだろう。簡単に言えば、需要が2008年以来10％以上伸び、潜在的供給は60％以上下落するということである。

●生産者の限界コストはブレイクイーブンに持っていくだけで1bcf（容量の単位）レンジ当たり6ドルだ。業界で最低コストの生産者（非常に少ない）の現金コストはおよそ1.85ドルだ。天然ガスでこうしたコストがかからないと想定すると、従業員への給与の支払い、顧客への運送費、変動諸経費等にかかるコストは1bcf当たり1.85ドルということである。先週、ヘンリーハブの現物価格は2回にわたって1.85ドル水準を探っていた。

●天然ガスのフォーラムやサイトでの今の最大のテーマは、天然ガスETFの10フィート以内にはだれも近寄らないというものだ。天然ガスで強気（多くはいない）なら、彼らは天然ガスや石炭生産株を買うはずだ。極端な価格スパイクの間は、いろいろな理由により、生産者が原資産をフォローするのは極めて限定的だ。天然ガスの市場ベータは大体はマイナスだ。したがって、天然ガス価格が下がれば、株式市場は上昇し、天然ガス価格が上昇すれば、株式市場は下落する……したがって、生産者株は下落するか、変わらないか、よくても若干上昇する程度である（このほとんどは下落および上昇リスクを限定する長期の先渡契約）。

- 2002年、投資家の多くは天然ガスが反騰すると予測し、CHKなどの巨大生産者株を買った。株式市場は勢いを失い、生産者株は足踏み状態だった。天然ガスは若干は動いた……そして、数カ月後には600％上昇した。
- 天然ガスの供給過剰に関する記事は読んではならない。目下のところ天然ガスは非常に供給過剰状態にある。供給に対して需要がゼロだ。ヘッジファンドがシンガポール沖で借りたタンカーに原油を保管していた2009年、原油市場をフォローしただろうか。この最中の2009年３月、名前は言えないがとある人に私はｅメールを送り、私の原油チャートを彼の読者に転送するように言った。史上最大の原油の過剰供給のとき、チャートは大きな上昇を示していた……40ドルでも買う人はいない。しかし次の６週間で、原油は供給過剰で需要がまったくないにもかかわらず、40ドルから70ドル台半ばまで上昇した。彼はすぐに私のｅメールを読者に転送した。
- このような上昇には歴史的な売られ過ぎ市場が必要だ。今日、天然ガスは2.09ドルで引けた。天然ガス価格が下落すれば（２ドル、1.90ドル、1.80ドル……）、ゴムバンドはきつくなる。つまり、大きく上昇するということである。
- 天然ガスは大きく上昇している。次の月曜日、火曜日、水曜日、木曜日、金曜日、そしてその次の月曜日、火曜日、水曜日、木曜日（今日）、金曜日も上昇し続けるだろう。世界中が油断していたところにこの逆襲だ。あまりに急に上昇したため、サイドラインで待っていた何百万人という人々には絶好のタイミングで再び仕掛ける機会はなかっただろう。トレーダーは１日で20～25％上昇する株やETFは買わない（これほど急上昇すると、買いたくても買えない）。みんなは動きの90％を見逃すことになるだろう。今、先渡の95％を保有しているのは一握りの生産者、エンドユーザー、ヘッジファンド、投資銀行、機関投資家たちだ。彼らは４ドル、５ドル、６ドル以上になるまで売らないだろう。こうした需給関係は数週間あるいは数カ月で現物市場をこういった水準にまで引き上げるのだ。

●そして、次の１～２年で、先渡価格の曲線は前の高値に達し、それを上回るだろう。計算してみるとよい。市場の仕事は、大きく上昇しているときにみんなをサイドラインに下がらせることである（みんながパニックに陥っている間、ゆっくりと積み増していく億万長者は別）。次の数週間も例外ではないことを市場ははっきりと示している。

●耳寄りな情報をもう１つ――歴史を振り返ると、原油・天然ガスレシオは６～10だが、原油は今日、史上最高値である49.45で引けた。しかし、やがては長期的なバンド内に戻ることは確実だ。計算してみるとよい。そして原油が急上昇したらどうなるのか？

●最後に、忘れないでもらいたいのは、米国は間もなく世界中の市場に天然ガスを輸出するだろうということだ。価格は自由市場で1bcf当たり14～16ドルといったところか。

●大転換が迫っている。しかし、世界の99.999999999％はこのことを知らない。

それでは、ジェシー。

4/06/12

南東部の大きな会社で天然ガスエグゼクティブをやっている友人から次のようなｅメールを受け取った。

「私たちの天然ガストレーダーは価格は下落すると思っている。貯蔵率は100％で、春が暖かいということは、需要はないということである。でも、夏には持ち直すはずだ。ハリケーンと欧州の寒い冬を願うばかりだ」

業界のほかの知人からもこの１カ月で似たような意見を聞いた。

あらゆる予測に反して、私は自分のｅメールを信じるだけだ。

4/09/12

「私の前の天然ガスに関するｅメール ―― これは最高だ！」（ｅメールのタイトル）

●天然ガスは史上最高の備蓄状態にある。記録的な供給過剰。
●この供給過剰状態を解決する唯一の方法は、将来的な価格の低下だ。
●備蓄は昨年よりも9000億立方フィートも多い！
●需給関係の不均衡はこれを除くと過去に１回しかなかった。
●そのとき、天然ガスの備蓄は５年平均から大きく乖離していた。
●こうした不均衡が発生するとどうなるのだろうか。生産者はこの状況を解決するためにあらゆる手段を講じるだろう。ほかにどんなことが起こるかというと、株主が彼らを解雇して、生産量を10％カットして、価格を100％上昇させ、株主（要するに、「ボス」）に大きなリターンをもたらすことのできるチームと入れ替えるだろう。

●こうした需給関係の不均衡が発生したのはいつだったのか。歴史はサイクルで動き、繰り返すものだ。そのとき、供給過剰と能力の限界に対する不安はあったのか。
●ちょうど10年前というのは？
●その次の３カ月、天然ガス価格がどうなったかというと、125％の上方への平均回帰が起こった。
●その翌年、天然ガス価格がどうなったかというと、信じられないかもしれないが、561％上昇した。
●スマートマネー（機関投資家やヘッジファンド）は月足チャートに基づいて買う。1999年にさかのぼると、月足の引けの最低は2.13ドルで、2002年のことだった。供給が数カ月にわたって上昇し続ける一方で、価格は底を付けた。
●先月の月足チャートの終値はご存知だろうか。ご察しのとおりだ。10年におよぶ大きなダブルボトムは聞いたことがあるだろうか。世界中の「金融アナリストの予測」に反するが、数年にわたって上昇し、前の高値を大きく上回ることが予測される。これが意味することを考えてもらいたい。２ドル（天然ガス）から大きく上昇……ということになるだろうか。
●今の水準から上昇すると予測する人はいるだろうか。
●以下に述べるやつは天然ガスで非常に強気だ……彼は今の水準から25％下落して反転すると予測しているのだ！　今日はガートマンさえ敗北を認めた。強気筋はみんな1.80を再び試すと予測している。普通は強気筋と弱気筋はボートの同じ側に乗っているが、仲良く並んで座っているわけではない。
●どういうわけだか、原油・天然ガスレシオは２つの商品が取引され始めて以来ずっと６～10の間で推移してきた。今のパターンはあなたの見方にもよるが、放物線状になったか、暴落したかのいずれかだ。私がこのｅメールで約束できることは、時間がたてば歴史的なレンジに平均回帰するということである（これについては別のｅメールを書くことができるほどだ）。したがって、原油が200ドル、250ドル、500ドル、1000ドル（天井？）と上昇し、レシオが歴史的なレンジに戻れば、びっくり仰天するようなことになる。

とは言うものの、７桁や８桁の収入を得ている人や数週間ごとに金融テレビに出ているようなカリスマを持った人はインフレ調整でコモディティー史上最低水準まで下がると予測している。おそらく私は５年後にはテレビに出演して、100ドルの天然ガスは200ドルになると予測するだろう。その場合、持っているものは全部売れ。

4/16/12

上のアラートに対する返答

「世界でただ一人の天然ガス強気派としては、だれでもいいから慰めてほしいよ。おれの立場で考えられるやつならだれでもいい。強気の記事は１つも見当たらない……どこを見ても見当たらない。ずっと長く一緒にやってきて、大きな天井や底を言い当てる重要な記事も一緒に読んできた仲じゃないか」

（メディアは）「QCOMは1000ドル、AAPLは1000ドル、原油は10ドルに戻り、銀は100ドル、ダウは３万で……」という具合に予測してきた。

そこで気づいたことは、

①4/13/12

天然ガスの底は見えない……「価格ショックが起こるだろう――大きな地下蔵は天然ガスで埋まり、もうどこにも保管場所はない。したがって、天然ガスは現物市場で売るしかない。市場は市場最安値の1ドルにまで崩壊するかもしれない」――RJO先物のシニアアナリスト

http://www.bnn.ca/News/2012/4/13/Natural-gas-bottom-nowhere-in-sight.aspx

②4/12/12 「経済学的に考えれば、価格は0に近づくのは明らか」

http://seekingalpha.com/article/493521-nattural-gas-why-prices-are-headed-lower-and-how-to-profit?source=yahoo

③4/12/12

ゴールドマンサックスは天然ガスを格下げする……2013年までは戻すことはない

http://blogs.wsj.com/marketbeat/2012/04/12/goldman-sachs-natural-gas-prices-wont-rebound-until-2013/

④4/13/12

モルガンスタンレー、天然ガスを格下げする（リンクなし）

「モルガンスタンレーは今週、天然ガスの2012年の価格予想を2.70ドル/mmBtuから2.40ドル/mmBtuに下げた……これは平年よりも暖かい気候が続いているため。夏の間（8月～10月）は天然ガス価格は平均で2.20ドル/mmBtuになるだろう」

⑤4/16/12

UNG（米国天然ガス）が10ドルに

http://seekingalpha.com/article/501231-sub-10-ung-is-coming-to-amarket-near-you?source=yahoo

⑥4/12/12

「顔が青ざめる世紀のトレード」著者は敗北を認める

http://allstarcharts.com/the-natural-gas-crash-revisited/

⑦先週、天然ガスは上昇するという強気なやつについてのリンクを投稿した。でも、彼は今は弱気だ。UNGの短期的な価格は12ドルと予想している。そのリンクは今は見当たらない。

⑧２週間前、天然ガスが上昇すると予測しているやつのリンクを投稿したが、それが実現するためには１日でさらに15～30％下落する必要がある。

これでお膳立ては整った。

図A.25　天然ガス

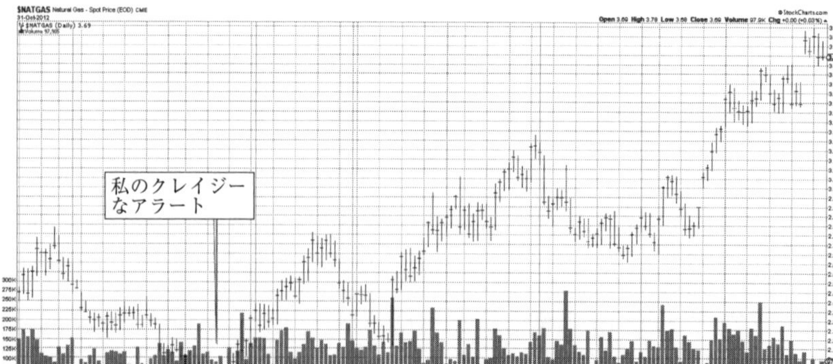

付録B――グローバル市場の年次予測（2010～2013）

これからの数年についての私の思考プロセスをのぞいてみることにしよう。私の年次予測は娯楽として読んでもらいたい。世界市場でどういったことが展開するのかを知恵を絞って予測した。次の12カ月についても信頼のおける予測をするのは、不可能とは言わないまでも、難しい。とにかく面白おかしく予測していきたいと思う。

私の2013年の予測「200～500％のセクター特有のアノマリー」については、http://insiderbuysuperstocks.com/ を参照してもらいたい。

2012年のグローバル市場予測――「顔が青ざめるグローバル市場予測」（ゴールドマンサックスはS&Pは25％下落すると予測している）

注　2011年の予測のまとめも含んでいる（2011年はゴールドマンサックスはS&Pは銀行株によって25％上昇すると予測した）。

ウォール街は７年間で最も低いリターンを予測したので、私は強気な予測を投稿した。http://www.bloomberg.com/news/2012-01-03/smallest-s-p-500-gain-since-05-seen-by-strategists-after-u-s-beats-world.html

いくつかの点は間違えたが、全体的に見ると好転してきた。

01/02/2012

2012年の市場予測――「顔が青ざめるグローバル市場予測」（ｅメ

ールのタイトル）

これも http://explosiveface-rippingstocksmorgasbord.blogspot.com/（ブログ）に投稿した（チャートはなし）。

あなた方もご存じのように、私はこの２年は市場に対しては弱気の立場を取ってきた。正直言って、これまでかなり長期にわたってトレーダーや投資家は苦戦を強いられてきた。１年前、RBS銀行の予測に基づく2011年の私の「市場予測」を配信した。RBS銀行のリサーチチームが投資家に「次の３カ月にわたる世界市場と金融市場の大暴落に備えよ」と警告した6/18/2008年以来、私は彼らの予測を真剣に受け止めてきた。彼らの予測どおり、世界市場は大暴落し、S&Pは次の４カ月にわたって1350から850に下落した。

とにかく、これ（１年前の2011年予測）を読んでもらいたい――「……今朝の時点で、RBS銀行は、2011年のトップトレードの１つとして、中国の債務不履行のリスクに備えるように顧客にアドバイスした」。中国に３カ月近くいて、中国は長い将来にわたって価格が完璧に設定されている、というのが私の考えだ。一歩つまずくとそれは市場に過剰に反映される。中国の将来の年次成長率は10％と予測されている。記事に述べられているように、ちょっとでも問題がある（例えば、成長率が５％になる）と、市場は25％下落するだろう。「こうしたハードランディング（５％の成長率）によって世界のコモディティー価格は20％下落し、エマージング市場の負債はスプレッドが100ベーシスポイント拡大し、アジア市場は25％下落し、アジアのエマージング市場の成長率は2.6パーセントポイント下落するだろう。これに政治が追い打ちをかけ、事態を悪化させる……ソシエテジェネル証券のアルバート・エドワーズは、OECDの先行インディケーターはアジアのビッグ５（日本、韓国、中国、インド、インドネシア）が“低迷する”

というシグナルを出していると言った。北京の国家統計局が出す中国のインディケーターは2008年の大暴落が始まったときと同じくらいに下落している」

（2012年に戻ると）私が2011年予測を配信した日、上海指数は2857.18で引けた。運命の定めなのか、２日前、指数は2134.32に下落した……25.3％の下落だ。３日前の安値が永遠に続くような気がする（指数は2012年９月にこの安値を試した）。この２年間、中国で過ごしたのだが、不動産は悲惨な状態だ。中国の街を夜歩いてみると、明かりのともっていない未入居のマンションが何百万とある。中国の不動産はこの先どうなるのかは分からないが、上海指数は底を付け、二度と元には戻らないことをチャートは教えてくれている（安値はほぼ完璧に言い当てたが、時期が少しズレていた）。

（2012年）世界市場は今この瞬間に大きな転換期を迎えている。下のチャートを見ると分かる。

1．30年物米国国債の30年にわたるブル相場は終焉を迎えようとしている。その結果、莫大な資産が世界の株式市場に流れ込むだろう。
2．世界の株式市場が底を付けようとしている。激しい売られ過ぎ水準のなかでも、特に中国、インド、ベトナムなどが顕著。
3．ダウの13EMA（指数移動平均）が43EMAを上に交差した（これは珍しいこと）。これは上昇することを示している。以前、短期的に30％上昇したことがある。
4．オッペンハイマー（以下を参照）によれば、2011年は1950年以来、ボラティリティが最も高い年だという。３月、６月、９月、10月、11月に大きく下落し、８月には「一生に一度」の大暴落が発生した。個人投資家は失意のうちにあきらめざるを得なかった。ボラティリティが極端に上昇したあとは、市場は上昇する……しかも、大きく。

5. 「TEDスプレッド」（信用リスクの測度）が天井を付けた。81を超える14日RSIは過去4年の危機の間では最も高い。この極端な買われ過ぎを示すRSIは「TEDスプレッド」が間もなく下落することを示しており、その結果、お金は安全な債券からリスクの高いアセット——つまり、株式——へと流れる。
6. 2011年の米国市場のパフォーマンスは横ばい状態で、これは2011年の世界市場の全面的な大暴落を覆い隠している。欧州は高値から50%の下落、キプロスは72%の下落、ベトナム（VNM）は50%の下落、中国は今年の高値から33%の下落、インドは45%の下落、ロシアは30%の下落、ブラジルは28%の下落、銅は28%の下落、日本は25%の下落、バイオテク指数は高値から33%の下落、ネットワーク指数は28%の下落……そして米国市場のどのセクターも大きく下落した。米国のセクターを見ると、S&P、ダウ、ナスダックなどがこの年を横ばいで終えるのは難しいように思える。一言で言えば、2011年は世界中の主要市場が崩壊した年だった。一生に一度あるかないかの大暴落だ。でも、今、回帰の方向に向かっている。
7. ゴールドマンサックス。ゴールドマンサックスが投資家たちを意図的に間違った方向に導くことが法的に許されていることが理解できない。でもこれは本当のことだ。2010年の終わり、指数は20%以上上昇し、年末の14週RSIは70を上回り、極端な買われ過ぎ状態になった……これは市場を大暴落へと導く水準だ。私はゴールドマンサックスが持続不可能な買われ過ぎ水準では格上げし、持続不可能な売られ過ぎ水準では格下げするのを何度も見てきた。彼らの2011年の予測は、S&Pは……何と銀行株‼によって25%上昇するというものだった。この1年の銀行株を見てみるとよい。これが2012年へと続く。ゴールドマンの予測って一体何なんだ？
8. 「私たちの3カ月、6カ月、12カ月予測は1150、1200、1250だ」。

これはどうだろう。「私たちは欧州が崩壊するという逆境シナリオのなかで、S&P500は25％下落して900になると予測する」。ワオ！　ところで、平均的なポートフォリオマネジャーは2011年にはS&Pは17％戻すと予測した。USAトゥデーの個人投資家に対する聞き取り調査は正しく、S&Pはおよそ17％上昇した。買われ過ぎでうかれていると、それは大惨事へのレシピになる。物事は制御不能に陥っている。それで２月にはトレードを始めて初めて、指数のプットを買った。

9．米国市場は生き残った！　2011年、米国市場はあらゆる危機を切り抜けた。2011年は史上最もボラティリティの高い年だった。ヨーロッパ全体は崩壊し（すでに織り込み済み）、S&Pは米国国債を格下げし、GDPの数字はさえなくて、消費者信頼感の数字は下降し、収益は落ち込み、英国、チュニジア、ギリシャ、シリア、イスラエル、エジプト、リビアでは暴動が起こり、米国では「ウォール街を占拠せよ」運動が起こり、イランでは戦争が起こりそうだし、中国では世界最大の不動産バブルがはじけ、同じく中国では地方債危機に見舞われ、MFグローバルは崩壊し、クオンツトレードには警鐘が鳴らされ、米国の債務危機、世界的な債券バブルなどなど、枚挙にいとまはない。それなのに、米国市場はあらゆるものを乗り越えて生き残ったのだ。良いニュースがあるとしたら？　何でもありだ。これから市場は大きく上昇するのだ。

10．S&P500構成銘柄の第４四半期の決算の事前発表は、97社がマイナスで、26社がプラスだった。マイナス企業とプラス企業の比率は3.7だ。トムソンロイターのデータによれば、これはこの10年で最も高い。収益はかなり落ち込んでいる。これらの事前発表は早めに発表された。つまり、どの業界も全体的に予想を下回ったということである。四半期の初めに設定されたイニシャルガイダンスを満たすか上回った企業にとって、「勝利」の準備が整ったことになる。

11. 米国市場は完璧に荒廃状態にある。銀行、ソーラー（80％の下落）、海運（50％の下落）、石炭（50％の下落）などの主要セクターが軒並み崩壊状態にある。もちろんこれらは世界経済の崩壊はすでに織り込み済みだ。良いニュースは、セクター別に見ると、これらのセクターにはたくさんのセットアップを見ることができる。つまり、個別株の多くが大きく上昇することを示しているわけである。多くの「ドル箱」が割安になっている。例えば、石炭会社のACIを見てみると、配当が３％、企業価値が38ドル、2012年Q1のEPSランレートが2.90ドル、先渡契約で将来的な収益性が約束されている……１株利益は14.50ドルだ。ソーラーに関してはまだあまりよく調べていないが、チャートを見るかぎり、来年にはこれらの会社のいくつかは好転することが予想される。例えば、キャッシュが3.5ドルで、数十億規模の韓国企業によって支援されているソーラー会社のHSOLは、株価は今0.98ドルだ。株価が33ドルのFSLRは2013年の１株利益は６ドルになることが予想され、RDNは簿価が8.50ドルで、住宅の復活によって借金によって資金調達し、今の株価は2.34ドルだ。私のレーダーはこういった会社を十数社とらえている。今年、100〜600％の「リバウンドプレー」がたくさん可能になると見ている（私の石炭、ソーラー、海運に対する予想は間違っていた）。

12. 業界リポートは、主要インディケーターとなる消費者活動と業界活動が上向いてきたことを示している。新車販売は今年の終わりに上昇してきた。TSM（台湾セミコンダクター）は半導体業界の希望の星だ（私の考えでは、主要インディケーターのなかでも特に抜きん出ている）。「台湾の半導体製造工場は蛇口の受注を開始した」。このレターは先日CSFBから受け取ったものだ。私たちは台湾のチップメーカーによる設備の受注を台湾の公式届出書類で分析した。4Q11のTSMCとUMCからの受注は26億3000万ドルに上昇（3Q11には５億400万ドルだったのに対し、421％上昇）。受注水準は1H11の平均水準である16億2000万ドルから上昇した。ウルトラブックの売り上げも2012年の後半に上昇し、画期的なタッチスクリーンのウィンドウズ８の売り上げも上昇したことで、コンピューターの上昇サイクルが始まった。

13. 大統領選サイクル。大統領選サイクルの３年目の平均リターンは17％で、４年目はおよそ10％だ。次の12カ月では市場は３年目と４年目を合わせたリターンになると私は見ている。この３年間、80％の時間は米国外で過ごした。だれかに会うたびに２つのテーマが語られた。１つは、オバマ、オバマ、オバマ（ティム・ティーボウ、大好き！　といった感じ）。もう１つは、米国はもはやバラ色ではない、というもの。米国は崩壊した？　オバマの再選を望む声が世界中から聞こえる。これまでの大統領とは違って、彼は米国外で愛されているのだ。いつもながら、世界中のビッグマネーはオバマが再選されやすい環境を作り現状を維持したがり、雇用は増え、市場は上昇し、だれもがハッピーになる。そして、オバマが地滑り的勝利を上げる（私は民主党支持者でもオバマ支持者でもないことを断っておく）。ところが、Intradeやほかの市場はオバマの再選可能性を52.5％としか見ていない。この数字がこのまま続くとは思わない。もう１つのポイントは、世界は米国に対してあきらめムードだという点だ。国外で会っただれもが米国は崩壊の最終段階にあると思っているのだ。米国（あるいは会社や国）が復活し、だれをも驚かせるのはこうした陰気なセンチメントが広まっているときなのである。

14. 米国の不動産の崩壊は終わった。全米の不動産先物は徐々にこれを反映し始めている（http://www.recharts.com/cme.html）。銀行株と指数は、データが価格がもうこれ以上下落しないことを示すと上昇するだろう。価格が上昇し始めると、市場も上昇し始めるはずだ。

15. プロトレーダーは完全に市場から撤退している。これまで、どんなときでも少なくとも30～40銘柄は「インプレー」の状態にあったが、今はまったくない。一握りの株はインプレー状態にあるが、良い市場で「プレー」している状態とはまったく異なる。2011年の「モメンタム株」は完全に崩壊状態にある。TZOO、GMCR、OPEN、REDF、MITK、MCP、NFLX、VHC、JVA、SFLYなどは不況を反映して完全に粉砕した。2012年に市場がボラティリティの低い上昇トレンドに戻れば、プロトレーダーも大挙して戻ってくるはずであり、そうなれば2003年から2006年にかけてのモメンタム株の全盛期のように、次世代の「モメンタム株」を天井まで押し上げてくれるだろう。

16. 最後に、今年市場が大きく上昇することを予測しているコメンテイターやトレーダーはだれひとりいない。超逆張りの投資家としては、この事実だけでも、2012年は「大きな年」になることをより一層強く確信させられる。

結論としては、今年は一世に一度の市場の動きを見ることができるだろう。この1年にわたって多くの個別株は株価が数倍に膨れ上がるはずだ。株式市場に対してはだれもが期待している。今述べた理由により、今年は特に強気だ。残念ながら、市場予測というものは間違えることが多い。アルキトスキャピタルのスティーブン・キエルによれば、「自分を食い止めたければ、2007年12月20日号のビジネスウィークのこの記事を読むとよい。私の尊敬する才能あるアナリストたちが2008年末の株式市場予測を行っている。ウィリアム・グレイナー、トビアス・レブコビッチ、ジェイソン・トレナート、バーニー・シェフェール、レオ・グロホウスキー、トーマス・マクマナス、デビッド・

ビアンコなどなどだ。彼らのS&P500予想は1520から1700だった」。S&P666って覚えてる？

下のチャートはダウのメガ・ブリッシュ・クロスオーバー（ほかの指数でも発生）、ナスダックの４年にわたるメガ・ブリッシュのカップ・アンド・ハンドル・フォーメーション、インド市場のボトム・フォーメーション、石炭株の下降ブリッシュチャネル、ネットワーク株（NWX）の下降ブリッシュチャネル、日経の下降ブリッシュチャネル、それに天然ガスが金曜日に史上最安値（原油に比べて）で引けたチャートを示したものだ。天然ガスはこれが月次の最安値の引けになるだろう（私の予測は３カ月ズレた）が、１～３年先には100～800％上昇するはずだ。さらに、エマージング市場のブリッシュフォーメーション、2011年が最もボラティリティの高い年であることを示すチャート、30年物国債が30年の上のチャネルに達したチャート（私の底予測は少し早すぎたようだ）、TEDスプレッドのチャート、上海指数のチャート、ソーラー指数（TAN）のチャート、原油サービス指数（OIH）とその下降ブリッシュチャネル、次の１年かそこらで100％上昇することを示唆する農業指数（GKX）、それに長期のコモディティーチャート。

01/03/2012

どのセクターにも低いベースから上昇してきた「上昇株」がたくさんある。

FSLR、IGPG、DRYS、EXM、CREE、BTU、DANG、PEIX、BAC、AUMN、WFR、GMXR、SSRI、OSG、HSOL、SOL、SMSI、AA、MTL、RDN、CENX、原油関連株……

これまでトレードしてきて、こんなにたくさんの長期上昇株のセットアップを見たのは初めてだ。

ウィリアム・オニールもお漏らしするほどだ。古典的なIBDセットアップがあちらこちらにころがっている。

これはまさに私が2006年から待っていた状況だ。目先の効いたトレーダーなら今年は大儲けするだろう。後戻りはしない。

01/03/2012

私はだれとでも友だちになるわけではない。上のコメントに対する反応を紹介しよう。

「“後戻りはしない”だって？　何だ、それは？　おれたちってトレーダーなの、それとも霊能者なの？　市場がどうなるかなんてだれにも分からないよ。だれにもね」

図B.1　ナスダック

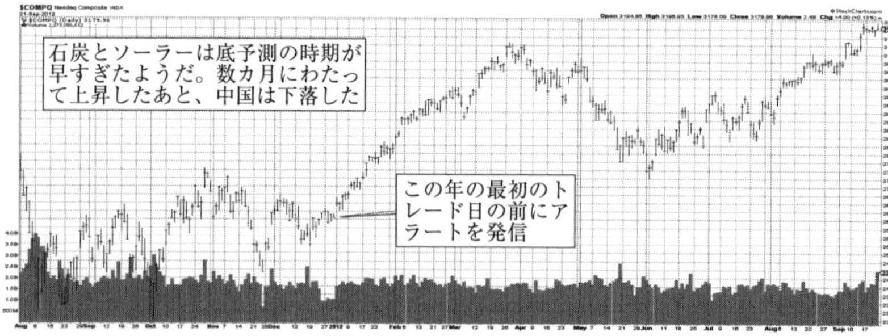

2010年の私の市場予測――「何もするな」

2011年の市場予測は2012年の予測のなかでまとめている。

これは私の2010年の予測だ。900ポイントの下落の数日前、2010年に起きたいわゆる「タイプミスによるフラッシュクラッシュ」の1800ポイントの下落の数カ月前に書いたものだ。

1/03/2010

「私の2010年の投資予測――米ドルについてのコメント」（eメールのタイトル）

日曜日の朝、再びバンコクにいた。2010年の「投資」としての米ドルの状況についての最終意見。どこを見ても、量的金融緩和と不換通貨の大幅な拡大、および借金の放物線状の爆発的上昇とによって、米ドルは崩壊の危機にあるという記事やコメントばかり。海外にいる間、タイムやニューズウィークでは「米ドルの終焉」が表紙を飾っていた（海外では表紙が異なることがたまにある）。私が米ドルに対して強気になり始めたのはまさにこのときだった。私は http://stockcharts.com/ のおよそ15人の優秀なテクニカルアナリストを支持している。そのうちの１人、マット・フレイリーは長年にわたって米ドル（と一般市場）に関する予測をぴったり当ててきた。成功しているほかの投資家同様、彼のタイミングもいつも正しいとは限らないが、彼は大きな動きのほとんどを言い当てる。私はテレビの集団思考や金融ジャーナリストの話に耳を傾ける代わりに、長年にわたって実力を示してきたチャーティストたちの話に耳を傾ける……もし2010年の投資について何かお勧めはないかと聞かれれば、私は何もするなと言うだろう…

図B.2　ドルインデックス

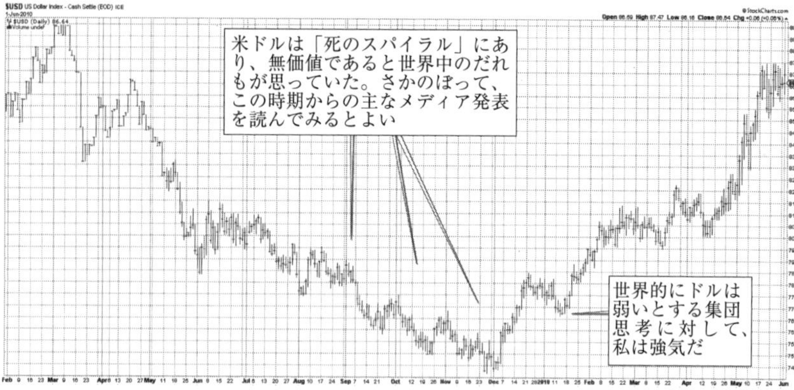
$USD US Dollar Index - Cash Settle (EOD) ICE
米ドルは「死のスパイラル」にあり、無価値であると世界中のだれもが思っていた。さかのぼって、この時期からの主なメディア発表を読んでみるとよい
世界的にドルは弱いとする集団思考に対して、私は強気だ

図B.3　ダウ平均

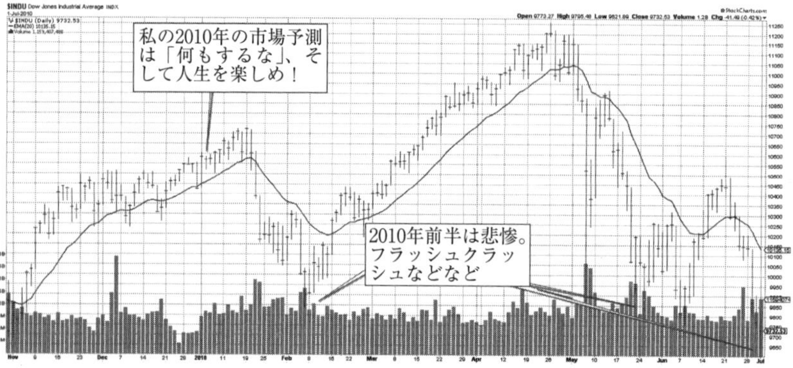
$INDU Dow Jones Industrial Average INDX
私の2010年の市場予測は「何もするな」、そして人生を楽しめ！
2010年前半は悲惨。フラッシュクラッシュなどなど

…私たちは新たな10年に突入した。私がお勧めしたいのは、自分への投資である。もう少し人生を楽しもうではないか。広い視野を持つために外国を旅行してもよい。仕事をやめて、情熱を傾けられるものを追求するのもよい。自分の周りの人をもう少し尊敬しよう。そして、一瞬一瞬を楽しむように意識的に努力することだ。

素晴らしい2010年に乾杯！

米ドルは株式市場と高い逆相関の関係にあることを覚えておこう。

付録C ――そして最後に、変わらないものがある

最後に大切なことを言うが、本書を編集しているとき、古い掲示板のなかから宝石にも匹敵するメッセージを見つけた。驚いたのは、私の投資哲学は時を経ても変わらないという事実だった。

3/26/04――「投資哲学」

このアドベンジャーは私たちを将来のIBD100株へと導いてくれるだろう。秘訣は、人よりも先にそれらを発見することである。私たちのだれもが、TRMは将来IBDに入ることを知っている。長期的に保有するものを見つけるだけでなく、（あなたの助けを得て）偉大なスイングトレードも発見したいと思っている。デイトレードは絶対にダメだ。

今夜は何を見つければよいのか書いている時間がないので、私のトレードスタイルについてTRMMボードから以前の投稿を紹介しようと思う。全部書くスペースはないので、一部を紹介する。投資よ、がんばってくれ。

3/26/04――投資理論――効率的市場仮説とITファクター

私の投資哲学について少しばかり話をしたいと思う。

まずは、効率的市場仮説について。これは、株式は常に正しい価格で取引されており、特定の投資家が恒常的に市場全体を上回るパフォーマンスを上げることはできない、ということを説いたものだ。もちろん、私は全力でこの理論が誤りであることを証明するつもりだ。株

式市場は効率的なので、公開されている情報はすべて直ちに株価に織り込まれる。市場の効率性には3つのタイプがある。ウィーク型、セミストロング型、ストロング型の3つだ。ウィーク型は、過去の株価に織り込まれた情報は現在価格にすべて反映されているというものだ。したがって、銘柄選択をするとき、最近の株価の「トレンド」は役に立たない。例えば、ある株価が3日連続して上昇したとしても、株価が明日、あるいは将来どうなるのかは分からない。したがって、テクニカルアナリストは時間を無駄にしているということになる。セミストロング型は、現在価格には公開情報がすべて織り込まれている、というものだ。10kや過去の報告書を読んでも意味はない。なぜなら、市場価格はこれらの報告書に含まれるすべての情報に対してすでに調整されているからだ。情報が公開されるとき、株価が変動するのは、その情報が市場が予測するものとは異なるときだけである。この最後の部分は非常に重要だ。一般公開されていない情報を入手することができるインサイダーは常に高いリターンを上げることができる。ストロング型は、現在価格には公開非公開を問わずいかなる情報も織り込まれている、というものだ。したがって、だれも市場を上回るリターンを上げることはできない。セミストロング型の一部を除いて、この理論を支持する学者たちは、フィデリティーやウォール街のビッグプレーヤーたちの指数連動ファンドの販売促進のために彼らに依頼されて支持していると私は思っている。

一言で言えば、将来的に群衆が何をするのかを予測できる能力があるのなら、市場は常に打ち負かすことができる。もちろん、企業がファンダメンタル的に何をするのかについて知る必要があり、それについて投資家がどう感じるかを予測する能力も必要だ。これはちょっと説明が難しい。これは時間をかけて身につけるべき能力なのだ。投資家がどう反応するかを考える前に、将来の勝者を見つけるポイントがいくつかあるので紹介しよう。重要な順に書いていく。

1．小型株、小型株、小型株。小型株、なかでもとくに超小型株は年間平均で一般市場を２％アウトパフォームする。どこかで読んだことがあるが、超小型株は年次平均リターンが20％くらいあるそうだが、これは信じられない。

●買いポイントで発見されていない企業でなければならない。

2．インサイダーの買い。インサイダーは何が起こるのかを市場よりも早く知ることができる。市場を常に打ち負かすことができるのはインサイダーのみ。

3．利益の出ている企業でなければならない。

4．収益は四半期ごと、年ごとに増加していなければならない。TRMMの１株利益が「－0.54、0.05、0.11、0.15、0.20」とあるが、最初の２つは間違っていると思う。でも、言いたいことは分かるはずだ。市場はこういった上昇を望んでいるのだ。

5．チャートが素晴らしくなければならない。株式が上の基準を満たしても、チャートが良くなければ、私だったら上昇トレンドになるまで買わない。受容できるチャートについて詳しく話すこともできるが、これには時間がかかる。

6．二次売り出しを行わず、大きなストックオプションを持たない偉大な経営陣。もちろん、株式の希薄化もない。TRMMに関しては、１日目から新しいチームによって状況は大きく改善された。給料の高い同僚たちが解雇されたため、従業員は泣いていた。やったぜ！

7．浮動株が少なく、発行株式数も少ない。１億以上の発行株式数がある小型株を見たら、私は一目散に逃げる。経営陣はなぜ多くの株を発行したがるのだろうか。

8．「IT（イット）ファクター」――投資家たちを不思議がらせるなぞのファクターがなければならない。この会社は割安だ、注目を浴びている、経営陣が素晴らしい、インサイダーによる買いがある、明るい未来がある……でも、この若い会社を解き放つものは何なのだ。それは「IT（イット）」ファクターだ。TRMMはATMを増産し、収益も成長している。しかし、「IT」ファクター、つまり未知の要素は、トライトンとの契約とほかのサービス契約（これは実現するかどうかは分からない）である。

9. IBDファクター。IBD100に載る可能性があり、しかもかなり上位に載る可能性のある会社でなければならない。そうなれば株価はうなぎ上りに上昇するはず。

大体こんなところだ。最も重要なのは、1にリサーチ、2にリサーチ、3にリサーチだ。10kや10q、8kなどのリポートをじっくり読むことだ。掲示板の投稿も1つ残らず読むことだ。時間をかけるのだ。そして、業界や企業の人と話をする。株主と話してはいけない。アナリストの話を聞いてもダメだ。株式が広く愛されていて、だれもがそれを推奨して、ウォール街が格上げしているとき、買う人はだれも残っていない。私がTRMを買った5日前、1株だって取引されていなかった。まだ見いだされていなかったのだ。

毎週何百という銘柄を調査しても、私の厳しい基準を満たすのはわずか2～3しかない。TRMM、Parl（今のところチャートはよくないが、ファンダメンタルズはよい）、Wire。Elnも最大持ち株の1つだが、私の基準は満たさない。私がこれを保有しているのは、一般にまだ知られていないからだ。

Parlの「ITファクター」は将来Guessと製品開発を始めることである。Wireは新しい製造施設を作ること、銅価格が高騰していること、業界の将来にスリルがあることなど、いくつかのファクターがある。私はこれらの会社がブレイクアウトする前から株を保有していた。でも、ほかの人には買うことは勧めない。これは私の投資ルールだからだ。投資には試行錯誤が必要だ。でも、あなたに学ぶ気があるのなら、市場を常に打ち負かすことは可能だ。

7/16/05――私の方法

これらは最もパワフルなチャートだ。FORD、CMT、SMTI、BOOM、NGPS、ANTP、CKCM、RURLではアーニングス・ブレイクアウトが発生した。

おそらくこれはウィリアム・オニールの本に出てくるはずだ。株式が長期にわたって（何年にもわたって）狭いレンジで取引されているとき、理想的な状態が発生する。その株は忘れられた状態だ。だから出来高もない。

その会社が突然市場をあっと驚かせるような決算を発表する。

その会社では何かが変わった。よくあるのが、損失を出している部署を売るかたたむというものだ。すると突然1株利益は上昇する。これらの株式は決算発表の日には急上昇して、前の抵抗線水準（前の高値）を大きく上回り、長期にわたって上昇し続ける。私はこうした株式を1年間に4つは見つけ、ポートフォリオの比率を高める。FORDは4ドル、SMTIは7ドル、BOOMは9ドル、NGPSは8ドル、ANTPは8ドル、CKCMは9ドルで見つけた。

こうした珍しい出来事に遭遇すると眠れなくなる。会社のあらゆることを分析して、頭のなかでシミュレーションして可能性を見つけようとするからだ。VPHMを3.94で買ったときも同じだった。次にこうした株を発見したときにはあなたに必ず知らせる。決算発表のシーズンは来週始まる。そのときに1つか2つ、こうした株を発見できるはずだ。あ～、もうくたくただ。

■著者紹介

ジェシー・スタイン（Jesse C. Stine）

2003年10月から2006年１月までの間に、ジェシー・スタインの株式ポートフォリオは４万5721ドルから684万5342ドルへと実に１万4972％も上昇した。この間のS&P500のリターンは25％だった。彼の経歴と実績を証明する証拠書類は、http://insiderbuysuperstocks.com/ で見ることができる。質問、コメントのある方、あるいは彼と意見交換をしたい人は、jesse@jessestine.com まで気軽に連絡してほしい。彼のツイッターのアカウントは「@InsiderbuySS」。彼の「フレンド＆ファミリー・アラート」の会員になりたい人は、jesse@jessestine.com にメールするか、彼らのサイト（http://insiderbuysuperstocks.com/）にアクセスしてもらいたい（もちろん、無料）。あなたのメールアドレスは百パーセント機密情報として扱う。だれかに漏らしたり売ったりすることはないので安心してもらいたい。過去のフレンド＆ファミリー・アラートはウェブサイトで閲覧可能。

■監修者紹介

長尾慎太郎（ながお・しんたろう）

東京大学工学部原子力工学科卒。北陸先端科学技術大学院大学・修士（知識科学）。日米の銀行、投資顧問会社、ヘッジファンドなどを経て、現在は大手運用会社勤務。訳書に『魔術師リンダ・ラリーの短期売買入門』『新マーケットの魔術師』『マーケットの魔術師【株式編】』（いずれもパンローリング、共訳）、監修に『高勝率トレード学のススメ』『フルタイムトレーダー完全マニュアル』『システムトレード基本と原則』『ラリー・ウィリアムズの短期売買法【第２版】』『コナーズの短期売買戦略』『続マーケットの魔術師』『続高勝率トレード学のススメ』『ミネルヴィニの成長株投資法』『破天荒な経営者たち』『トレードコーチとメンタルクリニック』『高勝率システムの考え方と作り方と検証』『トレードシステムの法則』『トレンドフォロー白書』『バフェットからの手紙【第３版】』『バリュー投資アイデアマニュアル』『コナーズRSI入門』など、多数。

■訳者紹介

山下恵美子（やました・えみこ）

電気通信大学・電子工学科卒。エレクトロニクス専門商社で社内翻訳スタッフとして勤務したあと、現在はフリーランスで特許翻訳、ノンフィクションを中心に翻訳活動を展開中。主な訳書に『EXCELとVBAで学ぶ先端ファイナンスの世界』『リスクバジェッティングのためのVaR』『ロケット工学投資法』『投資家のためのマネーマネジメント』『高勝率トレード学のススメ』『勝利の売買システム』『フルタイムトレーダー完全マニュアル』『新版　魔術師たちの心理学』『資産価値測定総論１、２、３』『テイラーの場帳トレーダー入門』『ラルフ・ビンスの資金管理大全』『テクニカル分析の迷信』『タープ博士のトレード学校　ポジションサイジング入門』『アルゴリズムトレーディング入門』『クオンツトレーディング入門』『スイングトレード大学』『コナーズの短期売買実践』『ワン・グッド・トレード』『FXメタトレーダー4 MQLプログラミング』『ラリー・ウィリアムズの短期売買法【第２版】』『損切りか保有かを決める最大逆行幅入門』『株式超短期売買法』『プライスアクションとローソク足の法則』『トレードシステムはどう作ればよいのか　１２』『トレードコーチとメンタルクリニック』『トレードシステムの法則』『トレンドフォロー白書』（以上、パンローリング）、『FORBEGINNERSシリーズ90　数学』（現代書館）、『ゲーム開発のための数学・物理学入門』（ソフトバンク・パブリッシング）がある。

2014年11月２日　初版第１刷発行

ウィザードブックシリーズ㉒㉒

スーパーストック発掘法
――3万時間のトレード術を3時間で知る

著　者　ジェシー・スタイン
監修者　長尾慎太郎
訳　者　山下恵美子
発行者　後藤康徳
発行所　パンローリング株式会社
〒160-0023　東京都新宿区西新宿 7-9-18-6F
TEL 03-5386-7391　FAX 03-5386-7393
http://www.panrolling.com/
E-mail　info@panrolling.com
編　集　エフ・ジー・アイ（Factory of Gnomic Three Monkeys Investment）合資会社
装　丁　パンローリング装丁室
組　版　パンローリング制作室
印刷·製本　株式会社シナノ

ISBN978-4-7759-7190-1

ウィザードブックシリーズ24

賢明なる投資家【財務諸表編】

著者　ベンジャミン・グレアム／スペンサー・B・メレディス

定価 本体3,800円+税　ISBN:9784939103469

企業財務が分かれば、バリュー株を発見できる

ベア・マーケットでの最強かつ基本的な手引き書であり、「賢明なる投資家」になるための必読書！
ブル・マーケットでも、ベア・マーケットでも、儲かる株は財務諸表を見れば分かる！

ウィザードブックシリーズ207

グレアムからの手紙
賢明なる投資家になるための教え

著者 ベンジャミン・グレアム／編者 ジェイソン・ツバイク、ロドニー・N・サリバン

定価 本体3,800円+税　ISBN:9784775971741

投資の分野で歴史上最も卓越した洞察力を有した人物の集大成

ファイナンスの分野において歴史上最も卓越した洞察力を有した人物のひとりであるグレアムの半世紀にわたる證券分析のアイデアの進化を示す貴重な論文やインタビューのコレクション。

ウィザードブックシリーズ 44

証券分析【1934年版】

電子書籍版あり

著者　ベンジャミン・グレアム／デビッド・L・ドッド

定価 本体9,800円+税　ISBN:9784775970058

「不朽の傑作」ついに完全邦訳！

研ぎ澄まされた鋭い分析力、実地に即した深い思想、そして妥協を許さない決然とした論理の感触。時を超えたかけがえのない知恵と価値を持つメッセージ。
ベンジャミン・グレアムをウォール街で不滅の存在にした不朽の傑作である。ここで展開されている割安な株式や債券のすぐれた発掘法にはいまだに類例がなく、現在も多くの投資家たちが実践しているものである。

バフェットが執筆する「株主への手紙」を収録

第3版
バフェットからの手紙
ローレンス・A・カニンガム
Lawrence A. Cunningham
長尾慎太郎［監修］　藤原康史［訳］
世界一の投資家が見たこれから伸びる会社、滅びる会社
日米ベンチャーの二大巨頭（ビル ゲイツ・孫 正義）も敬愛する
ウォーレン・バフェット本の決定版
この１冊でバフェットのすべてがわかる
投資に値する会社こそ、21世紀に生き残る！
20世紀最高の投資家が明かす成長し続ける会社の経営、
経営者の資質、企業統治《コーポレート・ガバナンス》、会計・財務とは
「経営者」「ベンチャー起業家」「就職希望者」「IPO」のバイブル
Pan Rolling

14年ぶり 改定第3版

「カニンガムは私たちの哲学を体系化するという素晴らしい仕事を成し遂げてくれた」――ウォーレン・バフェット

「とても実用的な書だ」―― チャーリー・マンガー

「バリュー投資の古典であり、バフェットを知るための究極の1冊」―― フィナンシャル・タイムズ

「このバフェットに関する書は素晴らしい」―― フォーブス

ローレンス・A・カニンガム 著

定価 本体2,300円+税　ISBN:9784775971857

ウィザードブックシリーズ116

麗しのバフェット銘柄

下降相場を利用する選別的逆張り投資法の極意

定価 本体1,800円+税　ISBN:9784775970829

投資家ナンバー1になったバフェットの芸術的な選別的逆張り投資法とは

ビル・ゲイツと並ぶ世界的な株長者となったバフェットの選別的な逆張り投資法とは、下降相場を徹底的に利用したバリュー投資であり、本書ではそれを具体的に詳しく解説。

ウィザードブックシリーズ203

バフェットの経営術

バークシャー・ハサウェイを率いた男は投資家ではなかった

定価 本体2,800円+税　ISBN:9784775971703

銘柄選択の天才ではない本当のバフェットの姿が明らかに

企業統治の意味を定義し直したバフェットの内面を見つめ、経営者とリーダーとしてバークシャー・ハサウェイをアメリカで最大かつ最も成功しているコングロマリットのひとつに作り上げたバフェットの秘密を初めて明かした。

ウィザードブックシリーズ189

バフェット合衆国

定価 本体1,600円+税　ISBN:9784775971567

バークシャーには「バフェット」が何人もいる!

ウォーレン・バフェットの投資哲学は伝説になるほど有名だが、バークシャー・ハサウェイの経営者たちについて知る人は少ない。バークシャーの成功に貢献してきた取締役やCEOの素顔に迫り、身につけたスキルはどのようなものだったのか、いかにして世界で最もダイナミックなコングロマリットの一員になったのかについて紹介。

ジャック・D・シュワッガー

現在、マサチューセッツ州にあるマーケット・ウィザーズ・ファンドとＬＬＣの代表を務める。著書にはベストセラーとなった『マーケットの魔術師』『新マーケットの魔術師』『マーケットの魔術師［株式編］』（パンローリング）がある。
また、セミナーでの講演も精力的にこなしている。

ウィザードブックシリーズ 19

マーケットの魔術師
米トップトレーダーが語る成功の秘訣

定価 本体2,800円+税　ISBN:9784939103407

トレード界の「ドリームチーム」が勢ぞろい

世界中から絶賛されたあの名著が新装版で復刻!
投資を極めたウィザードたちの珠玉のインタビュー集!
今や伝説となった、リチャード・デニス、トム・ボールドウィン、マイケル・マーカス、ブルース・コフナー、ウィリアム・オニール、ポール・チューダー・ジョーンズ、エド・スィコータ、ジム・ロジャーズ、マーティン・シュワルツなど。

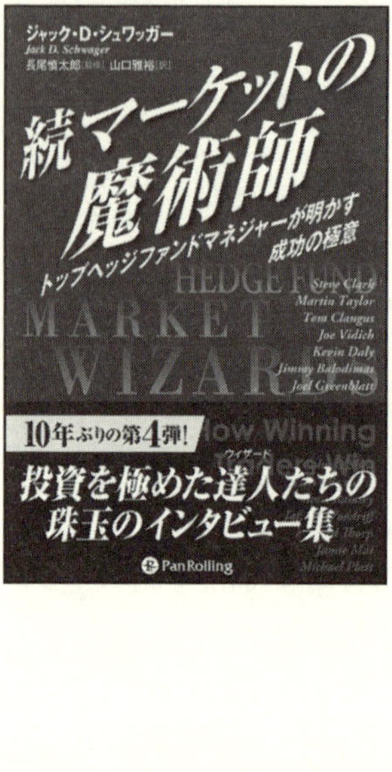

ウィザードブックシリーズ 201

続マーケットの魔術師
トップヘッジファンドマネジャーが明かす成功の極意

定価 本体2,800円+税　ISBN:9784775971680

『マーケットの魔術師』シリーズ
10年ぶりの第4弾!

先端トレーディング技術と箴言が満載。「驚異の一貫性を誇る」これから伝説になる人、伝説になっている人のインタビュー集。マーケットの先達から学ぶべき重要な教訓を40にまとめ上げた。

ウィザードブックシリーズ13

新マーケットの魔術師

定価 本体2,800円+税　ISBN:9784939103346

知られざる"ソロス級トレーダー"たちが、率直に公開する成功へのノウハウとその秘訣

投資で成功するにはどうすればいいのかを中心に構成されている世界のトップ・トレーダーたちのインタビュー集。17人のスーパー・トレーダーたちが洞察に富んだ示唆で、あなたの投資の手助けをしてくれることであろう。

ウィザードブックシリーズ66

シュワッガーのテクニカル分析 初心者にも分かる実践チャート入門

定価 本体2,900円+税　ISBN:9784775970270

シュワッガーが、これから投資を始める人や投資手法を立て直したい人のために書き下ろした実践チャート入門。

チャート・パターンの見方、テクニカル指数の計算法から読み方、自分だけのトレーデング・システムの構築方法、ソフトウェアの購入基準、さらに投資家の心理まで、投資に必要なすべてを網羅した1冊。

ウィザードブックシリーズ208

シュワッガーのマーケット教室 なぜ人はダーツを投げるサルに投資の成績で勝てないのか

定価 本体2,800円+税　ISBN:9784775971758

一般投資家は「マーケットの常識」を信じて多くの間違いを犯す

シュワッガーは単に幻想を打ち砕くだけでなく、非常に多くの仕事をしている。伝統的投資から代替投資まで、現実の投資における洞察や手引きについて、彼は再考を迫る。本書はあらゆるレベルの投資家やトレーダーにとって、現実の市場で欠かせない知恵や投資手法の貴重な情報源となるであろう。

ウィザードブックシリーズ 179

オニールの成長株発掘法【第4版】

定価 本体3,800円+税　ISBN:9784775971468

大暴落をいち早く見分ける方法

アメリカ屈指の投資家がやさしく解説した大化け銘柄発掘法！投資する銘柄を決定する場合、大きく分けて２種類のタイプがある。世界一の投資家、資産家であるウォーレン・バフェットが実践する「バリュー投資」と、このオニールの「成長株投資」だ。

ウィザードブックシリーズ71

オニールの相場師養成講座

定価 本体2,800円+税　ISBN:9784775970331

キャンスリム（CAN-SLIM）は一番優れた運用法だ

何を買えばいいか、いつ売ればいいか、ウォール街ではどうすれば勝てるかを知っているオニールが自立した投資家たちがどうすれば市場に逆らわず、市場に沿って行動し、感情・恐怖・強欲心に従うのではなく、地に足の着いた経験に裏付けられたルールに従って利益を増やすことができるかを説明。

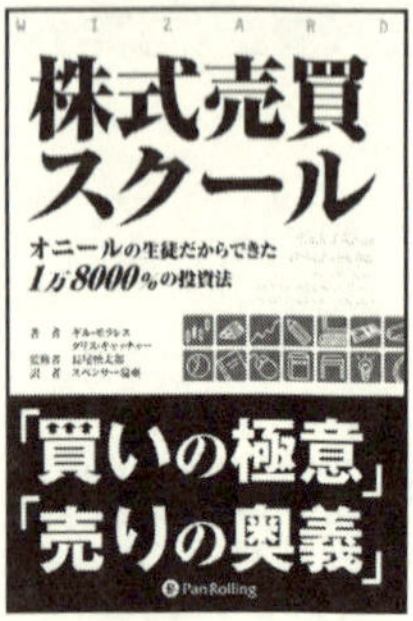

ウィザードブックシリーズ 198

株式売買スクール
オニールの生徒だからできた1万8000%の投資法

ギル・モラレス／クリス・キャッチャー【著】

定価 本体3,800円+税　ISBN:9784775971659

株式市場の参加者の90%は事前の準備を怠っている

オニールのシステムをより完璧に近づけるために、何年も大化け株の特徴を探し出し、分析し、分類し、その有効性を確認するという作業を行った著者たちが研究と常識に基づいたルールを公開！

ウィザードブックシリーズ 213

ミネルヴィニの成長株投資法
高い先導株を買い、より高値で売り抜けろ

定価 本体2,800円+税　ISBN:9784775971802

高い銘柄こそ次の急成長株！

一貫して3桁のリターンを得るために、どうやって正確な買い場を選び、仕掛け、そして資金を守るかについて、詳しく分かりやすい言葉で説明。株取引の初心者にも、経験豊かなプロにも、並外れたパフォーマンスを達成する方法が本書を読めば分かるだろう！